臺灣歷史與文化 研究輯刊

二二編

第 1 冊

近代閩台互動中的解紛止爭

李理、趙國輝 著

花木蘭文化事業有限公司

國家圖書館出版品預行編目資料

近代閩台互動中的解紛止爭／李理、趙國輝 著 -- 初版 -- 新
北市：花木蘭文化事業有限公司，2022〔民 111〕
目 2+254 面；19×26 公分
（臺灣歷史與文化研究輯刊二二編；第 1 冊）
ISBN 978-986-518-981-5（精裝）
1.CST：國籍 2.CST：司法制度 3.CST：臺灣史
4.CST：福建省廈門市
733.08   111009901

ISBN-978-986-518-981-5

9 789865 189815

臺灣歷史與文化研究輯刊
二二編 第 一 冊   ISBN：978-986-518-981-5

近代閩台互動中的解紛止爭

作　　者　李理、趙國輝
總 編 輯　杜潔祥
副總編輯　楊嘉樂
編輯主任　許郁翎
編　　輯　張雅淋、潘玟靜、劉子瑄　美術編輯　陳逸婷
出　　版　花木蘭文化事業有限公司
發 行 人　高小娟
聯絡地址　235 新北市中和區中安街七二號十三樓
　　　　　電話：02-2923-1455／傳真：02-2923-1452
網　　址　http://www.huamulan.tw 信箱 service@huamulans.com
印　　刷　普羅文化出版廣告事業
初　　版　2022 年 9 月
定　　價　二二編 9 冊（精裝）新台幣 26,000 元

近代閩台互動中的解紛止爭

李理、趙國輝 著

作者簡介

　　李理，歷史學博士，中國社會科學院中國歷史研究院近代史研究所研究員，2006 年畢業於中國社會科學院研究生院，歷史學博士。現為臺灣史研究室研究員、中國社會科學院研究生院聘任碩士導師，研究方向為臺灣史及臺灣問題、琉球與釣魚島問題、南海問題。2005 年度日本國際交流基金博士項目者，日本中央大學比較法研究所博士項目留學者。曾受臺灣陸委會及夏潮基金會的資助，到臺灣中央研究院、政治大學、玄奘大學、中國文化大學、中央大學等處作訪問學者。出版《日本吞併琉球與出兵侵臺關係探析》《日據臺灣時期警察制度研究》《日本近代對釣魚島的非法調查及竊取》等專著。

　　趙國輝，歷史學博士，中國政法大學人文學院歷史研究所副教授，著有《國際法與近代中日臺灣事件外交》等專著。

提　　要

　　被割讓給日本之後，由於地緣相近，臺灣島無法與大陸完全隔絕，臺灣島與福建之間人員的往來更非政治與法律條款所能阻擋。在法律條款上，臺灣島民身份於 1897 年 5 月自動轉變為日本國籍，此後來到福建的臺灣島民始稱日籍臺民，雖然他們是經由領土讓與而轉變的國籍，但也是一種特殊的「外人」。隨著日籍臺民在福建的遊歷、經商、居住所產生的司法問題隨之愈益增加，這些人在國際法法律條款上亦享有領事裁判權，日本亦可以將領事裁判制度適用於來到大陸的臺灣島民。但是領判權的實施並非毫無止境，不應以損害他國利益為代價，更不應有超越屬地管轄權的屬人管轄權，否則將會帶來巨大的現實問題。半殖民地時代的福建，時代環境與背景也不足以提供民國政府在法理上建立起並適用於臺灣島民的解紛止爭制度，加之中國在法制建設方面的缺失，對籍民的司法權完全操控於日本股掌之中，未能達成解紛止爭的效果。

緒　論

　　人類的歷史活動總需舞臺，正如著名史地專家譚其驤在《禹貢・發刊詞》中所言：「歷史好比是演劇，地理就是舞臺；離開了舞臺，哪來的戲劇！」在西方，地理學一直是把地球作為人類的家鄉來研究，包括地理環境在內的自然被視為人文的基本原因。人類作為環境的產物，其活動、發展和分布受到環境的嚴格限制。美國地理學者 E.C.森普爾和 E.亨廷頓等人更加強調地理環境對人類文明的決定性作用，他們的觀點產生了廣泛的影響，形成系統的環境決定論。當然，地理、地緣關係不能決定人類生活的全部，但是它的影響是非常巨大的，人類的各種活動無法忽視這個基礎。人文地理對於國家和地區的經濟配置與發展發揮非常重要的基礎條件作用。

　　人類的活動區域除去陸地之外，還有海洋。當生產力水平達到一定程度之後，海洋便不再是人類生產生活重大障礙，海洋便成為人類活動的舞臺，但是人類的海洋活動多發生於近海地區，海邊生活的人們產生了精神活動、物質活動、生產活動等，而海岸也多成為國家和地區疆域分界地帶，構成沿海國家的海疆。

　　海疆史是一門研究海岸附近疆界變化的專史，屬於歷史學的學科門類，同時具有歷史地理學的性質。中國近現代史橫跨「清民」兩代，「清民」之際的外交所面對的是全球化時代課題。全球化是海洋實力取代陸地實力的象徵性標誌。中國近現代所面臨的外部壓力主要來自東南部海疆，社會轉型也主要發生在東南部沿海地域，因之，海疆史是中國近現代史的重要領域。中國近代是被海洋強國奴役的半殖民的歷史，近代中日關係中很大的一部分也是海疆史的內容，但迄今對中日海疆歷史的研究力度明顯不足。外交是通過認

清並抓住對手的本質，以此實現見招拆招、維護本國利益的實務性工作。

二十世紀九十年代初期，「東亞」作為一個政治詞彙開始出現在國際關係領域。〔註1〕西太平洋海陸交匯之處的東亞大陸與東亞島弧生活著中華民族和大和民族，地理及其地緣關係成就了兩個民族無法割斷的交往關係。中國地處歐亞大陸東側，東臨太平洋，西部則深入歐亞大陸的腹地；日本是在中國東部與中國隔海相望的一個島國。地緣環境是影響一個國家發展以及國家關係穩定的制約因素，是不可忽視的。中日兩國作為地緣上非常接近的國家，其關係必然離不開地理環境的影響和制約。兩國在東海等海洋問題上的爭端，有很大程度上都是對地緣政治利益的追求。

日本政府一位前任高官曾打過一個形象的比喻說明中日關係：「如果你不喜歡自己的鄰居，你可以搬到別的地方去住。如果你不喜歡自己的鄰國，你卻沒有辦法把國家搬到別的地方，你只能尊重對方，與對方處好關係。」〔註2〕如果承認「海洋是人類生存第二空間」這一概念，那麼人們就必須以海洋為基點來設計人類開展活動的模式、行為方式及交往方式，亦即從海洋而非從陸地的角度來安排這個家園建設。包括海洋的海疆史思維方式，意味著開放、有序、溝通和交流等等，因此，必須建立並擁有形成共識的規範和規則。

人文地理學以人地關係的理論為基礎，探討各種人文現象的地理分布、擴散和變化，以及人類社會活動的地域結構的形成和發展規律的一門學科，是研究地球表面人類活動與地理環境之間相互關係形成的地域系統及其空間結構的地理學分支學科。政治地理學包括在廣義的人文地理學範疇中，是通過研究國民與領土的關係來分析政治現象的地域體系，並分析以政治、軍事、經濟和宗教為背景的各種國家集團對世界和地區所起的作用。政治疆界的變化以及政治區域的演變、結構和功能的分析，也是政治地理學的內容。1897年出版的拉采爾的《政治地理學》，將國家當作附著於地球上的有機物，並提

〔註1〕 自上個世紀 80 年代以來，一個重要的區域政治概念成為國際關係中常見的詞，這就是「亞太地區」(the Asia-pacificregion)，其範圍一般包括東北亞、東南亞、南太平洋和北美洲。自 90 年代初期起，「東亞」作為一個政治詞彙開始出現在國際關係領域，其範圍僅指東北亞和東南亞。蘇浩：《地緣重心與世界政治的支點》，《現代國際關係》，2004 年第 4 期。

〔註2〕 石華：《中日經濟：「政冷」致「經涼」》，www.People.com.cn，2005 年 1 月 16 日人民網。

出「生存空間」的概念。以後，H.J.麥金德於 1904 年提出陸心說。地緣政治學是西方政治地理學的主要流派，地緣政治是國際關係理論中現實主義（Realism）的重要論述，主要在探討空間關係與權力結構在歷史過程中的演變。斯派克曼（1893～1943 年）提出了「邊緣地帶論」，提出在海洋與陸地交界的「邊緣地帶」——即介於歐亞大陸「心臟地帶」與周邊沿海島國及海上航線中間的新月形區域上，才是攸關強權能否爭霸世界與維持世界穩定的關鍵區域。由於他們及其他學者的努力，政治地理學成為人文地理學的重要分支。地緣政治學是關於國際政治現象制約於地理區域的一種學說，它將地理因素作為在國際關係中制訂對外戰略方針的理論依據，分析和預測世界地區範圍的戰略形勢和有關國家的政治行為。研究世界政治事象的分布、聯繫和差異形成的規律，以及政治地域體系形成與地理環境之間關係的人文地理學分支學科。

　　國家、區域和全球作為三個不同的地緣政治研究層次，區域尺度的地緣政治分析，著重研究特定地緣政治區域的發展趨勢；研究與解釋可應用於區域地緣政治的關聯概念；解釋地緣政治區域形成、擴展、分裂、聚合的動態演化過程；解釋地緣政治區域內外相關國家如何維繫區域政治、軍事、經濟力量的平衡，如何運轉各自的勢力範圍。對政治區域的研究一直是政治地理學的主題。政治地理學，一方面，從空間角度來研究人類社會政治現象和政治過程產生和發展的原因和結果，研究人類社會政治現象和政治過程在地理空間中分布的一般規律和特徵；另一方面，研究人類社會政治現象和政治過程的地理空間的改變。這種研究必然集中在對政治區域的研究上。因為，人類所從事的政治活動都是在特定的地理區域內進行的，而地理區域則為人類的政治活動提供了場所。所以，人類的政治活動必然會形成各種各樣的政治區域。

　　所謂政治區域，是指地球表面上任何按照政治標準劃分的地區，它既包括一個國家或國家之下的行政區，也包括數國結成的區域。政治區域作為一個基本範疇是由三個要素組成的：政治組織；一定數量的人口；地理區域。任何政治區域都是這三個要素的有機統一體。雖然隨著歷史的發展，這三個組成要素的具體內涵有所變化，但這三個要素作為政治區域的組成部分是不會變化的，缺少其中一個要素，也就不能成為政治區域。百年前，地緣政治

的概念被正式提出並形成了相對系統的理論。〔註3〕

百年以來，地緣政治分析法是認識國際關係的一個重要視角，地緣政治理論觀點，直接或間接地影響著政治家們的戰略思維和政策制定。傳統的地緣政治學將國家視為一個「空間有機體」，以主權國家的利益為根本，以邊界對空間的分割為標準，以「衝突」為基本前提，將對外擴張、奪取戰略要地視為「國家生存」的主要手段。在這種對立思維主導的遊戲規則下，中國作為建立在大河文明之上的陸權大國，日本是建立在大海文明之上的海權大國，陸權與海權的差異所導致的最終結果只有對抗和衝突。

但是，海洋是聯繫各國、各地區間的孔道，大陸之間、大陸與島嶼之間人員往來無法避免，由此產生移民與區域開發、國際關係、中外文化交流等問題。海洋是人類得以生存和持續發展的戰略依託，是人類生存更加美好的環境和物質基礎。

從地緣政治與地緣經濟的視角，東亞陸島相連地區是中日兩國賴以生存的主要舞臺，廣東南澳島與臺灣島南端的鵝鑾鼻連線直到長江口北岸，這裡便是中國稱作的東海。臺灣島正位於東海的西南方位之上。雖然甲午戰後臺灣島被日本憑藉「城下之盟」割讓，島民在法律條款上被變成日本國籍，但是通過軍事政治和法律條款終究難以阻擋地緣關係的重要影響，臺灣島與大陸間的人員往來勢不可擋，中國海疆的華洋國民交往亦成為必然。

權力的組合與調整是政治的核心內容，政策與策略是政治的手段，同時地理與地緣條件是人類生存發展的天然基礎，更是人類政治生活的決定性因素，對政治的走向發揮著決定性的作用。臺灣是個歐亞特別是東亞大陸架上的島嶼，其地理與地緣條件決定了對大陸的依賴性極高。故此，臺灣島民的政治生活無法迴避與其近在咫尺的大陸。

福建位於大陸東南沿海，距離臺灣島最近距離只有六十八海浬。「日籍臺民」是對日據臺灣時期來到大陸的臺灣島民的稱呼，亦有「臺灣籍民」等稱謂，本稿採用「日籍臺民」之稱。〔註4〕日本佔據臺灣時期，儘管臺灣島民身

〔註3〕 西方地緣政治學於二十世紀初誕生在德國，創始人是德國地理學家弗里德里西·拉澤爾。他認為富於生命力卻又空間有限的國家以殖民、兼併乃至征服的方式擴展其疆土是一種絕對的政治規律。

〔註4〕 所謂臺灣籍民（亦稱日籍臺民），係指日本統治臺灣以前，在清朝統治下居住在臺灣的中國大陸人，由於日本佔領了臺灣因而取得日本國籍者。就廣義而言，居住在臺灣但無法取得日本國籍者亦涵蓋其內。參見（臺）卞鳳奎：《日

份按照法律條款被編入日本國籍，但是此種政法原因畢竟難以阻擋臺灣島民奔赴大陸的腳步，遑論獨具地理、地緣優勢的閩臺，特別是臺灣通向福建的航程了。由此，中日兩國間就不得不面對臺灣島民來到福建而出現的紛爭處理問題，亦即福建日籍臺民的解紛止爭。

但是，時代特徵形成了日本及其臺灣總督府利用領事裁判權，越權管轄來到大陸的日籍臺民司法、侵犯大陸司法主權、以及扭曲臺灣司法轉型的嚴重問題。地緣關係帶來的兩岸人員往來便利及其客觀需要，自然也在當下發揮著重要作用。前來大陸特別是陸島橋樑廈門的臺灣島民數量定會日隆月盛，人員往來必然需要解決司法管轄問題，無論將來兩岸政治關係如何，司法管轄皆是需要雙方直面的問題，而此問題的解決必需在學術上進行更深入的研究。迄今，關於日籍臺民問題的研究雖然成果不菲，但是，相關「日籍臺民」的息訟解紛問題仍然是冷門荒原，少人問津。〔註5〕故此，該課題的研究兼具

治時期臺灣籍民在海外活動之研究，1895～1945》，2006 年 7 月臺灣樂學書局，第 2 頁。陳小沖：〈日本南進政策中的臺灣〉《臺灣研究集刊》1988 年第 4 期；〈檔案史料所見之清末日籍臺民問題〉《臺灣研究集刊》1991 年第 3 期；〈檔案史料所見之清末」歸化」臺灣籍民〉《臺灣研究集刊》1992 年第 1 期；〈日籍臺民與治外法權——以光緒三十一年王協林案為例〉《臺灣研究集刊》1992 年第 2 期。

〔註5〕中村孝志：〈臺湾総督府の南支.南洋施設費について、大正 5 年度予算説明概要を中心に〉《南方文化》6，1979 年 11 月；〈小竹德吉伝試說一臺湾のベスタロっチ〉《南方文化》7，1980 年 12 月；〈東亜害院と東分学堂一臺湾総督府華南教育施設の濫觴〉《天理大學學報》124，1980 年 3 月；〈福州東瀛學堂と廈門旭瀛書院一臺灣總督府華南教育施設の開始〉《天理大學學報》128，1980 年 9 月；〈「臺湾籍民」をめぐる諸問題〉《東南アジア研究》18-3，1980 年 12 月；〈廈門の臺灣籍民と三大姓〉《南方文化》12，1985 年 11 月；〈廈門及び福州博愛會医院の成立一臺湾総督府の文化工作〉《南方文化》15，1988 年 11 月。梁華璜：〈日據時代臺民赴華之旅券制度〉《臺灣風物》39（3），1989 年 9 月；〈臺灣總督府の對岸政策と「臺灣籍民」〉《岩波講座　近代日本と植民地5　膨張する帝國の人流》，1993 年 4 月；〈日據時代臺灣籍民在閩省的活動及處境〉《日據時期臺灣史國際學術研討會論文集》1993 年 6 月。許雪姬：〈1937 年至 1947 年在北京的臺灣人〉，《長庚人文社會學報》，1卷 1 期，2008，頁 33～84；〈日治時期臺灣人的海外活動——在「滿洲」的臺灣醫生〉，《臺灣史研究》，11 卷 2 期，2004，頁 1～75；〈日治時期赴華南發展的高雄人〉，《2000 年高雄研究學報》，高雄：高雄市社區大學促進會，2001，44 頁；〈在中國東北的臺灣人，1908～1945〉，中國社會科學院臺灣史研究中心編：《日據時期臺灣殖民地史學術研討會論文集》，北京：九州出版社 2010年，頁 324～332；〈他鄉的經驗：日治時期臺灣人的海外活動口述訪談〉，收

理論和現實價值。

於當代上海研究所主編:《口述歷史的理論與實務——來自海峽兩岸的探討》,上海:上海人民出版社,2007,第 177～212 頁。鍾淑敏:〈臺灣總督府的「南支南洋」政策——以事業補助為中心〉,《臺大歷史學報》,第 34 期,頁 149～194。鍾淑敏:〈明治末期臺灣總督府の對岸經營——「三五公司」を中心に〉,《臺灣史研究》(臺灣史研究會,大阪),14 號,2004,頁 32～42;〈從臺灣籍民問題談日本外交史料館之收藏〉,發表於中研院近史所主辦之「檔案與近代史研究」學術研討會,1999 年 5 月 6 日;〈日本統治時代における臺灣籍民問題——國籍の「取り捨て」と「選擇」を中心として〉,發表於「臺灣植民地統治史 再檢討」國際學術研討會,1997 年 9 月 26～28 日;〈拡散する帝国ネットワーク——厦門における台湾籍民の活動〉,石田憲編:《膨張する帝国、拡散する帝国——第二次大戰に向かう日英とアジア——》,東京大學出版會,頁 121～161。2005 年 12 月;〈臺灣華僑與臺灣籍民〉,甘懷真、貴志俊彥、川島真編:《東亞視域中的國籍、移民與認同》,臺灣大學出版中心,2007,頁 181～191;〈日治時期臺灣人在厦門的活動及其相關問題〉,收於《走向近代》,臺北:東華書局,2004,頁 399～452;栗原純:〈台湾籍民と国籍問題〉《臺灣文獻史料整理研究學術研討會論文集》,南投:臺灣省文獻委員會編印,2000 年 11 月,頁 451～476;〈臺灣總督府公文類纂にみる、戶口規則「戶籍」、國勢調查一明治 38 年の臨時臺灣戶口調查を中心として一〉《東京女子大學比較文化研究所紀要》65,頁 33～77,2004 年 1 月。卞鳳奎:《臺灣總督府的南進政策一以籍民為中心探討》,厦門大學歷史所博士論文。卞鳳奎、松浦章:〈中國華南地區臺灣籍民之特性及其問題(初探)〉《臺北文獻》133,2000 年 9 月,頁 211～251。戴國輝著,洪惟仁譯著:《日本的殖民地支配與臺灣籍民》,王曉波編:《臺灣的殖民地傷痕新編》,2002 年,海峽學術出版社,頁 251～284。王學新:《日本對華南進政策與臺灣籍民之研究》,2007 年厦門大學博士論文。陳小沖:〈日本南進政策中的臺灣〉《臺灣研究集刊》1988 年第 4 期;〈檔案史料所見之清末日籍臺民問題〉《臺灣研究集刊》1991 年第 3 期;〈檔案史料所見之清末」歸化」臺灣籍民〉《臺灣研究集刊》1992 年第 1 期;〈日籍臺民與治外法權——以光緒三十一年王協林案為例〉《臺灣研究集刊》1992 年第 2 期;〈抗戰時期的臺灣籍民問題〉《臺灣研究集刊》2001 年第 1 期。林真:〈抗戰時期福建的臺灣籍民問題〉《臺灣研究集刊》1994 年第 2 期。黃俊凌:《抗戰前後福建臺灣籍民研究——以「亞細亞孤兒」意識為中心》,2008 年厦門大學博士論文。林星:〈日據時期臺灣籍民社團初探——以厦門臺灣公會為例〉《福建論壇》(人文社會科學版) 2008 年第 9 期。厦門網〔原海峽網〕:《80 年前調停「臺吳火並」始末》,2007-12-24。蔣宗偉:《厦門臺灣公會組織的成立及其發展》,2007 年福建史志。

第一章　閩臺地緣及其連理

　　海洋和島嶼環境對人類活動的影響巨大,雖然大航海及其西方工業化後,海洋和島嶼上的社會經濟發展水平普遍提高,人類活動向海岸帶上集中,但是島嶼上即便是海岸帶上的島嶼,畢竟要直接面對海洋的自然條件及其災害。時至今日,人類的衣食住行仍然極大地依賴於地理環境,生存和發展受自然界地理分布及其所衍生的氣候、資源等的制約,人類在島嶼上的活動也不得不依賴於陸地為其提供必要的生活來源,遑論生產力水平低下的遠古社會。人類在自然面前無論何時永遠是個弱者,人類必須敬畏和正視自己所處的地理條件及其環境。人類是生態系統生物鏈中的最後環節,根本無法擺脫生物鏈低級環節的支撐。臺灣島與其他島嶼相同,生態系統高度脆弱;地質構造極其複雜,地震、颱風、暴雨等惡劣氣候導致的山洪、滑坡、泥石流、地層下陷等地質災害頻仍,作為離岸島嶼的臺灣島難以獨立抵擋天災人禍對臺灣民眾生活環境的打擊。臺灣被稱為環境品質的「富裕中的貧困地區」。〔註1〕故此,臺灣島的地理和地緣特徵決定了臺灣島民無法超越大陸的後援,獨立生存的自然條件。

第一節　臺灣島的地理位置及地質、地緣特徵

　　臺灣屬大陸島。兩億多年前古生代晚期,地殼運動奠定了臺灣島的地質基底。4000萬年前開始的喜馬拉雅運動,地殼受擠壓褶皺上升,形成最初臺

〔註1〕 張茂法:《論臺灣環境與社會經濟的協調發展》,《華僑大學學報〈哲學社會科學版〉》,1995年第4期。

灣山系；約 250 萬年前，地殼繼續褶皺上升，構成臺灣島的現代地形。第四紀冰期海面下降與大陸相連，間冰期水面回升，復成海島。

一、地理位置及地質特徵

臺灣島處於中國東海大陸架南部邊緣。臺灣島上主要地形是山地，山地和丘陵占全島面積 2/3。分布於東部和中部，自東向西有臺東、中央、玉山、雪山和阿里山 5 條平行山脈，呈北北東——南南西走向，以中央山脈為主分水嶺。其中海拔 1000 米以上山地約占全部山地的一半，海拔 3500 米以上山峰有 30 餘座。最高峰玉山，海拔 3997 米，為中國東南部第一高峰。丘陵多圍繞 5 大山脈山麓，主要有北部的基隆、竹南丘陵，中部的豐原、嘉義丘陵和南部的恒春丘陵，海拔約在 600 米左右。北部有大屯火山群，海拔多在 1000 米以下，是北部的重要屏障。平原多在西部。臺南平原最大，北起彰化，南至高雄，面積達 4550 平方千米，為島上農業興盛、人口密集、城鎮較多地區。南部屏東平原和東北部宜蘭平原亦為重要農業地區。狹長的臺東縱谷平原介於臺東山脈與中央山脈之間，是東部南北天然交通孔道。盆地主要有臺北盆地、臺中盆地和中部埔里盆地群。

地跨北回歸線南北，終年受黑潮影響，屬南亞熱帶和北熱帶濕潤氣候，高溫、多雨、多風。年平均氣溫由北而南為 21～25℃，7 月平均約 28℃，1 月 14～20℃；山地氣溫隨高度而遞減，3000 米以上山地冬季有積雪。年平均降水量東、中部在 2000 毫米以上，東北部的火燒寮多達 6300 毫米以上；西部沿海一帶較少，多在 1500 毫米左右。降水量與季風有關，北部冬季多於夏季，南部適相反。冬季盛行東北風，夏季盛行南風和西南風。夏、秋季常受熱帶氣旋影響，以 7～9 月最盛，平均每年有 3.5 次 8 級以上熱帶氣旋登陸本島。正處環太平洋地震帶，地震發生頻率較高，以花蓮及其附近海底最多。東岸屬不正規半日潮，大潮差 1.2 米。西岸北港溪口以北屬正規半日潮，潮差中部最大達 4.2 米，兩端為 2.6 米。北港溪口以南大部為不正規半日潮，潮差 1～2 米。其中岡山至枋寮段為不正規全日潮，潮差較小，約為 0.6 米。

臺灣是一個島嶼省份，島嶼眾多，海岸線長。臺灣本島海岸線就有 1566 公里，包括了東部、北部、西部與南部等四個不同海岸。東部斷層海岸，以臺灣島東北角的臺北縣三貂角的萊萊鼻為起點，向南延伸，經宜蘭、花蓮、臺東直至屏東的九棚，全長 380 公里。整段海岸大致平直，瀕臨太平洋，除宜

蘭平原、花蓮平原、臺東平原臨海的邊緣具有隆起海岸的特點外，大部分海岸因斷層作用，陡直岸壁緊貼海岸，共有 4 段斷層海岸組成，是典型的斷層海岸。

北部海岸，西起臺灣島西北角淡水河入海口北岸的油車口，向北經富貴角再折向東至三貂角的萊萊鼻，全長約 85 公里。北部海岸東臨太平洋，北迎東海，西依臺灣海峽，屬隆起海岸。北海岸地區是標準的海蝕地形，整段海岸凹凸曲折，岬灣相間，奇石怪岩，極具旅遊觀賞價值。

西部海岸，北起淡水河入海口的南岸，向南延伸至屏東縣西部的枋寮，全長約 410 公里，瀕臨臺灣海峽，為沉積隆起海岸。與東部海岸相比，西部海岸面臨淺海，連接沿海平原，因此整段海岸單調平直，地勢緩斜。在風向、風力和浪潮的作用下，造成旺盛的堆積，沙灘綿長，海岸不斷向西部海洋延伸。

南部海岸，自屏東枋寮向南，經過臺灣島南端的貓鼻頭和鵝鑾鼻，再折向北至九棚，西臨臺灣海峽，南接南海，東瀕太平洋，全長 264 公里，為典型的珊瑚礁海岸。

丘陵和臺地分布在五大山系與平原過渡的山麓地帶，從臺北盆地周緣至恒春半島止，一般海拔在 600 米左右，占臺灣島總面積的四分之一弱。主要丘陵有四個，即基隆竹南丘陵、嘉義丘陵、豐原丘陵和恒春丘陵，其中基隆竹南丘陵為臺灣島最大的丘陵。基隆竹南丘陵，北起基隆附近的海岸，南達臺中豐原一帶，東緣雪山山脈的北麓和西麓，西抵臺灣島西海岸，由基隆丘陵、新竹丘陵、苗栗丘陵和竹南丘陵等組成，是臺灣最大的丘陵區。嘉義丘陵位於阿里山脈前，北起濁水溪南岸，南至高雄、屏東，屬海拔在 250 米以下的低丘陵。豐原丘陵位於上述兩丘陵區之間，豐原經臺中至南投一線以西，為西部丘陵地帶最寬部分，東西呈半圓形，伸入雪山山脈、玉山山脈和阿里山脈之間，為臺灣本島中部地形最特殊的地區。恒春丘陵，位於恒春半島，中央山脈至此成平緩的南北向背斜，山勢逐漸向兩側低落，西部與屏東平原相接。

除丘陵之外，在臺灣島北部至中部丘陵西側，還零星分布一些地勢較丘陵低平的臺地，自北而南主要有林口、桃園、中壢、湖口、後里、大肚與八卦等臺地，高度均在海拔 400 米以下。

臺灣平原和盆地數量不多，面積較小，僅占全島面積的五分之一。主要

平原有嘉南平原、屏東平原、宜蘭平原與臺東縱谷平原。嘉南平原也稱臺南平原，北起彰化縣濁水溪的南岸，向南至高雄縣下淡水溪的西岸，面積約 4450 平方公里，為臺灣最大平原。屏東平原位於臺灣島南部，面積 1160 平方公里，是臺灣島第二大平原。宜蘭平原又稱蘭陽平原，位於臺灣島東北部，面積約 320 平方公里，是臺灣東部開發最早的地區。臺東縱谷平原位於中央山脈和海岸山脈的山巒之間，面積約 700 平方公里。此外，臺灣島北部沿海還有一些面積較小的平原，主要有新竹沖積平原、苗栗沖積平原和彰化平原等。

臺灣的盆地較平原面積更小，數量也少。較大的盆地主要有臺北盆地、臺中盆地與埔里盆地群。臺北盆地位於臺灣島北部，盆地東南兩側為雪山山脈的餘脈形成的丘陵所環繞，北以大屯火山群為屏障，西有基隆竹南丘陵的觀音山和林口臺地圍繞，盆地形態完整，近似一個三角形，面積 240 平方公里，僅次於臺中盆地，是臺灣北部最早開發的地方。臺中盆地位於臺灣島中部，北接大安溪，南界是濁水溪，東鄰豐原經霧峰至草屯一線的斷層，西至大肚臺地和八卦臺地的東緣，面積 400 平方公里，是臺灣島最大的盆地。埔里盆地分布於中央山脈的埔里陷落區，位於南投縣境內濁水溪中游及大肚溪上游和北港溪之間，分布有十幾個大小不等、南北對列、由群山圍繞的陷落盆地，統稱為埔里盆地群。其中以埔里盆地面積最大，約 42 平方公里；魚池盆地次之，面積約 21 平方公里。

臺灣雖然平原與盆地面積有限，但一向是臺灣最重要的農業區和居民區，也是經濟最發達的地區。全省約 95% 的大中小城市集中在平原與盆地。

臺東山脈位於中央山脈的東側，是臺灣最東面的一條山脈。因靠近太平洋，又稱海岸山脈。臺東山脈北起花蓮溪口，南至臺東卑南溪口，西接臺東縱谷，全長約 140 公里，寬約 10～15 公里，山勢直且狹。在靠近太平洋一側，多斷崖峭壁，斷崖逼貼海岸，浪潮侵蝕劇烈，懸崖峭壁的地形蔚為壯觀，海崖的高度常達數百米至千米，形勢險峻。主峰新港山海拔 1682 米，位於山脈的中部偏南。秀姑巒溪從中段流出，將山脈分成南北兩段，北段約占總長的 1/3，平均海拔約 500 米，最高點貓公山海拔 922 米；該段平均坡度約 15 度，山勢不陡，尚可攀登。南段多斷崖峭壁，山勢險峻，平均海拔 1000 米左右，攀登困難。山脈東側南段多斷崖峭壁，山勢險峻，有兩條公路橫貫山脈。瀕海公路沿海岸而行，臺東山脈直逼海岸，形成陡峭的臺灣島東海岸。

本島西南有澎湖列島，東北有釣魚列島，周圍尚有彭佳嶼、棉花嶼、花

瓶嶼、基隆島、和平島、龜山島、綠島、蘭嶼、七星岩、琉球嶼等，連本島共86座島嶼，周長原為1139.25公里，面積3.578萬平方公里；此外有海埔新生地38.85平方公里及屬島74.80平方公里，海岸線共長1239.58公里。島形南北狹長，北起富貴角，南至鵝鑾鼻，長約394公里（舊作385公里）。島中部東西最寬，自濁水溪口西南海岸東至秀姑巒溪口約144公里。臺灣島占臺灣省全省面積逾99%。全島海拔百米以下的平原低地約占30%，餘皆為山地和丘陵所盤結。其中100～500米約24%，500～1000米約14%，1000～3000約31%，3000米以上僅約1%，但超過3000米的高山，不下百餘座，故臺灣島亦被稱為「高山島」。

二、臺灣島的地緣特徵

從世界地圖上看，臺灣島位於西太平洋航道的中間位置，東北距琉球群島約600公里，南距菲律賓呂宋島約350公里。這一優越的戰略地理位置，一直受到列強的垂涎和覬覦，臺灣也因此成為中國歷史上遭受外國侵略、殖民時間最長、戰爭最多的地區之一。不過，臺灣約3.6萬平方公里的面積，它與大陸最近僅130多公里的距離，使它從開發的初期起就與大陸緊密相連，無論從地理還是從歷史來看，外國的佔領或者臺灣的地方勢力割據都不可能長久地持續，臺灣始終與大陸相連。

「在亞洲大陸與太平洋盆地的接觸帶上，有一連串的島嶼，稱為東亞島弧，是西太平洋重要的戰略據點。臺灣島正位於島弧的中央樞紐位置，顯示臺灣島在全球戰略上的特殊地位。」臺灣上世紀末刊行的中學《地理》課本在「臺灣省」一課中這樣介紹自己。

在亞洲大陸東部，臺灣島是地勢最高的，也是一個在地質年代上很年輕的島嶼。實際上，臺灣數萬年前與大陸是相連的。不過，由於地處歐亞板塊和太平洋板塊的交界地帶，兩大板塊互相擠壓而使得島上山脈高高聳起。目前，臺灣島上3000米以上的山峰有60多座，玉山主峰更有3952米高，形成整個亞洲大陸青藏高原以東最高的山脈。與此同時，臺灣與大陸之間的地殼則下陷出現臺灣海峽。臺灣海峽呈東北向西南走向，北通東海，南接南海，長約300多公里，最窄處僅130多公里。由於臺灣以東洋深浪高，而且島上東部沿岸還有綿延南北的海岸山脈，很少有適宜的港口，因此臺灣海峽就成了中國乃至世界最重要的海上通道之一。從歐洲、非洲、南亞和太平洋到中

國東部沿海的船隻能從這裡通過，從大西洋、地中海、波斯灣和印度洋到日本海沿岸的船隻一般也要經過這裡。

恰恰由於臺灣得天獨厚的戰略性地理位置，也造成了它多災多難的歷史。15、16 世紀，歐洲殖民國家積極向外擴張勢力，陸續發現美洲新大陸、好望角新航線，也開始注意臺灣。16 世紀中期，葡萄牙船隻在經過臺灣海峽時，發現一個青蔥翠綠的海島，船上的人禁不住喊出「Ilha Formosa（福爾摩沙，葡語「美麗島」之意）」，就這樣，「福爾摩沙」成了西方世界對臺灣這個島嶼的稱呼。在當年歐洲各國競相到海外爭搶殖民地、從事殖民貿易的時代，臺灣這個航道上的樞紐也成了諸強爭奪的目標。在此後的 400 多年中，臺灣先後 16 次遭到荷、西、英、法、美、日諸強的霸佔或侵略，其中有兩次淪為殖民地。

儘管臺灣島戰略位置重要，但這個面積約 3.6 萬平方公里的島嶼，南北長 394 公里，東西最寬僅 144 公里。這樣的一個島嶼無論在軍事上或者經濟上都缺乏縱深，一切都很脆弱，不堪一擊，別說是戰爭，就是一場大一點的颱風，也經常讓它招架不及。

臺灣島不僅地形狹窄，而且山多地少，除了中央山脈外，東部沿海還有一條綿延南北的山脈。山地差不多佔了全島的 3/4 還多，島上能住人的平地不到三成，且呈零星分布。另外，臺灣也是中國礦產資源和能源儲量最少的地區，來自大陸的臺灣先民們的早期開發十分艱苦。現代臺灣人習慣把臺灣的形狀稱為「大番薯」，並自稱是「番薯仔」，就是由於他們對番薯有著特殊的記憶：番薯曾經讓臺灣先民度過無數饑荒；當年鄭成功驅逐荷蘭入侵者收復臺灣，番薯也曾是軍隊的主要食糧。只有當鄭成功收復臺灣，特別是清朝統一臺灣後，臺灣才逐漸發展起來。

第二節　地理特徵決定治臺政策

臺灣島屹立在中國東南海上，自古就倍受外寇侵擾，清朝統一臺灣之際，世界剛剛經歷了大航海時代，西方勢力憑藉工商文明之威，對臺灣島垂涎欲滴，不斷通過各種辦法做出殖民的嘗試，這裡飽受了遠來外寇的侵擾，並一度成為明末抗清的根據地，而所有這些事情幾乎皆發生在臺灣島的西部。清政府的治臺政策，並非一以貫之，事先確定的，是隨著對臺灣各方面的認識，

逐漸建立和調整的，頗有臨渴掘井意味。清治初期，主要是借鑒歷史上的教訓，力圖將臺灣作為海上屏障，避免外患侵擾和威脅清政府的邊疆。根據外患特點及其臺灣地理特徵，海峽沿岸成為清政府東南防禦的重點，臺灣西部就擔當起臺灣島的防禦功能。

「歷史好比是演劇，地理就是舞臺；離開了舞臺，哪來得戲劇！」海洋雖然也堪稱人類活動的舞臺。迄至今日，人類在浩瀚海洋上的活動常常難以抵禦自然的威力，海洋上的島嶼給人類提供了相對安全的地理空間，但島嶼上的生產生活常常受制於海洋的制約，不得不面對海洋自然災害的侵襲，故此，即便是當下的海島也必須更多地依賴大陸的強大後盾方能維持生存、進行適當的生產活動，遑論生產力水平低下的近代前夜了。

一、地緣歷史決定防範政策

由於地緣位置的關係，臺灣島早就與中國大陸聯繫起來，並不斷有大陸移民前來。但是外寇也沒有放過這座海島，西班牙、荷蘭殖民者曾經染指過臺灣西部，東瀛的豐臣秀吉曾經覬覦過臺灣島。

15、16 世紀，西歐國家對外擴張勢力，開闢前往東亞的新航路。美洲大陸的發現，縮短了亞洲與歐洲的空間距離，亞洲再也不能偏於一隅，世界自此連為一體。西歐各國競相到世界各地探險、殖民、貿易、傳教等活動，西方殖民者最早踏上中國的土地就是臺灣。

17 世紀初，西方重商主義國家開始注意臺灣，於是東亞海面便成了歐洲三國角逐的場所。葡萄牙從明帝國租借到澳門，西班牙在菲律賓的呂宋島進行殖民活動，荷蘭佔據了爪哇。與此同時，倭寇也在中國東南沿海頻繁活動，並且極為猖獗。借助地理關係之便，倭寇不斷騷擾臺灣，由於當時中國政府採取的禁海措施，不僅阻遏了大陸民眾移民臺灣的趨勢，而且弱化了對臺灣的軍事控制能力，致使臺灣一時成為海盜與倭寇的巢穴。

倭寇或海盜在中國沿海劫掠，遇到官兵追擊，就逃至澎湖島，然後再到臺灣。官兵雖會追至澎湖，但不會窮追到臺灣。十六世紀時，明朝對臺灣地理不熟，認為那是瘟疫蔓延、可怕的未開化之地。

16 世紀中葉，臺灣除了少數漢族移民之外，早已有馬來波里尼西亞土著民族存在。這些原住民分布於臺灣全島。他們雖然同屬馬來波里尼西亞民族，但是並非同一種族。這些原住民各有不同的語言與風俗習慣，構成獨自的社

會。由於不同的語言、風俗習慣、居住區，這些原住民可能是在不同時間，從不同地方搬遷而來。平埔族因與漢系移民通婚並且受同化，現在幾乎與漢人沒有甚麼差別。因為分成許多族群，原住民在臺灣始終未能建立統一政權或王權，而被外來民族擠壓，終於淪為少數民族。

16 世紀中期，葡萄牙船隻在經過臺灣海峽時，有個船員偶然遙望，發現一個青蔥翠綠的海島，禁不住喊出「Ilha Formosa（葡語美麗島之義）」，就這樣，這個「福爾摩莎」（Formosa），就成了西方世界對臺灣這個島嶼的稱呼（戴天昭，1996，573）。相關文獻對於這個事件發生的確切時間有不盡一致的記載，根據臺灣學者曹永和（1979，48）的研究，可以確定的是，在 1554 年 Lopo Homen 所繪的地圖中，在琉球群島之南，已繪有 I. Fremosa，所以 1557 年應該不是正確的時間。Cooper 所列的 1517 年和別人所提的時間差距較遠，應該也有問題。

然而，葡萄牙人雖然是最早抵達東亞的歐洲探險者，但是，他們和臺灣的實質關係僅止於用鴉片來交換一些原住民的物品，並沒有進一步殖民的企圖。在重商主義的時代，西歐諸國中第一個真正在臺灣留下足跡的是荷蘭。

1602 年，荷蘭東印度公司（荷語：Vereenigde Oostindische Compagnic，VOC）正式成立。隨後的 1604 年，荷蘭提督韋麻郎（Wijbrandt van Waerwijk）進犯澎湖，希望佔據位於臺灣與福建之間的澎湖作為與中國的貿易基地，並築建紅毛城，但後來明朝將領沈有容率兵到澎湖，與韋麻郎等談判，要求其離開。荷蘭方面迫於此壓力下，且鑒於與中國貿易無法順利發展，因而離開。此事件留有《沈有容諭退紅毛番韋麻郎等》碑，今仍豎立在澎湖天后宮中。

1622 年，荷屬東印度公司再度前來佔領了澎湖，仍是意圖將之作為東亞貿易的轉口基地。但是 1624 年，在與中國明朝的軍隊激戰了八個月以後，荷蘭人和中國官方達成協議，同意把設置於澎湖的要塞和炮臺毀壞，而轉移至當時不屬余大明版圖的臺灣島，中國亦不干涉荷蘭對臺灣的佔領。1624 年，荷蘭人首先在「北汕尾」（今臺南四草）建立簡易的商館並於 1625 年，在「一鯤鯓」（今臺南安平）築起了「熱蘭遮城」（Zeelandia），以此作為統治臺灣的中心。在這是臺灣躍上國際舞臺的開始，但也是臺灣為外來政權佔領的開始（張德水，1992，34-5）。

臺灣被荷蘭佔領後，當時佔領菲律賓的西班牙人也不甘示弱，亦於 1626 年佔領了臺灣北部的雞籠（今基隆），並於社寮島（今和平島）築城而稱之為

「聖救主（San Salvador）」即聖薩爾瓦多城。之後佔領蛤仔難（今宜蘭），並在滬尾（今淡水）興建「聖多明哥城（Santo Domingo）」（位於今紅毛城原址）。西班牙人顯然力謀在臺灣北部扶植其勢力，藉以牽制南部的荷蘭，並推動向日本的傳教及通商。然而，西班牙人在臺灣的經略並不順遂，南部的荷蘭人探悉此消息以後，乃於 1642 年派艦攻佔了雞籠，趕走了西班牙人。一直到1662 年被鄭成功攻下臺灣為止，荷蘭人前後統治了臺灣三十八年的時間。

　　鄭成功家族曾經以臺灣海峽為天險抗清，給清政府統一大業帶來巨大障礙。鄭成功之父鄭芝龍，小名一官，字甲，號飛虹（或飛黃），福建南安縣石並鄉人。從小不喜讀書，好舞槍弄棒，18 歲就出外闖蕩。漂泊到日本後，娶妻生子，後來又被在日一華僑首領收為義子，並因此繼承了一隻走私船隊，成為了富商。但他又夥同走私分子籌措軍火密謀造反，事情敗露之后倉皇出逃。成為了橫行無忌，為害東南沿海的「倭寇」，而臺灣正是其老巢。後鄭芝龍這個大盜受朝廷招安，被封了個游擊將軍。因為剿匪卓有成效，一直升至福建總兵，同時還是富甲一方的巨商。鄭芝龍降清後，鄭成功打起反清復明旗幟。最初的時候，鄭成功兵少糧缺，只游蕩於廈門海域。後來逐漸逃散各地的鄭芝龍舊部紛紛投來；明朝的宗室舊臣，也對其寄予恢復之望，紛紛投奔而來，鄭成功實力不斷壯大，並攻取廈門，擁兵五六萬，聲威大振。永曆四年，鄭成功掌控東南海上抗請之領導權，以金、廈作為基地，轉戰於海澄、泉州、同安、潮陽等地，屢敗清朝派遣入閩之援軍，南明永曆朝加封其為彰國公。

　　1661 年，鄭成功派鄭經留守金門、廈門，親自帶兵進攻臺灣，驅逐了荷蘭人，開始在臺的鄭氏政權。該政權在臺灣設立一府二縣，在赤坎設承天府，作為全島的行政統治中心，承天府以南設萬年縣，以北設天興縣。由於以抗清復明為旗號，故稱臺灣為東都，將荷蘭人盤踞過的熱蘭遮城改名為安平城。後來又將東都改名東寧，萬年、天興縣改為州，派遣知州管理地方事務，在澎湖設置安撫司。鄭成功憑藉海峽天險，形成與清政府對抗的態勢。曾經趁三藩之亂時機，率兵佔領閩粵部分地區，由於兵敗退回臺灣。其後鄭經、鄭克爽先後掌權繼續抗清，直至 1683 年，清政府才克服臺灣鄭氏政權。鄭氏政權在臺其間，在西部平原地帶實施墾田。核心地區的承天府和安平鎮附近南北 24 里得到普遍開墾，同時也向南北擴展，甚至北部達到淡水、基隆，南部到達恒春。

漢人移民潮與鄭氏墾殖的範圍主要集中於臺灣西部平原。另外，為了封鎖鄭氏在臺的抗清活動，清政府對其實施經濟封鎖，臺灣與大陸間的貿易活動一度中斷。1666年陳永華建議鄭經派人到廈門恢復走私活動，維繫臺灣的經貿基礎，於是臺灣海峽成為臺灣與大陸的貿易橋樑。

清朝統一以前，從臺灣地位來看，主要是邊防屏障，從外患性質來看，偷渡、走私、海盜為其主要部分，從侵擾臺灣地域來看，外患主要集中在臺灣海峽沿岸。清政府統一臺灣的戰鬥中，鄭克塽命武平侯劉國軒為正提督，率領曾瑞、王順等將領多人，在澎湖「環設炮城，沿海巨舟，星羅棋佈」，〔註2〕同清軍一決勝負。對鄭氏如此重視澎湖，施琅早有認識，他曾明確指出「澎湖不破，臺灣無取之理，澎湖失，則臺灣不攻自潰。」既然戰爭必不可免，那就必須「先取澎湖，以扼其吭」。〔註3〕清軍從十六日至二十二日，經過數次激戰，才收復了澎湖列島。清軍收復澎湖之後，鄭氏見大勢已去，便歸降了清廷，可見臺灣海峽及其澎湖對於臺灣的戰略作用之大。

二、清初臺灣功能定位

清初統一前後，如何看待臺灣問題，引起朝野的高度關注與積極思考。當時，歐洲國家的殖民擴張已延伸到中國的近鄰；西班牙佔領菲律賓，荷蘭控制印度尼西亞，英、法、葡在印度和中印半島建立許多殖民據點。在西方殖民入侵的威脅下，朝野有識之士清醒地意識到：為防患外國入侵，杜絕邊患敵對勢力，必須重視和加強臺灣的邊防建設。

清政府統一臺灣後，朝廷上下曾經對於臺灣的去留有過一番爭論，結果，統治決策層最終確認了臺灣的功能。在此過程中，姚啟聖、施琅等人認為，臺灣戰略地位重要，必須堅守，若棄而不守，必將釀成大禍，於國於民不利。姚啟聖（閩督）在康熙二十二年八月十七日名為《輿圖既廣請立規模》的題疏中，回顧了過去漠視臺灣的危害，指出：「今幸克取臺灣矣，若棄而不守，勢必仍做賊巢，曠日持久之後，萬一蔓延再如鄭賊者，不又大費天心乎？況臺灣廣土眾民，戶口十數萬，歲出糧錢似乎足資一鎮一縣之用，亦不必多費國帑。此天之所以為皇上廣輿圖而大一統也，似未可輕言棄置也。」〔註4〕

〔註2〕《清初莆變小乘》，《清史資料》第一輯，第105頁。
〔註3〕《靖海紀事》卷上，《邊患宜靖疏》、《盡陳所見疏》。
〔註4〕姚啟聖：《憂畏軒奏疏》，卷五。

施琅經過在臺灣的實地調查後，向康熙上《陳臺灣棄留利害疏》，詳述臺灣與東南沿海海防的關係，闡明自己的守臺意見。施琅認為：「臺灣地方，北連吳會，南接粵嶠，延袤數千里，山川峻峭，港道紆回，乃江、浙、閩、粵四省之左護。」施琅列舉歷史事實，進一步說明若臺灣丟失，則大陸沿海之地就不得安寧。明末「鄭芝龍為海寇時，以為巢穴，乃崇禎元年，鄭芝龍就撫，將此地稅與紅毛為互市之所。紅毛遂聯絡土番，撫納內地人民……漸作邊患」，以後又為鄭成功父子所居，「窺伺南北，侵犯江、浙」，為患達五六十年。施琅還指出，如果對臺灣棄而不守，臺灣勢必重新落入荷蘭人之手，「彼性狡黠，所到之處，最能蠱惑人心，重以夾板船隻精壯堅大，從來乃海外所不敵。未有土地可以託足，尚無伎倆，若以此既得數千里之膏腴復付依泊，必合黨夥，竊窺邊場，逼近門庭。此乃種禍後來，沿海諸省，斷難晏然無虞。」〔註5〕必將成為中國以後的最大禍患。針對放棄臺灣、只守澎湖的觀點，施琅強調，臺灣澎湖同屬一體，「如僅守澎湖而棄臺灣，則澎湖孤懸汪洋之中，土地單薄，界於臺灣，遠隔金廈，豈不受制於彼而能一朝居哉？」因此，他們都認為守住臺灣才能永絕海濱之禍患。康熙在看了姚啟聖、施琅的奏摺後，改變了放棄臺灣的想法，曾諭曰：「海外如西洋等國，千百年後中國恐受其累，此朕逆料之言。」〔註6〕最後決定在臺灣建立行政機構，並且設兵守衛。

三、西部平原成為設防地

早在清政府統一臺灣之前，平臺功臣施琅就上奏朝廷，提出了臺灣海防的重點，強調臺澎相互成防，對於屏障東南的重要。〔註7〕此種觀點一直是康熙、雍正、乾隆朝的海防政策，康熙五十一年（1712年），聖祖的諭示對臺灣、澎湖的海防重要地位給予了認可。〔註8〕由於「澎湖乃臺灣之門戶，而鹿耳門又臺灣之咽喉」。〔註9〕加之清政府戰勝鄭氏政權的經驗，使清政府認識到澎湖對於控制臺灣的重要性。〔註10〕於是清初臺灣防禦的措施得以明確，決定

〔註5〕施琅：《靖海紀事》，《臺灣文獻叢刊》第13種，臺灣銀行經濟研究室編印，第60～62頁。

〔註6〕《聖祖仁皇帝實錄》三，卷二百七十，見《清實錄》第六冊，中華書局影印本，第650頁。

〔註7〕施琅：《靖海紀事》，臺灣文叢第13種，第61頁。

〔註8〕《清實錄》，聖祖仁皇帝實錄卷252，第497頁。

〔註9〕高拱乾：《臺灣府志》，卷1，封域志，臺灣文叢第65種，第25頁。

〔註10〕黃叔璥：《臺海使槎錄》，臺灣文叢第4種，第25頁。

厚結兵力於澎湖、鹿耳門，借助守軍熟悉港灣優勢，以逸待勞地迎戰敵人。
〔註11〕清初確定了澎湖與鹿耳門為戰略重心的防禦政策，海峽沿岸成為清政府東南防禦的重點區域，臺灣西部就成了臺灣島的防禦區域。由於防範的對象來自海峽沿岸，所以，此時臺灣島東部的山地不存在戰略防禦的價值，清政府也就無需對此勞師動眾，枉費軍力與財力。

　　處於中國東南海上的臺灣島，天然就有舟楫之利，並且早在宋元時代便已相當隆盛。隨著明末西洋勢力的東來，臺灣再次被重視起來。據學者研究，臺灣在清朝時期，具有國內航線與國外航線兩種，國內航線有島內航線和島外航線兩種。〔註12〕清初臺灣的國外航線由澎湖和鹿港經由廈門出海，並不直接航行國外。1683年以後，經施琅的奏請廈門開始設官通商，成為通省關稅之最。〔註13〕光緒朝以前，航行所用船隻主要是帆船，由於臺灣海域的地理特徵，臺灣東部海域礁石眾多，航行的困難遠甚於西部，且私自前往後山與原住民貿易被清政府所禁止，整個清治時期，臺灣的島內航線都偏重西部、東北部平原，很少涉及東部。〔註14〕雖然清末臺澎航線可以循經國外口岸，但內地至臺的船隻仍然不准直駛國外，它們在臺裝載貨物後，必須再返回廈門常關納稅給票，返程亦需如此辦理。〔註15〕國內航線除福州府通往臺灣北部的航線、鹿港至泉州、噶瑪蘭至江浙的航線外，主要以澎湖為中心，向海峽兩岸散射，澎湖成為海峽間航行的重要轉運站。由金門、廈門、泉州、興化，對渡臺灣南部的臺江、鹿耳門、七鯤身、安平，都要途徑澎湖。〔註16〕海上航行技術未發生巨大進步之前，臺灣海峽成了忙碌的海上走廊。

　　清初海防首重海峽沿岸，康熙二十三年（1684年），諸羅知縣季麟光認為，把過多的軍力投注在府治的附近，難免有顧此失彼的現象。當時雞籠、淡水、鹿仔港的港灣形勢與戰略地點，皆是外敵垂涎的目標，所以應調集部分水師於該地才能確保臺灣的安全。〔註17〕後來清政府採納了此建議，果然

〔註11〕郁永河：《裨海紀遊》，臺灣文叢第44種，第31～32頁。
〔註12〕許毓良：《清代臺灣的海防》，社會科學文獻出版社版，2003年7月，第23頁。
〔註13〕周凱：《廈門志》卷7，關賦略，臺灣文叢第95種，第193頁。
〔註14〕許毓良：《清代臺灣的海防》，社會科學文獻出版社版，2003年7月，第23頁。
〔註15〕唐贊袞：《臺陽見聞錄》，臺灣文叢第30種，第114～115頁。
〔註16〕許毓良：《清代臺灣的海防》，社會科學文獻出版社版，2003年7月，第25頁。
〔註17〕季麟光：《康熙二十三年諸羅知縣季麟光請詳北路添兵文》，轉引自許毓良：
　　　　《清代臺灣的海防》，社會科學文獻出版社版，2003年7月，第58頁。

設立了淡水營,[註18]充實了臺灣西北部的海防。至於海口的巡查,主要由海防總捕同知、新港巡檢、澎湖巡檢、下淡水巡檢為主。[註19]武官的地域分布除南北路營參將署外,主要在臺灣西部海岸,所有綠營衙署全靠海邊。[註20]由此可知,當時清政府將西部海岸作為了臺灣海防的重點。

康熙二十三年(1684年)四月,清政府在臺灣設立了一府三縣,即臺灣府下轄臺灣、鳳山、諸羅三縣,隸福建省臺灣廈門道,並規定臺廈道每半年分巡臺灣廈門。臺灣從此成為清朝福建省的一個府。一府三縣是清政府最初在臺灣設置的行政機構,其後,根據需要又有所增加。康熙六十一年(1722年),設置巡視臺灣觀察御史。雍正元年(1723年),清政府在諸羅縣內增設彰化縣和淡水廳;雍正五年(1727年),清政府又將臺廈道分為二道,興泉道駐廈門,臺灣道駐臺灣,轄臺灣與澎湖諸島。雍正六年(1728年),又在澎湖設澎湖廳,專管澎湖事宜。乾隆三十一年(1766年),設鹿港同知,統一管理諸羅縣、彰化縣、淡水廳的高山族村社。乾隆五十二年(1787年),諸羅縣改名嘉義縣;嘉慶十七年(1812年),又新設噶瑪蘭廳。這樣,臺灣由統一之初的一府三縣變為一府四縣三廳。這種行政機構設置一直延續到19世紀80年代臺灣建省。清政府雖然在行政上並不太積極,但在軍事上卻格外重視臺灣,開始就設置臺灣鎮總兵一員,副將二員,駐兵8000。隸屬福建水師提督,並設澎湖副將一員,駐兵3000。楊文魁為首任福建臺灣總兵官。隨後,政府同意地方督撫的疏請,取消遷海、禁海政策,實施展界,開放海禁。清朝統一臺灣後,派重兵駐守臺灣海口要地,並大量添置水師戰船、構築炮臺。

清政府在臺灣的軍事建制是臺灣鎮,為福建水師五鎮之一,歸福州將軍、閩浙總督與福建水師提督節制。在兵制上,設置鎮、營、汛、塘四級制,總兵官具有獨立處理事務的權力。臺灣鎮設防於海島,故臺灣總兵官為駐軍最高長官,尤顯重要。康熙帝重視臺灣總兵的人選,論曰:「臺灣總兵官殊屬緊要,應調補之人,著問九卿及福建省官員,亦遣人和問大學士李光地,並曉喻福

〔註18〕周鍾瑄:《諸羅縣志》卷7,兵防志,文叢第141種,第124～127頁。

〔註19〕許毓良:《清代臺灣的海防》,社會科學文獻出版社版,2003年7月,第302～305頁。

〔註20〕許毓良:《清代臺灣的海防》,社會科學文獻出版社版,2003年7月,第302～305頁。

建總督等，將該省武官內好者，即行薦舉。」〔註21〕臺灣鎮的兵力駐防分布臺灣各地。〔註22〕而且兵力數量龐大，《皇朝文獻通考》記載：福建水師提督轄下共有27630人，臺灣鎮就有13045人。〔註23〕

　　當時臺灣的海防設施也頗有規模。包括：修築炮臺。當局認為臺灣有最要衝口岸9處，其中如鹿耳門為全臺咽喉出入要口；安平鎮為臺灣水師駐紮

〔註21〕《清聖祖實錄》卷115第4～5頁，見《清實錄臺灣史資料專輯》，福建人民出版社，1993年版，第64頁。

〔註22〕臺灣鎮的兵力分布如下：臺灣鎮，掛印中兵官1員（駐紮臺灣府城）。本標有中、左、右三營，中營駐紮府城中路口，官兵約890餘人；左營駐紮府城北路口，官兵約670餘人；右營於道光六年移駐竹塹，官兵約670餘人。臺灣城守營，參將1員（駐紮臺灣府城）。左軍防守地有臺灣府治、塗墼、埤南炮臺塘、崎仔頭汛、鹽水埔汛，官兵約510餘人。右軍防守地有臺灣府治、下加冬汛、加溜灣汛、大穆降汛、舊社汛等汛，官兵約620餘人。水師協，副將1員（駐安平城）。中營防守地有安平鎮城內外、蟒港汛，北門嶼汛、馬沙溝汛、青鯤身汛、鹿耳門汛、大港汛、炮臺汛、鯤身頭汛、蟯港汛、蛟港汛，並配船出洋巡緝，官兵約800餘人；左營防守地有鹿港汛、水裏汛、王功海口、番仔挖、笨港汛，海豐等汛，並配船出洋巡緝，官兵約750餘人；右營防守地有安平鎮城內外、鹿耳門汛、打狗汛、歧後汛、蟯港汛、赤嵌汛、萬丹汛、西溪汛、下淡水汛、大林蒲汛、東港汛等，並配船出洋巡緝，官兵約740餘人。北路協，副將1員（駐紮彰化縣）。中營防守地有彰化縣城汛、貓霧捒汛、外四汛、八卦山汛、大里弋汛、崁頂汛、葫蘆墩等汛，官兵約1250餘人；右營防守地有竹塹城、大甲汛、後壠汛、銅羅灣汛、中港等汛，官兵約1040餘人。嘉義營，參將1員（駐紮嘉義城）。防守地有嘉義縣城、斗六門汛、西螺汛、笨港汛、鹽水港等汛，官兵約1180餘人；後增設斗六門營，由嘉義營撥員、撥兵駐防。澎湖水師協，副將1員（駐紮媽祖宮）。左營防守地有媽宮汛、新城東港口炮臺、媽祖澳港口、八罩汛等澳嶼、挽門汛炮臺、水掩汛炮臺、將軍澳汛炮臺、薛裏汛、裏汛炮臺及附近島嶼，並配船出洋巡緝，官兵約940餘人；右營防守地有媽宮汛、新城西炮臺、媽祖澳港口、西嶼頭內外塹等汛、大北山、赤嵌澳等汛，並巡防各島嶼，官兵約950餘人。南路營，參將1員（駐紮鳳山縣）。防守地有鳳山縣、打鹿潭等汛、水底潦汛、舊城汛、石井汛、攀桂橋等汛，官兵約1060餘人。南路下淡水營，乾隆五十三年分設；防守地有山豬毛口汛、阿里港、新園汛、萬丹汛、東港等汛，官兵約580餘人。錳甲營水師參將1員，陸路防守地有錳甲營汛、海山口汛、大雞籠汛、三貂港等汛，官兵約720餘人。滬尾水師防守地有炮臺汛、北港塘汛、金包里汛、石門汛、八里拿汛、新城等汛，官兵約720餘人。噶瑪蘭營防守地有噶瑪蘭城汛、溪洲汛、加禮遠港汛、三圍汛、炮臺汛、烏石港等地，官兵約670餘人。參見陳壽祺纂：《重纂福建通志》卷八十三，兵制55。道光九年修，同治七年正誼書院刊本。

〔註23〕曹仁虎等撰：《皇朝文獻通考》卷一百七十九，兵考一，兵額，光緒壬寅28年，貫吾齋石印本。

之所，共修築炮臺 11 座。次衝要口岸有 15 處，修築炮臺 18 座。澎湖為臺灣門戶，金、廈蕃籬，有極沖口岸 4 處，其中如媽祖澳修築炮臺 7 座。有次沖口岸 5 個，築炮臺 3 座。〔註 24〕

為了軍事船隻的生產及其維護，還特別建立了船廠。據《藩署清冊》載福建各船廠承修船隻：「福州廠承修額設戰船 46 隻……泉州廠承修額設戰船 48 隻……漳州廠承修額設戰船 52 隻……臺灣廠承修額設戰船 96 隻內，臺灣協標中營大小戰船 19 隻，左營大小戰船 14 隻，右營大小戰船 16 隻，澎湖協標左營大小戰船 17 隻，右營大小戰船 16 隻，錳甲營大小戰船 14 隻。」〔註 25〕清代福建的 4 個船廠中，僅臺灣廠承修的戰船數就占全省總數的 40%，可見清廷充分考慮到了守衛海島的重要性。

清政府還加強了口岸的防禦力量。在淡水，就有兵力 500 名、戰船 6 隻，設立淡水營。還「添設雞籠水師一營，以守備領官兵五百、戰船七隻防守其地，與淡水營為犄角之勢」。〔註 26〕在淡水以南的後壠港，增設千總、把總輪防其地。自八里岔以下，加冬笨港、斗六門、半線，均屬防汛戍守的沿海口岸。此外，還在羅漢門、下淡水新園、郎嶠等處增兵設防。「今竊議於羅漢內門中埔莊設汛防兵三百名，以千總一員駐紮其地。郎嶠亦設千總一員，兵三百名控扼極邊一帶。三六九期操練……全臺共計增兵三千六百名。必請旨額外添設。」〔註 27〕除強調在海口重點設防外，還針對臺灣與大陸不同的海防戰略位置，加強水師訓練與海上巡哨。「海疆武備尤與內地不同，所當時訓練，以期有濟於意外者也。」〔註 28〕

清初政府對臺灣設下了兩道防線，一是嚴禁偷渡，二是禁墾「番地」這兩條措施相輔相成，構成清政府治臺的重要基石。嚴禁偷渡顯然是針對西部平原地區治理的政策。禁墾番地自然就是東部治理政策。西部平原適合農業開發與生產，清朝政府自然認識到地理條件決定了政策，於是實行有計劃、政府控制下的農業開發。嚴禁偷渡並非不允許人員前往，政府先後在臺灣海峽設置人員進入的港口，並且設置專門人員加以管理。海防同知亦稱臺灣府海防捕盜同知，康熙二十三年於臺灣府城設立。專門管理船隻出

〔註 24〕《臺灣通史》卷十四軍備志。
〔註 25〕陳壽祺纂：《重纂福建通志》卷八十四，船政，第 37 頁。
〔註 26〕藍鼎元：「臺灣水陸兵防第三」，見《鹿洲全集》第二十三冊《鹿洲奏疏》。
〔註 27〕藍鼎元：「臺灣水陸兵防第三」，見《鹿洲全集》第二十三冊《鹿洲奏疏》。
〔註 28〕《清高宗實錄》卷 55，第 16 頁，見《清實錄臺灣史資料專輯》第 123 頁。

入港口事宜，乾隆三十三年又兼理南路番政。清初規定，來往於大陸與臺灣的船隻，只能在臺灣的安平與對岸的廈門之間出入，這兩個港口被稱為正口，凡是不經由正口出入的，皆算作偷渡。要前往臺灣的船隻，必須向官府申請證明單，離開廈門前，先經過一次檢驗，方能出海，進入安平時，還要再檢查一次，確定沒有違反貨品，方可進港。海防同知即是負責安平港口稽查事務的官員。乾隆五十三年（1788年）加開鹿港為正口，由原設於彰化的北路理番同知兼管海口事務。乾隆五十五年再開淡水廳的八里坌和對岸的福州航路。道光四年（1824年）再開彰化的五條港與對岸紺江，以及噶瑪蘭廳的烏石港與對岸五虎門通航，新增口岸由各地官吏就近稽查，不再另設同知管理。

通過前面的資料可以發現，清政府出於海防的目的，清初之際建立了一套防禦體系。因為以現今的角度考慮，清政府的防禦部署確實有失嚴謹，因之一些研究也對此種防禦方式多有詬病，但熟悉清政府政策習慣的人對此並不難於理解，清政府的政策一般隨著決策人對現實情況的認識，會隨時制定並予以調節，此種防禦方式恰恰說明清政府當時的認識程度和現實情況。由於以往教訓的警示，以及對當時邊患根源的認識，清政府採取了自認為對症下藥的良方，不僅將臺灣視為海防重地，而且防禦重點設在了海峽沿岸。

如果將海峽沿岸設定為防禦重點，當時所能採取的防禦手法自然就離不開海峽沿岸港口的建設。鑒於海峽沿岸防禦的目的，鹿耳門和澎湖的娘媽宮澳成為港口防禦關鍵。囤積大軍於娘媽宮澳，才是善用兵者的致勝之道。〔註29〕清政府對於臺灣的鹿耳門也是如此看待，清政府在鹿耳門集結了駐臺的大軍，相當長時期稟賦防守鹿耳門即是防守臺灣的觀念，〔註30〕對其實施重點佈防。清初之際，臺灣港口的防衛除鹿耳門外，還有南路打狗港、北路蚊港、笨港、滬水港、小雞籠、八尺門。

綜上，清政府是出於海防目的，對臺灣進行統治的，所以在對臺態度上，明顯的是以海防為主，對於行政制度及其管理則比較消極，但是在臺灣的海防力量卻非常之強大。這也正是當時國家保衛國土，維護國家邊疆不受侵犯的主要手段和表現形式。

〔註29〕董天工：《臺海見聞錄》，臺灣文叢第129種，第15～16頁。
〔註30〕陳文達：《臺灣縣志》卷2，建置志，臺灣文叢第103種，第94頁。

四、凍結東部形成自然藩籬──內防外衛

清政府的隔離政策，源於對漢番，尤其是漢民的消極防範心理，貫穿著對漢番分而治之的基本精神，實行這一政策的最終目的，是維護滿清王朝在臺灣的統治。這種政策形成了近代臺灣的番界，番界以東成為臺灣原住民，所謂的「生番」特定生活空間。然而臺灣的番界並非近代意義的國界線，它具有獨特的內涵，本是清朝政府治臺政策的一部分，是清朝政府採用獨特政策的行政分界線。番界雖經歷史發展幾經演變，各個時期曾以不同形式而出現，但番界的行政隔離線性質並無根本改變，同時番界內部並未被清政府的隔離政策徹底分開，而是隨著土地開墾及其經濟社會的發展、漢番正常的聯繫依然存在，政府政策的附帶品，特別是軍工匠、鎮壓民變的軍事行動等，仍然無法使番界地域成為統治空白，行政的特殊性無法掩蓋統治的客觀存在，以及社會聯繫的無法悖逆規律。

康熙中期，流移開墾不過斗六門，雍正、乾隆以後，北部、中部才得到普遍開發。斗六門以南，是明鄭時期的老墾區，但其時人口稀少，土地不一定全開發完畢。康熙後期，以及雍正、乾隆的開發高潮，亦是先從斗六到半線，再向臺中、竹塹淡水發展的。〔註31〕因之，學界對臺灣西部的開發研究較為集中。其中，臺灣開發史的研究成果中，認為民營是清康熙中葉以後，開發臺灣絕大部分土地的主力，而且各個區域之間是有差別的。〔註32〕而東部番界地域的開發研究相對薄弱，即便是鳳毛麟角的涉及，也多是圍繞原住民族政策及其漢番爭鬥問題，以及土著地權問題進行研究，而且多屬清朝或日據分期的研究，〔註33〕尚無以番界地域的地理空間歷史變遷為對象的研

〔註31〕周翔鶴：《清代臺灣開發史上的個體開墾者》，臺灣研究集刊，1991年第三期，第72頁。

〔註32〕周翔鶴：《清代臺灣開發史上的個體開墾者》，臺灣研究集刊，1991年第三期，第71頁。

〔註33〕與臺灣東部相關的成果分布於土著地權的研究；臺灣原住民研究；番界研究；山地開發研究等。土著地權的研究有陳秋坤的《清代臺灣土著地權》，臺灣中央研究院近代史所專刊74民國八十三年十二月（1994年）版。以岸里社為例，對臺灣土著的地權流動進行了慎密的研究；柯志明的《番頭家：清代臺灣族群政治與熟番地權》，臺北中央研究院社會學研究所2001年版。認為清政府對臺灣實施族群政治統治，並對熟番地權進行了詳盡的解讀；周翔鶴的《清代臺灣開發史上的個體開墾者》，臺灣研究集刊，1991年第三期。對清代臺灣開發過程中的個體參與者進行了總結研究。臺灣原住民及其隘勇線研究有國分直一的《臺灣山地開發和隘勇線（防衛線）》，載於《臺灣原住民研

究。近代臺灣的番界地域，伴隨臺灣自然及人文條件的變化，相應的出現了地理範圍的斗轉星移，此地域的發展也存在火耕、農耕、工業化的生產方式轉變，這個地域不僅僅是農耕對象的「番地」，而且也是經歷社會變遷的地理空間。

臺灣是處在中國大陸東南部的海島，清政府統一臺灣後，將其視為邊患之所，所以一切政策皆是圍繞著防邊而進行。自從清朝統一臺灣，島嶼上就因生產與生活方式不同而出現了東西兩個政治地域，清政府通過行政手段將其區別對待，形成番界，以及「界內」、「界外」之稱謂，東部基本上成為所謂「生番」的專有居住地，即為番界地域。在現有的臺灣地權研究中，「番地」一詞一般指的是番人的土地，包括屬於熟番地權的土地。由於清政府對臺灣功能的認識，以政府為主導的開墾及開發比較消極，因之行政設施配置相對緩慢。日本籍此否定中國清政府對番界地域的屬權，但日本佔據臺

究》3，1998 年 12 月。該文對於日本開發臺灣東部時對原住民採取的方針，並稱隘勇線漸增則被害人數漸減；藤井志津枝的《臺灣原住民史：政策篇》，臺灣南投臺灣省文獻委員會 2001 年。該書闡述了臺灣各時期的隘勇線相關法規、人事、制度與應用觀念的變遷，並對隘勇線征服原住民的功能及特色進行了全面的剖析；藤井志津枝的《日治時期臺灣總督府理番政策》，臺北市文英堂民國 86 年（1997 年）版。對日本統治臺灣原住民的政策進行了研究，對日本統治者無視原住民人格的邏輯及其做法給予了無情的揭露。山地開發研究有黃富三的《霧峰林家的興起》，臺灣臺北自立晚報社 1987 年、《霧峰林家的中挫》，臺灣臺北自立晚報社 1992 年《從劉銘傳開山撫番政策看清廷、地方官、士紳的互動》，發表在「中華民國史專題論文集第五屆討論會」（臺灣臺北國史館印行民國 89 年 12 月）等，對於臺灣開發中重要的家族林家興衰演變進行了全方位的追溯，討論了個體在開發臺灣過程中的作用。施添福的《地域社會與警察官空間：以日治時代關山地方為例》，發表在「東臺灣鄉土文化學術研討會」（2000 年 10 月 6～7 日），考察日據時期臺灣東部以駐在所為主的警務機關的設廢過程，追溯警察官空間的形成與其鄉土研究上的意義；伊能嘉矩的《臺灣踏查日記》，臺灣遠流出版事業股份有限公司 1996 年版，以及《臺灣文化志》，臺灣省文獻委員會編譯民國八十年六月版。伊能氏對清政府的對臺灣東部政策歸結為消極政策，對日本據臺後對番界地域的政策頗多褒揚，並對原住民因受到土地等資源被侵奪而採取的抵抗行為，即所謂的「番害」多有微詞。失內原忠雄的《帝國主義下的臺灣》，日本岩波書局 1929 年 10 月 10 日版，以及萩野敏雄的《朝鮮、滿洲、臺灣林業發達史》，林野弘濟會 1965 年版。對日本在臺灣山地的資本原始積累給予了格外關注。小島麗逸的《日本帝國主義的臺灣山地支配》，載於《臺灣霧社蜂起事件研究與資料》上，戴國煇編著魏廷朝翻譯，臺灣國史館民國九十一年版，對霧社事件前的日本東部殖民開發狀況進行了概括性闡述。

灣後，不得不承認番界地域與西部的生產條件區別，對東部實行特殊的政策和措施。藉此，如果從東西部不同生產方式角度分析，番界地域應該指的是臺灣東部原住民生產生活的地區，番界地域不僅是生產要素之一的東部土地，而且是地理意義上的特殊地域，經歷人文歷史變化而發生功能改變的地域空間。

番界地域的歷史變遷離不開當地的原住民生產生活行為，對番界地域變遷史的研究必須將其納入視野之中。今天臺灣的山地族群，主要居住在臺灣中部山區和臺灣東部花蓮至臺東的臺東縱谷平原一帶。從北到南主要有泰雅、阿美、布農、賽夏、鄒、魯凱、卑南、排灣和雅美（達悟）9 族。進入 21 世紀後，臺灣當局又分別於 2001 年 9 月、2002 年 12 月和 2004 年 1 月先後認定了邵族、噶瑪蘭族和太魯閣族，是臺灣當局正式承認的少數民族達到 12 個，他們也被稱作原住民。

臺灣的原住民在古代歷史文獻中，被稱為「番」。番字有幾種寫法，分別是「藩」、「蕃」、「番」。「藩」一般用來表示，存在於古代東亞地區的地區或國家的行政名稱，「蕃」在日語中是對少數民族和落後地區的專稱，「番」在漢語中則是對少數民族通用的稱謂，先學們多使用後者稱呼臺灣原著居民。〔註 34〕「番」是歷代封建統治者對少數民族歧視性的泛稱。首先將臺灣的少數民族稱為「番」的人可能是明末的陳第。〔註 35〕自此以後，幾乎所有的文獻都以「番」來稱呼臺灣少數民族。但臺灣少數民族族群眾多，支系複雜，社會經濟發展程度不一，居住地也不同。為避免籠統以「番」稱呼引起混亂，許多文獻又將「番」細分成許多種。有按社會經濟發展水平高低或歸附政府與否而將其分為「熟番」、「化番」、「生」、「野番」者，也有按居住的地名或地勢高低分別稱之為「瑯嶠番」、「卑南覓番」或「平地番」、「高山番」者。日據時代初期也沿襲清朝的稱法通稱其為「番」或「蕃」等，後來才將所謂的「高山蕃」改稱「高砂族」，將所謂的「熟蕃」改稱為「平埔族」。

「土番」這一稱謂在鄭氏時代（1662 年～1683 年）最為常見。清朝統一臺灣後，「土番」的稱謂在清代歷史文獻中仍時有提及。日本學者宮本延人認

〔註 34〕李祖基：《臺灣歷史研究》，臺海出版社版，2006 年，第 307 頁。

〔註 35〕陳第將最初生活在臺灣島上的原住民稱為「東番夷人」。參見方豪：《方豪六十自定稿》所錄陳第《東番紀》；羅春寒：《臺灣平埔族群的分類及「番」稱謂的辨析》，黔南民族師範學院學報 2007 年第 5 期。

為「土番」並不專指臺灣少數民族，而是一個泛稱，「古書上所寫的『土番』應是除了指原住民族之外，應該也包括長居於臺灣的漢族在內。換句話說，所指只是『住在同一地域的住民』罷了。」〔註36〕這種觀點似乎將「土番」的界定等同於「土著」意涵。「熟番」、「生番」的劃分，最早見於康熙五十五年（1716年）閩浙總督覺羅滿保《題報生番歸化疏》，但他並沒有把「生熟番」區分的標準講清楚。次年，周鍾煊在其主編的《諸羅縣志》中才首次把「生熟番」劃分的標準界定為：「內附輸餉者曰熟番，未服教化者曰生番或曰野番。」〔註37〕由此觀之，番界地域即為所謂「生番」生產生活的地域空間。

生熟番稱謂的最初來源，不可否認的是出於政治目的，更確切地說是以文化主義的教化深淺為依據，但尚存在難以忽視的一個客觀情況是生產力水平及方式的涇渭之別。顯然，在漢人移民來到臺灣之前，臺灣島上的主要生產方式是以狩獵為主，只有農耕方式被帶到這裡之後，才出現了兩種生產方式的差別。由於平原地帶適合農業生產，而東部山地的地理條件難以迅速滿足農業生產的基本條件，所以，清朝時期的東部山地基本上停留在狩獵與零星的農田與經濟作物產區地位階段。由於當時社會發展以農業文明為目標，以狩獵為主要生產方式的原住民，尚未向農業社會轉型，從生產力水平及其方式角度觀之，所謂的「生番」可以說即是生活在東部地域的原住民。

為了避免內陸移民開發臺灣土地與原住民的衝突，也為了有效防範移民反抗勢力，也為了防範漢番相通形成統治的敵對勢力，實現了統一臺灣大業後，清政府根據臺灣當地的特殊情況，採取了節省資源的政治統治形式，制定了漢番隔離的一系列政策。通過劃定番界將漢族移民和原住民分而化之，形成西部平原農業與東部番地狩獵兩種生產區域，對不同區域實行相應的統治方式。同時，原住民的獵首行為，一定程度上阻遏和限制了漢人移民東進番地的進程，也造成了治安問題的出現。為了清政府在臺統治的穩定及其政策目標的實現，清廷在原住民經常出入的地方設隘，派隘丁監守，防止漢人的侵墾及原住民的襲擊，派懂番語的漢人充當通事，後來又借助熟番在漢番交界處實行屯墾等措施，調和漢族移民與原住民間的利益關係。隨著臺灣四口的開港，中外交往的增多，臺灣海域成為外國船隻航行的海上要道，外國人與原住民的衝突時有發生，經過一番強烈刺激，清政府開始對番界地域實

〔註36〕宮本延人：《臺灣的原住民族》，晨星出版社版，1992年，第60頁。
〔註37〕周鍾瑄：《諸羅縣志》（卷八），風俗志，臺灣文獻叢刊第141種。

行開發，實行開山撫番的政策，加快番界地域的農業化進程。雖然此種政策一定程度上促進了臺灣的發展，為洋務運動及其臺灣的近代化做出了一定貢獻，但由於官員更迭此種政策未能善始善終，後來出現了反覆。

清朝前期的番界地域是漢番隔離政策的產物，可以說是當時清政府應時之舉，抑制了來自海上的外寇侵擾，多少起到了壓制反清活動的作用，在一定程度上保護了原住民的生活空間，但也延誤了臺灣社會的開發，此種政策的消極影響也成為後人詬病的對象。漢番隔離及其開山撫番政策，在執行上都未能實現最初的目標。臺灣番界地域的實際情況並非完全由清政府的政策所決定，漢人對番地的墾殖活動，及其清政府政策的副產品成為番界地域狀況的直接決定因素，並推動清政府不斷調整治理番界地域的措施與手段。漢人墾殖的發展狀況、鎮壓番界地域內的漢人叛亂、番界調整、軍工匠的樟腦製造等，不自覺的導致臺灣番界地域的實際變化。所以，談到臺灣番界地域的實情，僅僅關注清政府的政策是遠遠不夠的。

清初臺灣島除水師哨船出入的港口外，尚有眾多可通航的港口，它們也主要分布於臺灣西部海岸。可通舢板的港口有：鳳山大港（今臺南安平區）、西港（臺南安定鄉）、蠔港（高雄林園鄉）、蟯港（高雄彌陀鄉）、東港（屏東東港鎮）、茄藤港（屏東佳冬鄉）、放索港（屏東林邊鄉）、大崑崙社（屏東枋寮鄉）、僚港（屏東車城鄉）、後灣仔（屏東車城鄉）、諸羅馬沙溝（臺南將軍鄉）、歐汪港（臺南將軍鄉）、布袋澳（嘉義布袋鎮）、茅港尾（臺南下營鄉）、鐵線橋（臺南新營市）、鹽水港（臺南鹽水鎮）、井水港（臺南鹽水鎮）、八掌溪（臺南北門鄉）、猴樹港（嘉義朴子市）、虎尾溪港（雲林臺西鄉）、海豐港（雲林麥僚鄉）、二林港（彰化二林鎮）、三林港（彰化芳苑鄉）、鹿仔港（彰化鹿港鎮）、水裏港（臺中龍井鄉）、牛罵（臺中清水鎮）、大甲（臺中大甲鎮）、貓幹（臺中大安鄉）、吞霄（苗栗通霄鎮）、房裏（苗栗苑里鎮）、後壠（苗栗後龍鎮）、中港（苗栗後龍鎮）、竹塹（新竹市）、南嵌（桃園蘆竹鄉）、八里坌（臺北八里鎮）、蛤仔爛（宜蘭）。還有一些可容納小船的港口，包括：臺灣洲仔尾（臺南市安平區）、西港仔（臺南西港鄉）、灣里（臺南市南區）、鳳山喜樹港（臺南市南區）、萬丹港（屏東萬丹鎮）、諸羅海翁崛（臺南七股鄉）、崩山港（臺中大安鄉）、鳳山岐後（高雄市鼓山區）、枋寮（屏東枋寮鄉）、加六堂（恒春枋山鄉）、謝必益（屏東枋山鄉）、龜壁港（屏東車城鄉）、大琇房（屏東恒春鎮）、魚房港（屏東

恒春鎮）、諸羅魚逮仔（雲林臺西鄉）。〔註38〕由於清軍水師巡哨空白，這些港口成為偷渡、走私的便利通道，清政府雖然政策和命令禁止此類活動，但實際上難以阻擋住島外登岸的舉動，只好在島上被動的尋求解決之道，於是出現了後來的隔離政策。上述資料不難看出，由於當時海上航行船隻主要是帆船動力，臺灣東部多是山地，當時山地生存條件有限，臺灣東部幾乎沒有港口，故暫時不存在甚或較少存在威脅清政府治臺方針的情況，所以，就連西部港口尚不能完全控制的情況下，臺灣東部自然成為海防與行政的薄弱帶。

第三節　封閉臺灣島東部的建構

一、原因

臺灣與大陸間的地緣相連的特徵，導致農業開發過程中的移民赴臺。在臺灣歷史上，第一個大規模有組織地向臺灣移民的人是鄭芝龍。1628 年，時任福建水師副將的鄭芝龍招收饑民數萬人前往臺灣。1630 年（明崇禎三年）福建大旱，鄭芝龍說服巡撫熊文燦，發給饑民「三金一牛」來臺墾荒，並為移民提供生產工具。數萬移民在地廣人稀、生產力落後而自然條件適宜的臺灣大力墾荒。這樣，「秋成所獲，倍於中土，其人以衣食之餘，納租鄭氏。」〔註39〕以鄭軍將士為主的軍隊、眷屬是第二次移民潮的先驅。鄭成功兩次率領復臺大軍、鄭經敗退入臺所率各部，加在一起，當有五萬人左右。鄭經在大陸攻伐之際，還將「清軍騎兵將士二千餘人載過臺灣，分配屯田」〔註40〕。

隨著清廷在臺的建制，大陸漢人向臺灣移民也漸入新的高潮。當時的東南沿海各省田少山多，人稠地狹。在封建兼併之風潮下，許多失去耕地的百姓，被迫遠涉重洋，到海外謀生。隨著臺灣的開發，移民獲知臺灣荒地多，土地肥沃，氣候溫暖，降雨充足，「一歲所入，數倍中土」，且賦稅負擔較輕，離大陸距離又近，這些對東南沿海的居民來說無疑具有巨大的吸引力。於是出現了閩浙居民大舉來臺，煙火相接的情形。大陸沿海居民為謀生而成群結隊，擁入臺灣。

大批內地閩粵民人前往臺灣開墾，加速了臺灣的農業開發，生番漢化也

〔註38〕黃叔璥：《臺海使槎錄》，第 33～34 頁。
〔註39〕黃宗羲：《賜姓始末》，臺灣文獻史料叢刊（第六輯），臺灣大通書局。
〔註40〕汪日升：《臺灣外紀》卷十二，上海進步書局石印筆記小說大觀本。

隨之不斷推進，清政府的行政管轄也相應的不斷擴展。臺灣的南路即新港溪（鹽水系）以南至沙馬磯頭（屏東恒春鎮鵝鑾鼻）的平原陵地，當時行政區包括臺灣縣與鳳山縣，〔註41〕不斷得到開墾。琅嶠（屏東縣恒春鎮）等地，1720 年前後時開墾流移，日趨日眾，其間漢番雜居。〔註42〕隨之出現了如何處理漢番矛盾的問題。

古代的文化主義理想，讓中國對周邊民族均採用「包容」的原則，只要「誠心向化」皆可納入政治共同體之中來，康熙末年，臺灣一度風行生番歸化的政治行為。康熙五十五年閩浙總督覺羅滿保的〈生番歸化疏〉記錄了生番歸化的盛況，當時「南路生番山豬毛等十社土官匝目等共四百四十六戶、男婦老幼計共一千三百八十五名口，北路生番岸裏等五社土官阿穆等共四百四十二戶、男婦老幼計共三千三百六十八名口，俱各傾心向化，願同熟番一體內附」，因此，「所報丁口，附入版圖」，而南北二路生番「每年各願納鹿皮五十張，各折銀一二十兩代輸貢賦」。〔註43〕史料可證的還有臺灣總兵林亮時期也有大量生番歸化，雍正二年有 5799 名生番來歸，包含鳳山的傀儡番，為此，清帝賞賜林亮一萬兩銀犒賞生番。原住民的不斷歸化及其土地的開墾，原住民生活的地域逐漸納入行政轄區。進入清朝中期，特別是十九世紀四十年代，臺灣的行政實際管轄區不斷擴大，當時的鳳山縣管轄熟番八社，歸化生番多達 122 社，即山豬毛（屏東縣三地鄉）4 社、琅嶠（屏東縣恒春鎮）18 社、傀儡山 27 社、與卑南覓（臺東縣卑南鄉）72 社。〔註44〕可見，生番歸化曾經成為當時的一段盛事。

但是生番歸化行為中出現了不同於內陸的特殊情況。隨著內陸移民的不斷湧入，臺灣西部土地的開發不斷深入，生番只能偏隅海島的東部盡頭。臺灣生番的部落較小，彼此互不統屬，零散的分布在東部山地之中，本來對於當時清政府的統治就無明顯的政治利益，在歸化過程中還經常出現殺害漢人的舉止，臺灣地方官員不得不對其進行剿撫，〔註45〕但世宗認為終究不是長

〔註41〕戚嘉林著：《臺灣史》第一冊，第 327 頁。

〔註42〕戚嘉林著：《臺灣史》第一冊，第 328 頁。

〔註43〕轉引自柯志明：《番頭家：清代臺灣族群政治與熟番地權》，臺灣中央研究院社會學研究所，2001 年 3 月，第 40 頁。

〔註44〕丁紹儀：《東瀛識略》，文叢（2），第 65～66 頁。

〔註45〕雍正四年正月閩浙總督宜兆熊與福建巡撫毛文詮「不得不脅以兵威」，世宗只得諭批「當懲治一番，繼以恩恤」。

遠之計。〔註46〕雍正三年,世宗皇帝斥責巡臺御史禪濟布:「聞有生番殺人之事為何未奏」〔註47〕,在批示臺灣總兵林亮的奏摺裏,提出:「若日久有逃亡不法之舉,倒不如非歸化之人不傷國體也。要打量永遠之道……」〔註48〕。執行招撫政策的官員宣稱生番只殺害越界侵擾的漢人,「從不敢探越內地有剽劫殺掠之患」〔註49〕,於是政府「嚴禁人民耕種樵採,不許逼近番界」〔註50〕。世宗提出了「必令漢人總不與熟番交接,熟番總不與生番交接各安生理,彼此不相干,自然無事」的基本原則,〔註51〕至此終於出現了「漢番隔離」的避免族群衝突的政策萌芽。

清代臺灣的「番害」即「生番」出山獵首問題。獵首是土著民族的習俗,在清代臺灣長期存在。首任臺灣知府蔣毓英說「(番)好殺人取頭而去,漆其頂骨貯於家,多者稱雄。此則番之惡習也。」但其時西南沿海平原的平埔族西拉雅族群已漸漢化,中部、北部及鳳山縣南部尚未開發,所以「番害」即獵首問題問題並不明顯。康熙五十年以前,高拱乾、周元文在他們各自修撰的府志裏都記載「再入深山中,人狀如猿猱,長不滿三尺,見人則升樹杪。人慾擒之,則張弩相向,緣樹遠遁。亦有鑿穴而居,類太古之民者。性好殺人,取其頭,剔骨飾金懸於家,以示英雄。」顯係耳聞,而非目睹,似乎深山土著是一個遙遠的事情。

康熙五十年以後,流移開墾北已漸過斗六門(今雲林縣斗六鎮),南則向琅嶠方向不斷拓展。清廷只得調整行政區劃,雍正元年增設彰化縣「駐紮半線,管轄(北部)六、七百里」。雍正九年,又將大甲溪以北地方的政務劃歸淡水同知,淡水廳由原來的分防廳變成屬廳,以適應漢人移民大量湧到的情

〔註46〕國學文獻館:《臺灣研究資料彙編》(第一輯),聯經出版公司,1993 年,第1942 頁。

〔註47〕國學文獻館:《臺灣研究資料彙編》(第一輯),聯經出版公司,1993 年,第1172 頁。

〔註48〕國學文獻館:《臺灣研究資料彙編》(第一輯),聯經出版公司,1993 年,第1211 頁。柯志明著:《番頭家:清代臺灣族群政治與熟番地權》,臺灣中央研究院社會學研究所,2001 年版,第 41 頁。

〔註49〕國學文獻館:《臺灣研究資料彙編》(第一輯),聯經出版公司,1993 年,第1387 頁。

〔註50〕國學文獻館:《臺灣研究資料彙編》(第一輯),聯經出版公司,1993 年,第1388 頁。

〔註51〕國學文獻館:《臺灣研究資料彙編》(第一輯),聯經出版公司,1993 年,第1942 頁。

況。隨著漢人移民和土著民族互動愈來愈頻繁，如何妥善處理民「番」交涉事務的問題就變得十分現實，特別是當漢人移民拓墾沿山地帶時，解決漢人和「生番」的接觸和衝突引起的「番害」問題就顯得十分迫切。

對於「生番」，最為上策的似乎是招撫他們歸化，然而，「生番」歸化之後如果不能妥善地安置，結果可能更糟糕。從雍正年間地方官的奏摺來看，這一時期先是大力招撫「生番」歸化，緊接著就出現層出不窮的「番害」事件。如雍正二年十一月二十六日，臺灣鎮總兵林亮奏報，他共招撫得「生番」65 社，男婦共有 5799 名口來歸化；巡臺御史禪濟布，福建巡撫黃國材等等先後也都有「生番接踵歸化」的摺子，並借機頌揚雍正的「聖德」。〔註52〕雍正不算糊塗，在一片歌功頌德聲中就曾批示過「今日之接踵歸化固可喜，又在地方文武官員弁緝安得法也。不然亦當防異日背叛逃亡之可愧方好。爾等封疆大吏不可不預為籌劃。」〔註53〕歸化後的「生番」如何安置確實是一個難題。林亮等人在招撫到「生番」後，都是「飭行道府採買鹽布等物給賞」，「仍令通事人等伴送各番回社」等等，其次就是要求他們輸餉，以示歸化。

「生番」的景況並沒有得到改變，這恐怕不能令歸化「生番」滿意，而生出「歸化生番」叛服無常的事情來。據黃叔璥「番俗六考」載「康熙六十年，阿里山、水沙連各社乘亂殺通事以叛。六十一年，邑令孫魯多方招徠，示以兵威火炮，賞以煙布銀牌。十二月阿里山各社土官毋落等、水沙連南港土官阿籠等就撫。雍正元年正月，水沙連北港土官麻思來等亦就撫。」〔註54〕雍正年間，彰化地區的「番害」事件，也多和水沙連社有關。「番害」是最令地方官頭痛的事情。清廷是按直省制的州縣體系建立清初臺灣的行政設施的，因此，「番害」也就應當按州縣體系的命案模式來處理，而不像貴州等實行土

〔註52〕《臺灣原住民史料彙編 7，故宮博物院清代宮中檔奏摺臺灣原住民史料》，「雍002」雍正二年八月二十四日，福建臺灣鎮總兵官林亮，「奏報生番歸化情形摺」；「雍 003」雍正二年八月二十四日，巡視臺灣監察御史禪濟布等「奏報生番接踵歸化摺」；「雍 006」雍正二年十二月二十四日，福建巡撫黃國材「奏報生番歸化摺」，「雍 009」雍正三年三月十六日，巡視臺灣監察御史禪濟布「奏報生番歸化日眾摺」等等。

〔註53〕《臺灣原住民史料彙編 7，故宮博物院清代宮中檔奏摺臺灣原住民史料》，「雍008」雍正三年三月初一日，福建巡撫黃國材，「奏報彰化縣生番歸化摺」。

〔註54〕黃叔璥：《臺海使槎錄》，卷六，番俗六考，北路諸羅番二，臺灣銀行臺灣文獻叢刊第四種。

官制的地區，「紅苗」（「生苗」）殺人，由土官和地方官府共同處理。命案必破，兇犯必獲，是清代州縣體系命案處理模式的基本原則，也是清代州縣官的重要職責。如果在規定期限內命案未破，兇犯未獲，州縣官要受到罰俸、停薪留任、降調等處分。其上司也要承擔一定的領導責任。而如果遇到一次殺三四人以上的命案，則責成更重。〔註55〕

「番害」事件，最棘手的，就是「生番」獵首後逃回「番界」，難以捉拿。福建巡撫毛文銓在奏摺中說「臣檢查卷牘，凡係生番殺害人民之案，十有九懸緝拿，究抵甚屬寥寥。」〔註56〕因為「生番」獵首，情況特殊，所以命案必破的原則實行起來頗為困難，但地方官負有職責的原則則難以更改。如雍正九年八月四日，彰化縣打廉莊莊民李諒等往水沙連口濬通水道「被生番鏢死，割去頭顱」，因「彰化縣談正經參革，縣官尚未委署，未有責成。」〔註57〕而鳳山知縣彭之臺，雍正六年十二月二十六日到任，二十八日即有「生番殺人」事件，因任職僅二日，被認為「情有可原」，七年二月初一日，又有「生番」殺死「熟番」七命，未積極追捕「凶番」，遂被「參革」。〔註58〕清制，命案必須報刑部，雍正則要求「生番殺人」事件要報到他本人那裡。雍正在御史禪濟布雍正三年三月十六日的奏摺上批道「聞有生番殺人之事，為何未奏？」禪濟布、景考祥在後來的奏摺中表明，這主要是當地地方官的職責，道「本年三月內，臣景考祥至福建省城即聞有羅漢門凶番傷人之事，隨即與原任總督臣滿保商議。據督臣滿保云此係人命事情，地方官自當照例具奏者也。」他不敢「冒昧」具奏，並表明今後如遇「生番」殺人案件，「地方有司必報知督撫，——獲其兇手，以正王法。斷不敢隱匿不究，致縱凶番之性也。」〔註59〕至於一次殺多人的「番

〔註55〕 瞿同祖：《清代地方政府》，法律出版社版，2003年7月，第329頁。

〔註56〕 《臺灣原住民史料彙編7，故宮博物院清代宮中檔奏摺臺灣原住民史料》，「雍018」雍正三年十一月十九日，福建巡撫毛文銓「奏報臺灣生番為患情形摺」。

〔註57〕 《臺灣原住民史料彙編7，故宮博物院清代宮中檔奏摺臺灣原住民史料》，「雍019」雍正三年十二月初二日，巡視臺灣監察御史禪濟布「據實呈報番害情形摺」。

〔註58〕 《臺灣原住民史料彙編7，故宮博物院清代宮中檔奏摺臺灣原住民史料》，「雍052」雍正七年三月十六日，巡視臺灣吏科給事中赫碩色等「奏報鳳山縣生番殺人緣由摺」。

〔註59〕 《臺灣原住民史料彙編7，故宮博物院清代宮中檔奏摺臺灣原住民史料》，「雍009」雍正三年三月十六日，巡視臺灣監察御史禪濟布「奏報生番歸化日眾摺」；「雍015」巡視臺灣監察御史禪濟布等「奏報凶番殺傷汛兵摺」。

害」，因案情重大，則一定要破。如雍正六年十二月二十八日，邱仁山等 14 人被殺及雍正七年二月初一「熟番」七命被殺，案情重大，對邱仁山案，發兵六七百名，又民壯、熟番各數百名，攻破水沙連「番社」，對鳳山「熟番」被殺案，臺灣總兵發兵 410 名「剿拿」，攻破山豬毛「番社」。最後並經審訊、質證，拿獲真凶，等等。〔註 60〕

　　一次殺 7 人、14 人，案情重大，非破不可，所以興師動眾，但並不是每一次「番害」事件都能發兵緝拿真凶的，所以地方官希望最好不要發生「番害」事件。而要不發生「番害」，就要漢人不入「番界」，「生番」不出「番界」。福建總督高其倬說「番人焚殺一節，此事情節中有數種。一則開墾之民侵入番界及抽籐弔鹿，故為番人所殺。此應嚴禁嚴處漢人，清立地界，不應過責番人。一則番社俱有通事，通事剋剝，番人憤怨，怨極遂肆殺害，波及鄰住之人，或舊通事與新通事爭占此社，暗唆番人殺人，……一則社番殺人數次，遂自恃強梁，頻行此事，殺人取首，誇耀呈雄。此應懲創番人，以示禁遏。」〔註 61〕高其倬其實是總結了大多數地方官的看法，類似說法，在奏摺中俯拾皆是。因此，地方官都要求嚴立界。如毛文銓說「在於逼近生番交界之間，各立大碑，杜其（漢人）擅入。」高其倬也說「治番之法，最先宜查清民界番界，樹立石碑，則界址清楚。」〔註 62〕

　　康熙六十一年，在朱一貴事件平定以後，清廷曾自南而北，在 54 個地方立石為界，以禁漢人進入「番界」，〔註 63〕高其倬就是想重新加強這道界線，他說「向來非不立界，而界石遷移不常。又數里、里許方立一通石碣，若遇斜曲、山溪之處，量界既難，移那亦易，未為妥協。臣已行令臺灣文武，又與新府縣面說，令會同徹底踏查清楚，隨其地勢，或二十步、三十步即立一碣，大字書刻，密密排布，不可惜費。既定之後，非經有故另詳，不許擅

〔註 60〕《臺灣原住民史料彙編 7，故宮博物院清代宮中檔奏摺臺灣原住民史料》，「雍054」雍正七年四月十一日，臺灣總兵王郡「奏報剿拿鳳山縣殺人生番摺」。
〔註 61〕《臺灣原住民史料彙編 7，故宮博物院清代宮中檔奏摺臺灣原住民史料》，「雍042」雍正五年七月初八日，福建總督高其倬「奏報臺灣地方政務（番人焚殺）摺」。
〔註 62〕《臺灣原住民史料彙編 7，故宮博物院清代宮中檔奏摺臺灣原住民史料》，「雍042」雍正五年七月初八日，福建總督高其倬「奏報臺灣地方政務（番人焚殺）摺」。
〔註 63〕黃叔璥：《臺海使槎錄》，卷六，番俗六考，北路諸羅番二，臺灣銀行臺灣文獻叢刊第四種。

移尺寸。」〔註64〕立這麼多石碑從經費上來講根本是不可能的，不過它表示了地方官「隔絕番漢」的迫切心情。清政府究竟立了多少石碑現在已經無法弄清楚，但在康、雍、乾三朝，它確實立了許多石碑，並挑挖了一些土牛溝，形成了一條分界線。〔註65〕

「漢番隔離政策」的考慮因素最初是防止「獵首」問題，柯志明認為的「隔絕番漢」目的在於防止漢人勾結「生番」作亂則是後來出現的問題，由於此政策的真正實施與番地出現的叛亂相重疊，所以容易被認為是防止漢番勾結的政策追求。其實，但凡瞭解清政府政治特徵的人皆會清楚，清政府的政策具有臨渴掘井，以及措施與政策並非同步之特點。清政府的政治管理完全是因事而生，缺乏前瞻和預測性能，並且政策的落實需要時間消化與執行。漢番隔離政策在認可清初臺灣東西社會發展狀況和差異的基礎上，面對生番歸化帶來的獵首問題，漢番隔離的政策即已開始醞釀，只是到了康熙末年才正式確定。至於說清政府懼怕漢番勾結反抗清政府，那只能是一種擔心，只有到了朱一貴事件後方才成為現實，當然也成為清政府漢番隔離政策的催化劑。〔註66〕

清初，一些深謀遠慮的地方官員確曾考慮到漢人勾結「生番」作亂的可能，如巡臺御史赫碩色就曾上奏「臣等細察情形，聞向來內地奸民間有學習番語，娶其番婦，認為親戚，居住生番界內者。並將外間所有鹽、鐵、火藥等物販賣與番。從前番社所有鏢、箭等物皆製造極粗，無多器械。今搜出槍刀木牌，頗覺堅利，更有火藥、鳥槍等物。恐係漢人在內為之教習。若及今不為嚴禁，將來番民合一，潛匿深山，關係地方不淺。臣等愚見，請嗣後更定嚴例，劃定生番地界，不許番民出入。……」然而從所謂的「三年一小反，五年一大反」的清代臺灣史來看，漢民勾結「生番」作亂的情況主要存在於赫碩色等官員的擔

〔註64〕《臺灣原住民史料彙編7，故宮博物院清代宮中檔奏摺臺灣原住民史料》，「雍042」雍正五年七月初八日，福建總督高其倬「奏報臺灣地方政務（番人焚殺）摺」。

〔註65〕施添福：《清代臺灣竹塹地區的土牛溝和區域發展》，載於《臺灣風物》四十卷第四期。

〔註66〕臺灣學者柯志明認為清政府治臺政策主要是以「族群政治」為範式，當然漢番隔離政策主要目的在於防止漢番勾結。廈門大學周翔鶴先生認為最初立石劃界即有防止生番獵首，又有防止漢番勾結的雙重考慮。參見柯志明：《番頭家：清代臺灣族群政治與熟番地權》，2001年臺北臺灣中央研究院社會學研究所；周翔鶴：《制度、地方官、「漢番關係」——關於清代臺灣「番政」形成的一些考察》，2004年第3期《臺灣研究集刊》。

心之中，地方官和朝廷也都很快就明白了這一點，如乾隆十四年，福建巡撫潘思渠說「奸民抽藤弔鹿，入其界內，侵其田土，致被殺害，原非無故出而肆橫。然臺地犯法民人不敢竄入其境者，亦賴生番之獷悍也。」〔註67〕但是，清朝初期，漢番勾結尚不至於危及清政府的政治統治，所以並未成為制定政策的基礎，立石劃界的功能，則主要體現在防範「番害」即獵首的方面。

隨著原住民內附的增加，大陸移民不斷到來，出現了治安等方面的一系列問題，〔註68〕特別是漢人的叛亂成為統治者切膚之痛。〔註69〕為防止臺灣中部番漢交界處成為抗清的根據地，清政府設計出解決此問題的策略，即利用生番嗜殺的特點，阻止反清漢人藏匿臺灣東部山地，將臺灣東部生番居住的山地作為防範漢人動亂的「外衛」、「外護」，〔註70〕採取保護番地的一系列政策，對番地實行封禁。康熙六十一年，清政府平定朱一貴之變後，閩浙總督覺羅滿保認為叛亂事件起於界外，為清除亂源，採取封山劃界的措施，試圖達到「奸民無窩頓之處」〔註71〕的效果。

基於臺灣的地緣和歷史，為了消除臺灣對政權的威脅，清廷對百姓移民臺灣進行種種限制：（1）嚴禁偷渡。清政府禁止內地人民偷渡，「如有充當客

〔註67〕《臺灣原住民史料彙編7，故宮博物院清代宮中檔奏摺臺灣原住民史料》，「雍051」雍正七年三月十六日，巡視臺灣吏科給事中赫碩色等「奏陳臺灣地方事宜（嚴定番民界限）摺」；「乾001」乾隆十四年三月卜二日，福建巡撫潘思渠「奏為整頓臺灣侵墾番界情形摺」。

〔註68〕隨著漢人的自發開墾，壓迫和縮小了原著番人的生存空間，漢番間的武力鬥爭日劇；正如連橫：《臺灣通史》卷十五，撫墾志記載：「漢人往墾，各有頭人領照，其意在充業戶，此時必萌故智。業戶之設，其弊無窮。……往者噶瑪蘭之開也，乾隆年間則有漢人潛往。嘉慶元年吳沙率眾入山，占奪攻殺，凡十餘年。」西部義軍也將生番地區作為藏匿之所；地方官吏也有欺壓和矇騙原住民的情況發生等。

〔註69〕清朝初期鄭氏三世據臺抗清，清政府費盡周折才完成克服。由於清政府對邊陲臺灣的實際控制能力所限，漢人不斷湧入臺灣，其中不乏大量反清人士，抗清活動不時發生，規模和影響不可小覷，而且發生地主要集中在番漢交界處。朱一貴、林爽文起義幾予摧毀清政府對臺統治機構，清政府不得不動用大量軍力和財力，耗費若干年才將其剿滅。番漢交界處被清政府看作是「窩頓」之處，是非法奸民的藏身處，也是動亂的起點。參見藍鼎元：〈複製軍遷民劃界書〉，《東征集》，文叢一二，第40頁。

〔註70〕喀爾吉善在乾隆十二年六月《臺番事宜兩條》裏稱生番是臺地的「外衛」，參見《臺灣研究資料彙編》，第10817頁。

〔註71〕藍鼎元1958a：40。轉引自柯志明著：《番頭家：清代臺灣族群政治與熟番地權》，中央研究院社會學研究所，2001年3月，第44頁。

頭，在沿海地區引誘偷渡之人，為首者充軍；從者杖一百、徒三年；互保船戶及歇寓知情容允者杖一百、枷一個月；偷渡之人杖八十，逆回原籍；文武官失察者分別議處。」對與臺貿易的商人，也有嚴格限制，「內地商人置貨過臺，由原籍給照，如不及回籍，則由廈防廳查明，取保給照，該廳濫發，降三級調用。」「粵地為海盜淵藪，積習未改，其民禁止渡臺」。〔註72〕（2）驅逐無家室、產業的居民。《康熙二十二年臺灣編查流寓六部處分則例》規定：「臺灣流寓之民，凡無妻室產業者，應逐回水，交原籍管束。」「其有妻子產業，情願在臺居住者，該府縣即移知原籍，申報臺廈兵備道稽察。」〔註73〕與此相關，清政府還禁止攜帶家眷入臺，官員赴任不攜家眷，使其有所牽掛，難生異心。（3）禁止臺人入伍當兵，不許臺建城築桓，限製鐵器輸入臺灣。清初駐臺兵弁一萬四千餘人，悉數從漳、泉、興化調駐，不用臺兵。康熙六十年「上諭」：「臺灣駐紮之兵，不可令臺灣人頂補，俱由內地之人頂補，兵之妻孥毋令帶往，三年一換。」〔註74〕同時，為防止民間藏有武器，長期限製鐵器輸入臺灣，也不准臺灣人民自由製造鐵器。直到光緒元年（1875年）才准27家由官府保舉的商家充任鼓鑄鍋皿、農具的「鑄口」。（4）限制中土與臺灣的交通。康熙二十四年（1685年）規定：所有商船隻許在廈門—安平間航行，由臺至廈的船隻所裝的糧食不得超過60石，並禁竹材出口，由廈至臺的船隻不准載帶眷的移民和鐵器。後由於兩岸交流的加強，陸續開放了鹿港—泉州蚶江、淡水八里岔—蚶江及福州五虎門間的對口通航。

但是，基於農業社會發展的客觀要求與臺灣的地緣特徵，政府所施行的禁止入臺政策，只能形同具文，根本無法對症下藥地解決實際問題。康熙四十九年臺廈道陳璸提出：「番民即吾民也」，〔註75〕「內地人民輸課田地，皆得永為己業，而世守之，各番社自本朝開疆以來，每年既有餉額輸將，則該社尺土皆屬番產，或藝雜籽、或資放牧、或留充鹿場，應任其自為管業。且各社毗連，各有界址，是番與番不容相越，豈容外來人民侵佔？」〔註76〕他還拿出具體辦法，「應將請墾番地，永行禁止，庶得番保有常業，而無失業之歎」，〔註77〕於

〔註72〕陳紹馨：《臺灣省通志》（卷二），人民志人口篇，臺灣文獻委員會，1964年。
〔註73〕趙良驤：《臺灣省通志稿》（卷三），政事志防戍篇，臺灣文獻委員會，1959年。
〔註74〕陳孔立：《臺灣歷史綱要》，九洲圖書出版社，1996年，第139頁。
〔註75〕陳璸：《陳清端公文選》，臺灣文獻從刊第116種，第15頁。
〔註76〕陳璸：《陳清端公文選》，第16頁。
〔註77〕陳璸：《陳清端公文選》，第16頁。

是當時政府做出規定，禁止移民私越大甲溪以北地方。對於生番歸化中出現的生番殺人、漢人動亂等問題，世宗提出了族群隔離的基本原則，臺灣地方官員相應地提出了劃界的基本措施。臺灣總督高其倬首先提出了基本策略構想：1. 對漢人出界侵擾的情形，認為是自取其禍，不應懲罰生番，而應嚴格邊界的分劃以及對漢人嚴申禁令加重處罰。2. 對於漢番間的中介者—通事，因爭利惹出民番糾紛的情形，要求地方官加強管理及嚴懲通事。3. 對於生番屢次殺人的情形，認為應視情形施予懲罰性的武力鎮壓，避免因縱容而至變本加厲。〔註78〕

　　雍正五年新上任的臺灣總兵陳倫炯及一年後續任的王郡兩人，逐步提出了一套解決生番與漢人關係的永久辦法。雍正六年九月初一日，王郡呈文上奏，闡釋了臺灣居民的特點，深刻分析了生番歸化帶來的問題的根源，提出了全面解決的對策：「臺灣自我朝開闢以來則有生熟貳番，其向西一帶山腳服役納課者為熟番，而分散居山，不入教化者為生番。是此生番無布帛可衣，少穀黍而食，種類非一，分社而居，隨付以人形，其出沒則同駭獸。若招來歸化而心性無殊野雉，且各社各心，自相殺害，非若雲貴之苗蠻有千百之計有類聚之比。此陳倫炯謂：『得之不添我民丁，無益我賦稅』者也。至其據內山而居，以絕奸匪之巢穴，其利於臺者亦歷歷可考。然欲治以羈縻之法，當防範得宜，方能長久。……仍勒石為界，一切採捕、交易之人不許逾越行走，違者嚴以處分，復於出入要口設汛安防以資備禦。」〔註79〕王郡根據臺灣生熟番民的各種特點，認識到並非內地少數民族可比，所以對他們只好採取別樣的政策。由於生番地區並無當時政治利益的賦稅作用，所以不將其納入行政之中，徒增政治管理難度。「嗜殺」雖然是漢番衝突的根源，但也可以成為赫阻和防堵「奸匪」的人為長城，所以，王郡提出了利用生番遏制漢人在番地內抗清的策略。為達成隔離的目的，在漢番交界處「勒石為界」、「設汛安防」。並督令地方官嚴行禁止漢人越界侵墾招惹生番，同時對於生番進入界內政府也要「帶兵前往剿捕，務淨根株，以為懲一儆百之戒」。〔註80〕他們的奏文得到皇帝的同意，「此論深得治臺之根本，深合朕意，欣悅覽焉，勉之勉之」〔註81〕

　　利用生番的嗜殺可以阻止番地內的抗清事件，但這是以漢番對立為前提

〔註78〕《臺灣研究資料彙編》，第2226～2230頁。
〔註79〕《臺灣研究資料彙編》，第2716～2719頁。
〔註80〕《臺灣研究資料彙編》，第2719頁。
〔註81〕《臺灣研究資料彙編》，第2719頁。

的，如果漢番勾結的話，此種策略當然就毫無用處。臺灣官吏發現「從前番社所有鏢箭等物皆製造極粗，無多器械。今搜出槍刀木牌頗覺尖利，更有火藥鳥槍等物，恐係漢人在內為之教習」。他們感覺到「若及今不為嚴禁，將來番民合一，藏匿深山，關係地方不淺」。對於「內地奸民間有學習番語，娶其番婦，認為親戚，居住生番界內者，並將外間所有鹽鐵火藥等物販賣於番」的情況，他們為了所謂避免番民沆瀣一氣，所以建議「劃定生番界址，不許番民出入販賣對象，一切火藥鹽鐵尤宜查禁，……如有擅入生番界內並販賣違禁對象者，定例置以重典」。〔註82〕顯而易見，如上的政策，通過禁止漢番之間的一切往來，防止「番民合一」，試圖以此達到徹底地防止漢人在番地內的反清活動，清政府漢番隔離政策的最終目的至此暴露無遺。〔註83〕於是，通過劃定番界徹底解決漢番之間的問題政策最終形成。此項政策的確定與實施派生出臺灣東部的一個特殊區域—番地。

　　由於防止邊患是清政府的政策重點，對臺其他政策皆是為此服務，臺灣現狀關涉不及清政府的統治，〔註84〕同時對臺灣特別是生番土地的開墾，需要政府處理和解決的問題甚多，對於朝政日漸衰落的清政府來說，有些勉為其難。〔註85〕所以，清政府統治臺灣的政策以防範漢人作亂為核心，對臺灣

〔註82〕《臺灣研究資料彙編》，第 2996～2999 頁。

〔註83〕雍正七年，世宗明確表達了漢番隔離的政策動機：「在臺責任，番民之殺劫小事，而防察內地奸民匪類乃要務」。《臺灣研究資料彙編》，第 3074 頁。

〔註84〕劉韻珂渡臺履勘後，上書臺灣總督：臺灣之番與別省異，獻圖開闢，不自今始。全臺無地非番，一府數縣皆自生番獻納而來。由諸羅而彰化，由彰化而淡防，納土開疆，百餘年來，安於無事。則遠在後山噶瑪蘭，開墾以來四十餘年，亦未聞番害。蓋臺番之所以迥異者有故。凡番情滋事，志在金帛牲畜，始有搶擄拒捕各情。而臺番最愚，一無所圖，既無大志，安有大事。此臺番之情也。番夷生事，必仗其器械精工，炮火便利，方能得力。而臺番獵食為生，所用者竹箭鐵鏢，火藥絕少，一聞銃聲，遠竄無蹤。番酋每以聲勢相通，易於結黨，而臺番散處四山，各自為謀，絕不相屬。社雖多名，多至數百人而已，彼此不敢往來，呼應不通，從無糾結。此臺番之勢也。夫番情番勢既如此，其所以不同於別省之番，而絕無大患。參見連橫：《臺灣通史》，卷十五，撫墾志。

〔註85〕對於開墾臺灣東部土地可能遇到的問題，清政府曾有過全面地分析。劉韻珂給臺灣總督報告中講道：開闢之初，動計萬全，在無可慮之中，必存一可慮之心，而通盤籌劃，防患未然。查六社外遠近生番，業經陸續獻地歸化者八十餘社，例應增設大小各屯，挑取壯丁，大屯四百名，小屯三百名，增設屯弁管束。所有千總、把總、外委、屯目、土目、通事，則擇其本社強力頭人，充當委任，使之自相管轄，責成鈐制，數百里同於臂指。此控制之法也。每

的經濟開發與行政管理比較謹慎，但並非無所作為，只是採用漸進開拓與招撫措施。此種政策雖然放慢了臺灣的開發和治理，並成為後人批評其放任政策的託辭，但這也正是當時中國傳統統治方式的特徵之一，正因如此，臺灣開發時期原住民的利益才能得到最大限度的保護和尊重。

二、隔離政策的措施

蔡振豐《番租原委疏》有云：「康熙二十四年，臺灣入清版圖。提督藍鈺渡臺辦理善後，按處設局，招撫番黎。劃土牛內外界，以分別生、熟。不願歸化者，驅於界外；越界，則殺之有賞。」〔註86〕在生番境外堆築土牛表現界線，是其初期劃界的主要內容。所謂「土牛」，據伊能嘉矩所著《臺灣文化志》的解釋是：「土牛係挖掘界溝而將其土築之成堆，因其形似臥牛故名。」官府還相應地用紅線在輿圖上表示出來。所謂「紅線」，臺灣學者施添福著《試釋土牛紅線》一文考證是「用紅色在擬存檔的圖冊中劃線，以表示番界經過之處」〔註87〕。此外，還借助自然的山川地型，如山溪、旱溝等為界，並在界外立石提醒。

丁例給開田二甲，生番既改熟番，仍不能諳耕作，佃給租穀籌餉八圓。番不需錢，准折鹽布，再開墾之四，定給穀石。番愚無知，但謂歸化獻圖，便可有租，延頸經年，今歲萬不可無穀。未召業主，不得不官墾先給，以慰番情。此撫綏之法也。分別調遣，驅使當差，雜於熟番，俾其漸習漸馴，漸知禮法。更調強壯，以牽制全番，使不敢動。此馭治之法也。盡去東南北三面近山大樹叢林，深菁密草，一望平坦，無可伏匿。分守各隘炮臺，募番設隘。隘勇多用熟番，以番防番。此備禦之法也。投誠歸命，盡屬歡忻待哺之番，但須安置得宜。衣食有賴，便作良民。第一要籌，在於設屯挑丁，自相維制。一番以至萬番，若網在綱，雖多奚慮。然此事試辦已一年有餘，經道府再四籌商，事關重大，慎之又慎，非全局在胸，何敢孟浪。自去年正月至今，大局已成，部署悉定。入山試辦，又經數月。漢番安堵，並無事端。然而准辦則然，否則其情頓別。不知者謂辦則可慮在後日，有識者謂不辦則可慮在目前。窮番無以自謀，苦無生路，一旦輸誠剃髮，求改熟番，天下無不准歸化不准為百姓之理。峻拒驟絕，眾望俱空，是激之使怒，其變有不待智者而決。自古傾心內附，無不撫收安置。況歸化例題之件，雍正、乾隆歷辦有案。熟番皆生改，設屯籌餉，不有開田，則遵例安置之處，從何措手。故歸化與開墾原係兩事，而別無曠土，不得不併案以辦者也。參見連橫：《臺灣通史》，卷十五，撫墾志。

〔註86〕蔡振豐：《宛裏志》（卷下，文徵），臺灣文獻叢刊第48種，臺北臺灣銀行經濟研究室版，1959年。

〔註87〕王世慶：《臺灣隘制考》，載於《清代臺灣社會經濟》，臺北聯經出版社版，1994年。

隨著政府能力的提高及對臺灣人文環境認識的深入，隔離措施不斷得到加強並細緻化。康熙末年至雍正初期，是清政府漢番隔離政策付諸實施的初期階段。此時的隔離措施尚處於草創時期，當地官員根據當地現有條件，再無法做到實地勘定的情況下，將認識中的番漢分界處，人為地確定為番界，分別借助自然界的硬物，做成人為障礙，用以隔離漢番相通。

1. 石碣的豎立

雖然清政府已然明確的治臺方針和政策，又出現了佐證漢番分界必要性的變亂事件，似乎臺灣文武官員也更加深刻體會到分界的現實緊迫性，但是按照當時臺灣地方的行政能力觀之，行政目的的實現並非易事。由於現有資料所限，當時臺灣的官員是否進行了這項工作，尚不得而知，但是其後的高其倬豎立石碣之事，倒並非虛言。正如前述，世宗提出了族群隔離的基本原則後，臺灣地方官員相應地提出了劃界的基本措施。臺灣總督高其倬提出的基本策略構想認為：「漢番」衝突根源在於漢人擅入原住民地域，罪在侵越漢人，是漢人「自取其禍」，而並非原住民，「不應懲罰生番」，防止此類事情再次發生的根本方法是「嚴格邊界」，行政上「嚴申禁令加重處罰」。當然為了表明政府的是非態度，對於原住民殺人的行為本身也應給予「懲罰」。這一策略對於矛盾的根源及其處理方式都較為明確，成為「漢番隔離」政策的最初的行動目標。雍正五年，高其倬將界石「隨其地勢或二十步、三十步即立一碣，大字書刻，密密排布」〔註88〕。康熙六十一年至雍正二年巡臺御使黃叔璥在《臺海使槎錄》內共記載界碑54處〔註89〕。

〔註88〕柯志明著：《番頭家：清代臺灣族群政治與熟番地權》，臺灣中央研究院社會學研究所，2001年3月，第45頁。

〔註89〕石頭界碑的位置：「鳳山八社皆通傀儡生番。放索社外之大武、力力、枋寮口、埔姜林、六根，茄藤社外之糞箕湖、東岸莊，力力社外之崙仔頂、四塊厝、加泵社口，下淡水社外之舊檳榔林莊、新東勢莊，上淡水社外之新檳榔林莊、柚子林，阿猴社外之揭陽崙、柯柯林，搭樓社外之大武崙、內卓佳莊，武洛社外之大澤機溪口，俱立石為界。自加六堂以上至瑯嶠，亦為嚴禁。諸羅漢門之九荊林、淡水溪墘，大武壠之南仔仙溪墘，茄茇社山後，哆囉嘓之九重溪、老古崎、土地公崎，下加冬之大溪頭，諸羅山之埔姜林、白望埔、大武巒埔、盧麻產內埔，打貓之牛屎坑口、葉仔坑口、中坑仔口、梅仔坑山，他里霧之麻園山腳、庵古坑口，斗六門之小尖山腳、外相觸溪口，東螺之牛相觸山、大里善山，大武郡之山前及內莊山，半線之投揀溪墘，貓霧揀之張鎮莊，崩山之南日山腳、吞霄、後壠、貓里各山下及合歡路頭，竹塹之門罩山腳，淡水之大山頂山前並石頭溪、峰仔嶼社口，亦俱立石為界。由雞籠沿

2. 界竹補齊

隨著「漢番隔離」措施的開展，臺灣地方官員對漢番間的問題認識也不斷深入，於是又提出了更具體的策略。雍正五年新上任的臺灣總兵陳倫炯及一年後續任的王郡兩人，逐步提出了一套解決生番與漢人關係的永久辦法，這在雍正六年九月初一日王郡的奏文表達的非常清楚，闡釋了臺灣居民的特點，認為：「嗜殺」雖然是漢番衝突的根源，但也可以成為赫阻和防堵「奸匪」的人為長城，所以，王郡提出了利用生番遏制漢人在番地內抗清的策略。並且為達成此目的，應該在漢番交界處「勒石為界」、「設汛安防」。並督令地方官嚴格防範。利用生番的嗜殺可以阻止番地內的抗清事件，但這是以漢番對立為前提的，如果漢番勾結的話，此種策略可能就無之奈何。因此他們建議「如有擅入生番界內並販賣違禁對象者，定例置以重典」。通過禁止漢番之間的一切往來，防止「番民合一」，徹底解決漢番之間的問題政策最終形成。

為實行上述隔離政策，原來的界石繼續被利用起來，延伸石碣設立區域，並且加大密度，使其成為漢番間的往來障礙物。王郡與新上任的臺灣道劉藩長前往鳳山縣邊境督辦，「查照原立石碣，督令栽插莿桐莿竹，照品字形植種三株，隨其彎曲壹貳拾步接連，栽種釐清界址」，〔註90〕對番界標的物又進行了加密，不禁在心裏上讓番界成為番民的隔離界限，而且在現實中，也難於逾越人為製造出的自然障礙物。

施添福先生認為番界「自康熙六十一年至乾隆十年為止，並未更動」，〔註91〕不認為雍正五年的番界存在。柯志明先生認為雍正七年的補植「界竹」應以雍正五年所築界為準，〔註92〕並以乾隆十二年喀爾吉善明確言稱「雍正七年，前督臣高其倬因生番……，提明分界立石」〔註93〕為證，主張雍正五年石碑界的存在。筆者認為，雍正七年在何基礎上補充界址問題，關鍵在於康熙六十一年與雍正五年雍正七年補充界竹的數量，及其有無字

山後山朝社、蛤仔難、直加宣、卑南覓，民人耕種樵採，所不及往來者鮮矣。」黃叔璥 1957：167～168。柯志明著：《番頭家：清代臺灣族群政治與熟番地權》，臺灣中央研究院社會學研究所，2001年3月，第47頁。

〔註90〕臺灣研究資料彙編：3315～3319。

〔註91〕施添福：《清代臺灣竹塹地區的土牛溝和區域發展》，載於《臺灣風物》第四十卷第四期1990年12月。

〔註92〕柯志明：《番頭家：清代臺灣族群政治與熟番地權》，臺灣中央研究院社會學研究所版，2001年3月，第54頁。

〔註93〕《臺灣研究資料彙編》，第10816頁。

刻。因為康熙六十一年立石的規則是「相去數十里或十餘里」〔註94〕，雍正五年立石間距縮小，變成「二十步、三十步」，而且「大字書刻」。〔註95〕顯然是柯志明先生的觀點更具說服力。

清政府在政策目標已然明確的情況下，開始從各個方面加強措施的執行與深化，以期達到政策的全面落實。在督促臺灣地方官繼續在「臺灣南路、北路一帶山口，生番、熟番分界勒石」，使界外成為原住民不受干擾的「採捕」淨土。並且為達到政策目的，對於番界管理方面，給臺灣地方官提出了明確的行政指標：「如民人越界墾地、搭寮、抽藤、弔鹿及攜貨物擅出界外者，失察之該管官降一級調用，該上司罰俸一年；若有賄縱情弊，該管官革職，計贓治罪。如三年之內民番相安無事，將該管官記錄一次；社甲兵丁人等，該督、撫酌加獎賞。」〔註96〕臺灣是當時清政府統治的南端邊陲，中國政治自古就有山高皇帝遠之困，加之官場長期形成的懶惰陋習，非明確的行政目標極易給地方官造成推諉的藉口。此次清政府對番界的行政任務，非但明確，而且還獎罰分明，充分表明了清政府政策的緊迫性與務實性。

3. 番界的最後確定——土牛界溝的挑築

為禁止漢人私墾土地，臺灣官員繼續清理民番地界，終於在乾隆二十五年確定並挑築土牛溝，使民番地界再次推進。乾隆二十二年鍾德認為生番隨著漢人開墾土地，不斷退入山中，所以，「請將生番界址移到山腳」〔註97〕。乾隆二十三年臺灣總兵馬龍圖與臺灣道楊景素，擬於「易於挪改處所，俱挑挖深溝、堆築土牛」〔註98〕，並將彰屬清水溝等處、淡屬之熬酒桶山等處劃出界外〔註99〕。臺灣總督楊廷璋終於在乾隆二十五年完成了土牛線的釐定挑溝工程。1761年清政府完成了從彰化濁水溪北岸直到臺灣北部的番漢交接沿線上，建築「土牛界溝」防線。此種方法，不但有效地封鎖高山族，使之不能像過去那樣自由進出西部平原狩獵出草，〔註100〕同時也防止漢人進入生番之

〔註94〕柯志明：《番頭家：清代臺灣族群政治與熟番地權》，臺灣中央研究院社會學研究所版，2001年3月，第45頁。
〔註95〕臺灣研究資料彙編：2228～2229。
〔註96〕《清會典臺灣事例》，臺灣文獻叢刊第226種，第148頁。
〔註97〕藍興莊拓墾史料：18。
〔註98〕《臺灣研究資料彙編》，第16237～16239頁。
〔註99〕《臺灣研究資料彙編》，第16238頁。
〔註100〕臺灣番人殺害平民和開發土地移民的極端行為。

地。在不便和無法構築界溝的地方，官方即指派平埔人把守，稱為「隘丁」。政府還將隘丁分布在土牛線的各個點上，建立起眾多的隘寮，〔註 101〕來實現漢番隔離政策的實現。

4. 隘番制度的建立

為了隔離漢番，清政府沿著番地邊界設訊佈防，大約乾隆中葉以前，各番界隘口的駐防主要依賴於戍臺官兵的巡查及通事和頭目的自律。但這一時期，臺灣兵單汛廣，山防捉襟見肘。乾隆十年（1745），奉旨前往臺灣清理官莊的福建布政使高山建議熟番輔助山防工作：「各社設有土司分轄番地，則凡生番要隘未設營汛處所，秋冬之間，便可諭令土司於各管地界輪撥番眾就近巡查，以補汛防之所不及；毋許漢奸將違禁貨物潛入內山私向生番貿易，亦毋許生番擅行出隘為崇逞兇。倘有違犯，即行嚴拿，番則令土司自懲，民則送該管官究擬；庶邊方寧靜，而各隘謹嚴矣」〔註 102〕。閩浙總督馬爾泰也認為：臺地沿山二千餘里，到處皆有生番，若遍設汛防，臺兵不敷分撥，亦「恐徒滋繁擾，請令該處營汛弁兵，各土目、通事，加謹巡查」。除此之外，他還增加了一種防範措施，即「令貼近生番莊社，各設望樓一，懸掛銅鑼，每樓分撥五人，晝夜巡邏。近社者派番，近莊者派民，十日一輪，各自保護，鄰莊有警，互相求援，倘有坐視不救者，即行究治」〔註 103〕。同時也促成了乾隆十一年（1746）的勘界之舉。乾隆十五年（1750），閩浙總督喀爾吉善又奏請再次勘定生番界址，番界的再次得到確定。〔註 104〕在防番措施上，仍強調「每年秋冬，地方官勸諭邊界零星小莊移近大莊，各設望樓、銅鑼，每樓五人，晝夜巡邏，遇生番出沒，協力追擒」等〔註 105〕。

<hr>

〔註 101〕連橫：《臺灣通史》卷十三，軍備志。
〔註 102〕周憲文：《清奏疏選匯（高山‧陳臺灣事宜疏）》，臺灣文獻叢刊第 256 種，臺北臺灣銀行經濟研究室版，1986 年，第 39～44 頁。
〔註 103〕張本政：《清實錄‧臺灣史資料專輯》，福建人民出版社版，1993 年，第 149 頁。
〔註 104〕此次番界地址確定為：淡水廳屬原定火焰山等界一十二處毋庸更移，其新添貓盂溪頭等六處應另立界；臺灣縣屬東南應以淡水溪為界，於六張犁等處立石；鳳山縣原定枋寮莊等處毋庸改，其大武力等處原界游移，今已另定；諸羅縣屬阿里丹地方，移回頭埔立界，蘆麻產等三處，移金交椅山腳立界，其茄苳山等界毋庸改；彰化縣屬除大里杙等五處及東埔臘各莊照舊界外，其內外新莊各界，均移至旱溝為定，又竹腳寮地方，以外山山根為界。
〔註 105〕張本政：《清實錄‧臺灣史資料專輯》，福建人民出版社版，1993 年，第 170 頁。

但隨著墾荒事業日進，乾隆二十五年（1760）又重新清界。閩浙總督楊廷璋奏曰：「臺郡彰化縣沿山藩界，年來侵墾漸近內山，生番逸出為害。今據該鎮道勘明，於車路旱溝之外，各有溪溝水圳及外山山根，堪以久遠劃界，其與溪圳不相接處，挑挖深溝，堆築土牛為界。至淡防廳一帶，從前原定火焰山等界，僅於生番出沒之隘口立石為表，餘亦未經劃清。今酌量地處險要，即以山溪為界，其載山溪處，亦一律挑溝堆土，以分界限。」〔註106〕也差不多在這一時期，出現了比較完善的隘制體系。據楊廷璋所言：「淡、彰二處沿邊要隘向派番丁把守，今定界之後，彰屬沿邊共應設隘寮十處，派撥熟番二百一十七名；淡水一帶共應設隘寮十八處，派撥熟番七百二十名，加謹防守。其番丁口糧，彰屬即於該社番租粟內撥給；淡屬向無租粟，查各社番曠埔，現在未墾者尚多，應令查出稟墾，以資隘丁口糧，仍令該管巡檢，同附近汛弁，於定界各處嚴密巡查。」〔註107〕

清政府的漢番隔離政策的實施，歷經幾次更迭。由於兵員數量限制，設訊駐防對於隔離漢番只起到放哨報信的作用，劃界立石是硬物隔離的全線防範方式，設隘駐防則是加強人力重點防禦的方式。清初劃界分治時即有汛兵分守巡防，由於兵單汛廣，此種方式的作用似乎不很理想。到乾隆年間出現了臺灣真正意義上的隘制，它不再是由官兵承擔隘的防守任務，而是雇募的專門人員如番丁或鄉勇駐守。此後，更是形成比較完整的體系，由隘丁、隘首、隘租、隘糧、隘寮、隘地等構成。因主持者不同，又可分為官隘和民隘兩種。《東瀛識略》對此介紹頗詳：「隘者，巡防野番出沒之隘口也；有官隘、民隘、隘首、隘丁、隘地、隘租、隘糧、隘寮等名。蓋內山一帶，舊設土牛紅線為界，年久湮沒無蹤，土人越墾日深，野番遁入深山，蠢悍嗜殺，每每乘間出而戕人。乾隆間，由官遴募壯丁，扼要巡邏防禦，每隘多者二、三十名，少至八名、六名，曰隘丁；更於通事、隘丁中公舉熟諳隘務者，令其統率各丁，曰隘首；所需口糧、鉛藥、辛勞之費，准各隘丁於附近山麓之荒林磧土，或一二十甲，或二三十甲，自行墾種，列為不入額之款，謂之隘地，是為官隘。其由承耕課地各佃及往山樵採諸人選舉隘首、隘丁，或按田園，或就所獲均勻鳩

〔註106〕張本政：《清實錄‧臺灣史資料專輯》，福建人民出版社版，1993年，第199頁。

〔註107〕張本政：《清實錄‧臺灣史資料專輯》，福建人民出版社版，1993年，第199頁。

資支給，每丁年給番銀三十圓或粟三十石，謂之隘租、隘糧，是為民隘。就隘所搭蓋草舍，以資棲止，謂之隘寮。」〔註108〕

5. 東海岸的禁入

清政府不僅從西側劃定了番界，而且在東側利用大海的自然天塹，輔之以禁令，隔離漢番的相通，進而完成了全面禁絕漢番交往，杜絕反清遺患的政策追求，清政府從政策上造出了臺灣東部番地這一特殊的統治區域。

據《臺灣府志》記載，「凡商漁船往來崇爻社販賣番貨，乾隆二十一年示禁；如有籍端躍販，照偷越番境例，從重治罪。其社丁應番餉，責成通事由陸路輸納。」伊能嘉矩認為崇爻社概指山後番地北部（奇來地方），並稱「南路船無有過者，唯淡水社船由大雞籠、三朝而至云」，偷越者似多來自北部，〔註109〕清政府頒布了對北部海岸禁入番地的禁令。雖然政府頒布了海上禁令，但是，仍無法實際阻止漢人進入番地的腳步，噶瑪蘭廳的設置就是政府追認漢人墾殖成果的典型一例。

在明朝末年，居住在宜蘭平原的土著居民是一群自稱噶瑪蘭的平埔族人。清代時為東西勢三十六番社墾居。噶瑪蘭地區東面臨海，三面環山，蘭陽溪水穿境入海，形成三角形的蘭陽平原，土地肥沃，雨量充沛，生活在此地的平埔族人因人們稱其地為噶瑪蘭，亦稱哈仔難、甲子蘭。清初此地還沒有設官治，沒有積極開發，聽任其自由發展。隨著漢族移民大量進入臺灣，移民對土地的需求不斷增加，他們通過請墾、占耕，或通過向土著居民買賣、交換甚至用欺騙和武力的手段，取得土地，使得漢番衝突成為當時的一個重大社會問題。噶瑪蘭所處的蘭陽平原土壤肥沃、水源充沛，是最適宜農業的地區之一。但它和北臺之間因雪山山地崖谷叢雜，林莽深密，難以通行，使得移民裹足不前。

乾隆三十三年（1768年），漳州人吳福生曾自西部進入，很快被當地居民驅逐。後來漳州人吳沙在淡水街富戶的支持下，以武力為先導，入墾噶瑪蘭蘭陽溪北。吳沙「與番割許天送、朱合、洪掌謀，招三籍流民入墾，並率鄉勇二百餘人，善番語者二十三人，以嘉慶元年九月十六日進至烏石港南，築土

〔註108〕丁紹儀：《東瀛識略（卷四，屯隘）》，臺灣文獻叢刊第2種，臺北臺灣銀行經濟研究室版，1957年。

〔註109〕臺灣文獻委員會編譯：《臺灣文化志》（中譯本）下卷，臺灣文獻委員會版，1991年，第155頁。

圍墾之，即頭圍也。初入與番日鬥，彼此死傷甚眾」。〔註110〕嘉慶三年（1798年）九月，在烏石港築成頭城，作為拓墾基地，以後漳、泉、粵移民不斷來附，步步進逼。嘉慶十一年（1806年），阿里史流番潘賢文開發蘭陽溪南地區，終至將宜蘭平原全境開拓。在籌辦開蘭設治之前，噶瑪蘭地區人口已增至六萬多人，其中「漳人四萬五千餘丁，泉人二百五十餘丁，熟番五社九百九十餘丁，歸化生番三十三社四千五百五十餘丁」。〔註111〕隨著噶瑪蘭的開發，人口的增加，人事糾紛日多，不但番人與漢人，生番與熟番，及漳、泉、粵三籍人士之間紛爭甚至於械鬥，亦時常有之。而漢番之間，因土地紛爭，生番「出草」等問題，亦是矛盾重重。如漢人移民買墾、租「番社」土地，往往衍生出契約上的欺詐，違約抗租等等問題。「蘭地三十三社，……所有餘埔，漢人斗酒尺布即騙得一紙字」，「而所耕之輩，尤貪得無厭，雖立有約，至墾透後，應納租穀，居多糾纏不清」。〔註112〕再加上漢人移民以武力入墾，殺死不少番眾，引起番人對漢人的不滿。另一方面，番地居民經常襲擊、殺害無辜漢人，也加深了彼此的對立。

由於噶瑪蘭地區長期無人管理，又比較偏遠。乾隆五十三年（1788年）「籌防林（爽文）竄路，始知有三貂、蛤仔難之名。及該逆率夥越山逃遁，廷理請檄飭淡防同知徐夢麟趕赴三貂堵緝，嗣接覆文，方知有漳人吳沙久住三貂，民番信服，可保無疏縱弊，及隔港蛤仔難生番尚未歸化，並無居民，毋須顧慮等情」。〔註113〕清政府後經多方瞭解，即發現噶瑪蘭地區各方面問題的複雜性，特別是反清勢力屢次想利用此地屯據，作為根據地，如嘉慶十一年（1806年）四月「淡水滬尾以北山內，有膏腴之地一處（即噶瑪蘭），為蔡逆（蔡牽）素所窺伺，年來屢次在彼遊奕，希圖搶佔……」；〔註114〕嘉慶十二年（1807年）秋七月，「海寇朱濆滿載農具收泊蘇澳，謀占溪南地即東勢為賊巢。」〔註115〕清政府在臺官員楊廷理深感噶瑪蘭地的重要性，開始了長期不懈的開蘭設治的大業。要真正實現對噶瑪蘭地區的開蘭設治，處理好漢番關係是關鍵問題之一。土地的劃分，一直是漢番爭執的焦點。楊廷理深知這一

〔註110〕姚瑩：《東槎紀略‧噶瑪蘭原始》卷三。
〔註111〕柳州楊廷理清和氏稿：《議開臺灣後山噶瑪蘭即蛤仔難節略》。
〔註112〕陳淑均：《噶瑪蘭廳志》，臺灣文獻伍刊本，第232頁。
〔註113〕柳州楊廷理清和氏稿：《議開臺灣後山噶瑪蘭即蛤仔難節略》。
〔註114〕柳州楊廷理清和氏稿：《議開臺灣後山噶瑪蘭即蛤仔難節略》。
〔註115〕柳州楊廷理清和氏稿：《議開臺灣後山噶瑪蘭即蛤仔難節略》。

點，因此他首先做的是深入噶瑪蘭認真勘查，丈量土地，繪製地圖，以期分畫公平，杜絕漢番因土地分界不明而爭執。在開蘭前，廷理就已經對噶瑪蘭地區進行了勘查。「知府楊廷理逐加勘查，據稱噶瑪蘭南北約長六七十里，東西約寬二三十里不等，……現應將未墾荒埔分出地界，某處令某籍民人開墾，某處令某社番開墾，分畫公平，以杜爭執。再將已墾田地丈量升科。其員山東北地處適中，可以設官安營。頭圍為水陸扼要之處，應設分汛等語」。〔註116〕在籌辦開蘭事宜的時候，楊廷理親自入蘭，仔細丈量土地。「（嘉慶十五年）四月初四日，面奉委劄，並發章程十八則、丈繩一副。廷理胸有成竹，了無難色。次日，奉檄入山」。〔註117〕「殫一己之心思，耐三月之勞。六月二十五日，繕具《節略》申送」，描述了所做的各項準備工作，「辛未元夕，予先抵蘭，張道臺繼至。駐辦月餘，確勘出入地勢，察訪民番輿情，悉心講求，因地制宜，分別建置，事竣回郡。會商鎮、府，屬予留後，繪圖注說。三月中，予始出山……九月中，兩院具摺會奏，並以予『奉委進山，勘辦駐紮半年有餘，首先傳宣皇恩，寬猛兼濟，鋤莠安良，使化外民番，漸就範圍，所有現定等則徵租田園及一切規模，皆由該員勘定草創，實屬盡心竭力，不辭勞瘁……』。九月，蘭境水患，予入山履勘。」〔註118〕這些勘察結果，成為開蘭後劃分地界、徵收田租的依據。其次，在實施開蘭設治過程中，在處理漢番之間土地、田產、租佃業戶等經濟紛爭時，楊廷理從大局出發，公平處理。

清代臺灣的土地關係，都是以漢人移民的大小租制為藍本派生出來的。這個藍本的基本形式為：番社番租漢業戶大租佃戶小租現耕佃人官府田賦。在宜蘭平原，嘉慶初，吳沙等人率眾進墾時，很重要的目的就是為了取得大租權。吳沙並不富有，亦無權勢，初期的資金是由淡水富戶柯友成、何績、趙隆盛等人支持的。這些富戶的目的在於占墾番地，開鑿埤圳，收取大租和水租。他們在開墾中實行「結首制」的方法：「合數十佃為一結，通力合作，以曉事而資多者為之首，名曰小結首，合數十小結，中舉一富強有力公正服眾者為之首，名曰大結首，然後有條不紊，視其人多寡授以地。墾成，眾佃公分，人得地若干甲，而結首倍之或數倍之。」〔註119〕一般來說，佃人都分到

〔註116〕柳州楊廷理清和氏稿：《議開臺灣後山噶瑪蘭即蛤仔難節略》。
〔註117〕柳州楊廷理清和氏稿：《議開臺灣後山噶瑪蘭即蛤仔難節略》。
〔註118〕柳州楊廷理清和甫著：《知還書屋詩鈔卷第十·勞生節略附》。
〔註119〕姚瑩：《東槎紀略·埔里社紀略》卷一。

了一塊墾地。到了嘉慶十五年（1810 年），何繪等人想乘籌辦開蘭之機，暗充業戶，「何繪等知廷理不可以利動，藉口助辦城池、文武衙門、兵房各工程，請奏發銀二萬兩興建，限三年均攤歸款等語，其實仍思暗充業戶」。〔註 120〕楊廷理知道此事後，指出其弊端，力裁業戶，將原歸業戶收取的大租，改充賦稅，作為開發當地的經費。「廷理指出積弊，諄諭再三，始據各結分領丈竿，前往丈報。廷理若准其援照臺灣設立業戶，聽報升科，則正供無幾，除支防兵米外，所需文武官員弁俸廉、兵餉、役食、即須另為請領。是名以尺土歸王，實大費國帑也」。〔註 121〕另外，清政府對臺灣的土著居民採取的是保護其土地權益的政策，嚴禁漢人入侵番地，私買或侵墾番地。但漢人奸棍豪強購典番土、牽手番婦、占居番社等事，也不時發生。在宜蘭地區，這類事情亦多有發生。楊廷理秉公處理此類事件。如「嗣以噶瑪蘭漳籍莠民，乘粵番總理病故，財誘生番總理事，將酌留新歸化生番，大社二里、小社一里之茆埔，私立約，訊明懲處具報，並詳請將酌留茆埔，概行清丈官為招佃。每甲完租四石，計得番租若干，年終官為經理，散給番社，俾得均霑實惠，而永杜爭占」。〔註 122〕

在賦稅方面，楊廷理按照清政府的規定，對生熟番眾加以減免徵收。清政府在臺灣對於平埔族番社，主要徵收番餉。乾隆二年（1737 年），乾隆皇帝下令「所輸番餉……著照民丁之例，每丁徵銀 2 錢，其餘悉行裁減」，「務令番民均霑實惠」。是年，蛤仔難（即噶瑪蘭）歸附生番的應徵餉額，減少了 94.8%之巨。在楊廷理籌劃開蘭時，對賦稅徵收是這樣規定的：「廷理先於丈報後，已按畝升科，並請照淡水拳和莊定引下沙則例田六石、園田四石之數升報。示期開徵，分別正雜租額，正供完交本色，餘租每石折銀餅一元，民番稱便。」〔註 123〕開蘭後，亦按此數徵收。但在漢人起事抗官的時候，楊廷理曾利用土著民族參加鎮壓活動。嘉慶十二年（1807 年）海盜朱濆率船竄據蘇澳，意圖佔據東勢（蘭陽溪以南地方）作為陸上基地。當時臺灣知府楊廷理獲悉此事後，立即與南澳鎮總兵王得祿定計，分水陸兩路赴援。楊廷理由陸路疾馳入山捐款招募勇番。「予由三貂兼程抵蘭……予即赴溪洲、羅東，

〔註 120〕柳州楊廷理清和氏稿：《議開臺灣後山噶瑪蘭即蛤仔難節略》。
〔註 121〕柳州楊廷理清和氏稿：《議開臺灣後山噶瑪蘭即蛤仔難節略》。
〔註 122〕柳州楊廷理清和甫著：《知還書屋詩鈔卷第十·勞生節略附》。
〔註 123〕柳州楊廷理清和氏稿：《議開臺灣後山噶瑪蘭即蛤仔難節略》。

號召民番，應募者千餘人，給以重貲。」〔註124〕與王得祿之水師於蘇澳港合力夾攻，朱濆等乃大敗而去。在此期間，楊廷理還進一步勘察民情，「予駐蘭十九日，度阡越陌，日集居民詢問，備知地方險要、民間疾苦、田土膏沃，傍海生番相率歸化」。〔註125〕

　　由於漢番隔離只是清政府的應急之策，與當時臺灣社會的發展存在距離，所以，無法在現實中保證有效實施，更難以杜絕漢人移民深入番地的活動。當漢人移民與當地居民矛盾衝突達到激烈程度時，清政府才有不得不出來解決，此時的辦法就只有追認漢人墾殖的既成事實了。

　　實際上，南部反倒是偷越者的契機。乾隆初年所成《鳳山縣志》記載，「按瑯嶠社喬木茂盛、長林蓊薈，魚房海利，貨賄甚多；原聽漢民往來貿易，取材捕採。六十年臺變，始議：地屬倉遠，奸匪易匿，乃禁不通；唯各番輸餉而已。」

第四節　地緣關係帶來農業移民

　　西依臺灣海峽（屬於東海），距福建省海岸75～220海浬；東瀕太平洋；東北與日本琉球群島為鄰，距沖繩島約335海浬；南隔巴士海峽與菲律賓相望，距呂宋島約195海浬。如此的地理及地緣位置，臺灣島民必然具有了來往大陸的自然需求。

一、地緣紐帶非政策所能阻擋

　　清朝時期，為了管理兩岸間的人員往來，中央政府在臺灣設置海防同知亦稱臺灣府海防捕盜同知，康熙二十三年於臺灣府城設立。專門管理船隻出入港口事宜，乾隆三十三年又兼理南路番政。清初規定，來往於大陸與臺灣的船隻，在臺灣的安平與對岸的廈門之間出入，這兩個港口被稱為正口，凡是不經由正口出入的，皆算作偷渡。要前往臺灣的船隻，必須向官府申請證明單，離開廈門前，先經過一次檢驗，方能出海，進入安平時，還要再檢查一次，確定沒有違反貨品，方可進港。海防同知即是負責安平港口稽查事務的官員。乾隆五十三年（1788年）加開鹿港為正口，由原設於彰化的北路理番

〔註124〕柳州楊廷理清和甫著：《知還書屋詩鈔卷第十‧勞生節略附》。
〔註125〕柳州楊廷理清和甫著：《知還書屋詩鈔卷第十‧勞生節略附》。

同知兼管海口事務。乾隆五十五年再開淡水廳的八里坌和對岸的福州航路。道光四年（1824年）再開彰化的五條港與對岸紺江，以及噶瑪蘭廳的烏石港與對岸五虎門通航。即便是對閩臺之間人員往來不積極支持的政府也不得不開設官方港口，派駐政府官員進行管理，藉此可知，兩岸人員往來頗為盛行。

同時，據資料顯示，有清一代，即使是政府實行海禁政策時段，未曾經官方認可的港口也活躍著兩岸往來的人群，特別是大陸前往臺灣島進行農業開發的移民。

清朝初年，福建地少人多的矛盾日益突出，許多福建民眾紛紛向省外遷徙。他們首選的目標就是隔海相望的臺灣島。波濤洶湧的臺灣海峽也不能阻擋他們東進的決心。1644年～1735年，清順治至雍正末年，清政府厲行海禁政策，閩人遷臺受阻。為隔絕鄭成功軍事集團與大陸的聯繫，順治十八年開始實行沿海五省邊民內遷政策，「片板不許下海，粒米不許越疆」；康熙三年清政府再次嚴申遷界禁海之策，五省沿海30里內夷為平地，人民流離失所。以莆田為例：「將邊海居人盡移內地，夷其壇宇，荒其土地，棄數百里膏腴之地，蕩為甌脫，刻期十月內不遷，差兵蕩剿」。〔註126〕強硬的禁海政策也未能根本禁絕閩人遷臺。

對於清初朝廷嚴禁閩人入臺的種種政策法規，一些地方官員紛紛上書表示反對。如曾任臺灣知府的沈起元力主福建大量移民臺灣，既可解閩省人多地少之虞，又可化臺灣人少地多之憂，他認為閩人入臺是大勢所趨，無法阻擋。他作如下分析：「漳泉內地無籍之民，無田可耕，無土可傭，無食可覓；一到臺地，上之可以致富，下之可以溫飽。一切農工商賈以及百藝之末，計工授直，比內地率皆倍蓰。而必曰爾其堅坐餓死，無往求生為也，既非為民父母之道，且或親戚兄弟，在臺成業，此則需人助理，彼可相依為活，合之則兩全，離之則兩傷」；「民之渡臺，如水之趨下，群流奔注。而欲以輕法業之，是以隻手而障崩堤，必不可能矣」。〔註127〕官府應當「許良民之渡」，既可制止偷渡之風，又可繁榮臺灣經濟。沈起元「開臺」的慷慨陳詞得到一些官員的支持，禁令有所鬆弛。

1736年～1894年清乾隆至光緒年間，這個階段的主要特點是隨著清政府政策的鬆動，對閩人遷臺禁令的時緊時鬆，閩人從男性青壯年單身入臺發展

〔註126〕余颺：《莆變紀事》「書界」，朱維乾點校，福建師大圖書館藏莆田舊抄本。
〔註127〕沈起元：《條陳臺灣事宜狀》，《清經世文編》卷84。

到舉家合遷入臺，出現了遷臺的新高潮。其主要形式是官渡與私渡相結合。

雍正末年沈起元力陳弛臺灣之禁後，遂有清廷有關閩人入臺的首次弛禁，之後反覆多次，於乾隆五年（1740年）再禁，十一年（1746年）再弛，十三年（1743年）三禁，二十五年（1760年）三弛。

（一）乾隆初年允許閩、廣籍婦女隨男性入臺。當時弛禁首先表現在法律規定允許單身男性青壯勞力從官渡入臺耕作，但不得攜帶女眷。此舉造成臺灣人口性別比例嚴重失調，因此大學士鄂爾泰於雍正十年（1732年）十月建言：「臺地開墾承佃，雇工貿易均係閩、粵民人，不啻數十萬之眾，其中淳頑不等；若終歲群居，皆無家室，則其心不靖，難以久安」，擬「有田產生業，平日守分循良之人，情願攜眷來臺入籍者，地方官申詳管道府查實給照令其渡海回籍；一面移明原籍地方官，查明本人眷口，填給路引，准其搬攜入臺」。〔註128〕清廷允許閩、廣二省遷臺男性可以回原籍攜女眷全家移臺定居，使島上出現了「至者日多，皆有闢田廬，長子孫之志」〔註129〕的移民新高潮，也促進了島上人口增殖和生產的發展。自雍正十二年至乾隆五年的七年間，經官府批准，給照經官渡入臺的閩、粵人共計二萬餘口。但由於政府的對臺政策尚游移不定，所以民間仍然以官私渡相結合的形式遷徙入臺。

（二）官方設置官渡目的在於控制入臺人員。閩浙總督福康安如此解釋官私渡並存的原因：「推其原故，蓋因臺灣地土膏腴，無業民人紛紛渡海覓食，若由官渡則必經官給照，海口查驗放行，難免兵役留難勒索，而私渡則止須給予頭船戶說合，即便登舟載渡，其費較官渡為省，其行亦較官渡為速」。〔註130〕此說可謂一語中的。朝廷於乾隆五十四年（1789年）十二月閩浙總督伍拉納，在福建沿海設立三個官渡口，即廈門、福州南臺、泉州蚶江，並分別規定了收費標準：「官渡商船，由廈門至鹿耳門，每名許收番銀三圓。由南臺至八里坌，蚶江至鹿仔港，每名許收番銀二圓，不准多索。」〔註131〕官渡的正式設立從某種程度上說等於開禁，承認閩人遷臺的合法化，因而加速了閩人向臺灣流動。嘉慶十六年（1811年），有司彙報全臺民戶（其中主要是閩人）共計241217戶，

〔註128〕吳士功：《題准臺民搬眷過臺疏》，見余文儀《續修臺灣府志》卷20。

〔註129〕連橫：《臺灣通史》卷3「經營記」，商務印書館，1983年版。

〔註130〕（臺）臺灣中央研究院史語所1960年編印：《明清史料》戊編第二本，中華書局，1987年10月影印本，第140頁。

〔註131〕《清高宗實錄》卷1345，第25冊，中華書局，1986年4月影印本，第1237頁。

男女大小計 2003861 口。至光緒十三年（1887 年），臺灣人口已達到 320 萬人。這個時期，福建漢民入臺出現了兄弟相率、夫妻同往或舉家搬遷的現象。如安溪縣參內黃姓，該姓從康熙末年以後移居臺灣的族人中，父子同往者計 29 起，兄弟同往者 17 起，夫妻同往者 44 對，舉家合遷者 30 家。〔註 132〕再如晉江東石附近的後湖村，其人口不過數百人，從雍正後期到道光初年去臺定居者達 126 人，其中僅兄弟同行者就有 17 家。〔註 133〕

　　（三）私渡成為官渡的補充形式。儘管有官方設立的渡口，但由於手續繁瑣，收費昂貴，加之吏弁敲詐，許多福建沿海居民寧可冒險私渡。他們中的許多人在海上歷經磨難，能夠抵達臺灣已是萬幸，更有許多人被波濤吞沒。乾隆後期曾任臺灣鳳山縣教諭的建寧籍官員朱仕階形象地記述了偷渡客的冒險旅程：「內地窮民在臺營生者數十萬，其父母妻子俯仰乏資，急欲赴臺就養，格於例禁，群賄船戶，頂冒水手姓名，用小漁船夜載出口，私上大船抵臺。復有漁船乘夜接載，名曰『灌水』。經汛口覺察，照奸艄問遣，固刑當其罪，杖逐回籍之民，室廬拋棄，器物一空。更有客船，串通習水積匪，用濕漏之船，收藏數百人，擠入艙中，封釘艙蓋，不使上下，乘黑夜出洋，偶值風濤，盡入魚腹.比及到岸，恐人知覺，遇有沙汕，輒絀出船，名曰『放生』。沙汕斷頭，距岸尚遠，行至深處，全身陷入泥淖中，名曰『種芋』。或潮流近漲，隨流漂溺，名曰『餌魚』」〔註 134〕。私渡臺灣所歷艱險可見一斑。偷私渡的渡口，主要集中在泉州、廈門一帶。如《赤嵌筆談》所載：「偷渡來臺，廈門是其總路，又有自小港偷渡上船者，如曾厝垵、白石頭、大擔、南山邊、鎮海岐尾；或由劉武店，至金門、料羅、金魚尾、安海、東石，每乘小船，私上大船；曾厝垵、白石頭、大擔、南山邊、劉武店係水師提標營汛，各汛亦有文員會同稽查」。〔註 135〕在《臺灣使槎錄》中黃叔璥還詳細統計臺灣西海岸 54 個港口均可通行小船、舢板。

　　清政府對於臺灣東部更多地是從國內統治的考慮，採取穩定邊疆的措施。清朝統治階級以滿洲貴族的身份入主中原，對漢人本就懷有嚴重的猜疑、防範心理。由於臺灣孤懸海外，而且在明鄭政權統治時期，與清廷處於軍事對

〔註 132〕莊為璣、王連茂：《閩臺關係族譜資料選編》，「安溪參內二房黃氏族譜」，第 267～294 頁。
〔註 133〕參閱《晉江文史資料選輯》第 8 輯。
〔註 134〕朱士階：《小琉球漫志》卷 7「海東贅語」，臺灣文獻叢刊第 3 種。
〔註 135〕黃叔璥：《臺灣使槎錄》卷 1「赤嵌筆談・海防」。

峙的局面，清政府對臺灣人民尤其戒備。故在統一臺灣後，便制定了「為防颱而治臺」的消極方針，千方百計地限制大陸漢民渡臺，從事貿易、生產活動。但儘管如此，大陸人民還是紛紛湧向臺灣，漢族移民的大小村落，星羅棋佈於臺灣西部海岸，形成與平埔「熟番」大雜居、小聚居的犬牙交錯的局面。有的漢民還不畏艱險，進入內山，與「生番」進行貿易，漢番人民的經濟往來，日益密切。

對於漢民大量渡臺，開發臺灣，清政府既不能禁止，又不願採取積極的行政措施，加強管理。結果，臺灣社會極其動盪，廣大人民的反抗鬥爭此起彼伏，而且，漢番人民的鬥爭，在客觀上還出現了互相配合的態勢，直接威脅到清朝在臺灣的統治。康熙六十年，朱一貴在漢「番」交界之處發動起義，全臺震動，「阿里山、水沙連各社乘亂殺通事以叛。」朱一貴起義失敗後，王忠等人率餘眾退入內山，藏匿於琅嶠、卑南覓等社。這件事對清政府的觸動很大，閩浙總督覺羅滿保遂於同年十月下令臺灣鎮、道劃界遷民，將山中居民及附山十里內民家盡行驅逐，由北至南，高築土牆，「深挖豪塹，永為定界，越界者以盜賊論」由於地方官上書反對，此議一時未行，但到次年，劃界論還是佔了上風，清政府對「生番」的隔離政策得以形成。

清政府實行隔離政策的目的，首先在於防止漢番的衝突。覺羅滿保下令劃界遷民，是為了使「奸民無窩頓之處，而野番不能出為害」。雍正七年，巡臺御史赫碩色、夏之芳奏稱：「臺地番、民共處，止可令其各安本分，不可令其互相固結」。雍正欣然批示：「嚴禁內外交通為第一善策。」〔註136〕清政府的消極防範心理，在此披露無遺。

其次，清政府採取這條政策的動機，還在於利用民族隔閡，使漢番互相牽制，避免漢番聯合反清。乾隆十六年，閩浙總督喀爾吉善指出：「漢民、熟番無故潛入山內，生番見即殺戮，生番亦不敢明目張膽輕至平埔」，故「生番之在臺郡，不特無害於地方民人，而轉可使奸匪不能竄伏，游民不敢肆志，誠為臺郡一外護。」清政府以番制漢，以漢制番的統治手腕，在臺灣發生「豎旗」或「番變」時，表現得尤其突出。朱一貴事件，地方官調集新港、蕭壠、麻豆，目加溜灣四社「熟番」前往鎮壓，諭以殺敵一名者賞銀三兩，殺敵將一名者賞銀五兩。雍正九年至十年，大甲西等社「熟番，聯合抗請，清政府則派

〔註136〕「雍051」雍正七年三月十六日，巡視臺灣吏科給事中赫碩色等「奏陳臺灣地方事宜（嚴定番民界限）摺」。

漢民先行偵探路徑，官兵尾隨而至，攻佔了反抗者的最後根據地。還有雍正四年清軍討伐水沙連社，七年討伐山豬毛社，都曾調派漢民、熟番，前往助剿。為使漢番互相牽制，分而治之，清政府對其加以隔離。

再次，這一政策也含有避免漢番糾紛的意圖。清政府擔心漢番發生糾紛，採取消極的隔離政策。雍正認為，維持地方治安的「久長良策」是：「使百姓總不干犯熟番，熟番永不欺凌生番」。「劃清界限，使生、熟番夷及內地百姓各安生理，兩不相侵，始可免意外之虞」。在清政府看來。防止漢番衝突的最好辦法便是不讓漢番接觸。最後，這一政策的目的，還在於限制漢民移臺拓墾。漢番隔離政策，是「為防颱而治臺」消極方針的一個重要組成部分.雍正十年以後，清政府一面被迫放寬限制漢民渡臺的政策，另一面又通過強化隔離政策，對漢民渡臺，予以間接限制。福建布政使高山道出了清政府限制拓殖的顧慮：「臺灣一島海外孤懸，聊為邊界藩籬，倚作東隅屏障，原非欲驅內地游手之民，而使之就食於彼，官斯土者，止宜令其寧謐安全，如果聽任漢民開墾「番地」，墾令一行，臺民俱相趨而謀佃種，海外之民方爭奪無已，而內地之民聞風踵至，偷渡靚銀，有何底止！安能遍給！」因為臺灣孤懸海外，難以控制，所以只要不出亂子就好，不必闢草開吁，這就是清政府的邏輯。

即便是積極地統治政策指向也離不開自然條件的限制和決定作用，遑論如果以自然為取向的統治政策了，因此，即便是清政府的對臺政策，更難以迴避自然條件特別是地緣條件注定福建必然向臺灣農業移民、西部平原農民必然向東部轉移。

二、現實中漢番的葛藤

雖然清政府從政策上將漢番隔離開來，但是官員仍然要與番地居民相接觸，難免需要一定的機構或人員來進行。清政府在番社內部將頭領封為土目，還設立通事與之相接觸，通事最初由先期墾田的漢人擔當，後來轉而採用熟番。番社內的事務最初由通事與土目並列管理，乾隆二十年以後，為防止通事侵吞社租又設立番業戶，形成三頭行政的結構。通過社務權力的逐漸被分解，番地的整體性甚見鬆弛。〔註137〕隨著交涉事情的增多，清政府開始在地方政府內設立理番同知，專門負責與生番的交涉事件。乾隆二十三年（1758

〔註137〕戴炎輝：《清代臺灣的府志》，臺北聯經出版事業公司，1992 年 5 月，第 367頁。

年），臺灣道楊景素到任後，發現大陸移民逐漸增多，南北兩路番地多被移民侵佔，而且他們勾結通事坑蒙當地原住民。於是，他與臺灣知府余文儀聯名奏請撤逐通事壯丁、釐定疆界、永免番役。〔註138〕由此漢人通事被罷黜，第一個被免掉的通事是岸里社的張達京。〔註129〕乾隆三十二年，在南北兩路設置理番同知，為特別理番機構。臺灣府理番同知統轄淡水廳、彰化縣、諸羅縣的民番交涉問題，南路番務由海防同知兼任。〔註140〕選用熟番作為通事配合理番同知，管束番地偷越私墾也在其權限之內〔註141〕，處理原來漢人通事與地方官管理的民番交涉事件。

清政府主要是利用原來的番社頭領管理生番內部的事務，不再派遣政府官員進入番社內部。但是生活在生番地域內的部落人們並未因此而完全與政府向隔絕，在乾隆五十一年到五十三年的林爽文事件中，官軍得到生番的配合，最終剿滅了事件的首領。在事後論功行賞也是對各番社頭目進行的，這些番社的名單和乾隆五十年觀見的土目所代表的番社名單完全一樣。〔註142〕

清政府對於番社內部事務主要採取不干涉的政策，這當然可以理解成理性治理的策略，同時與清政府一貫堅持的包容各民族習慣的做法不無關係。乾隆四十六年（1781年），已經歸化的山豬毛社生番中，109名男婦不滿頭人多抽米石，單獨投附官方，當地官員只好將他們安頓在搭樓、武洛二社熟番埔地耕種。〔註143〕當時高宗皇帝表示出了不贊成的態度，要求地方官日後只能收留非歸化的生番，如果再遇歸化者必須先奏明後請旨。〔註144〕表明了不

〔註138〕余文儀：《續修臺灣府志》，臺灣銀行文獻叢刊第一二一種，1962年4月，第813頁。

〔註139〕《清代臺灣土著地權—官僚、漢佃與岸里社人的土地變遷1700～1895》，第66頁。

〔註140〕周璽：《彰化縣志》，臺灣銀行文獻叢刊第一五六種，1962年11月，第67頁。

〔註141〕臺灣省文獻委員會編譯：《臺灣文化志》（中譯本）下卷，臺灣省文獻委員會，1991年，第155頁。

〔註142〕洪安全：《清宮諭旨檔臺灣史料（二）》，臺北故宮博物院版，1996年10月，第1363～1367頁。

〔註143〕中國第一歷史檔案館：《乾隆朝上諭檔（第十冊）》，北京檔案出版社，1991年6月，第517頁。

〔註144〕洪安全：《清宮廷寄檔臺灣史料（一）》，臺北故宮博物院版，1998年10月，第122～124頁。

干涉番社內部事務的態度，不參與頭目及生番的關係中去，內部事務交由生番自己解決，政府只與生番的土目發生關係。

清政府雖然杜絕漢人與生番的接觸，當然往往成為政策面上的目標，實際上清政府難以真正實現漢番的隔離，官府也時常不得不直接與生番相來往。所以即使清政府試圖人為隔絕漢番關係，最終也並未實現它的初衷。漢人不斷從大陸渡海而來，隨著移民數量的膨脹，以及西部平原耕地的逐漸開墾，獲取新墾田的內在需要不斷促動漢人移民向東部發展，不可避免地要和生番發生關係，漢人與生番的聯繫越來於頻繁，清政府為了維護政策目的不得不完善和深化漢番隔離的具體措施。清政府也時常需要和生番打交道，南部林木的採伐、防止漢人的墾殖，特別是防範和剿滅反清事件，都離不開生番的配合。

清政府統一臺灣後，基於島嶼防禦的考慮，穩定的戰船是必不可少的，而臺灣恰好盛產造船所需的樟木，樟木又多生長在番地以內，所以採伐臺灣當地的樟木就不得不進入番地進行作業，於是當時就在番地內出現了軍工匠寮。康熙四十五年，臺、澎的戰船修造由福州府與臺灣府承辦，〔註145〕由於同治朝以前戰船基本是由木材作為建造材料，於是修造船隻的木材的消耗較大，而且隨著福建木材的減少，對臺灣樟木的需求不斷增長，番地內的樟木採伐數量和軍工匠不斷增加。這些匠寮分布地點幾乎遍及臺灣全島山區（花東地區除外）。〔註146〕在開採過程中，時常出現與原住民的衝突，清政府官員也曾試圖通過將戰船交由內地承辦來避免此類事情的發生，不過並未如願。〔註147〕最初地方官員還只是限制私自進山漢人，地方官員嘗試過給照、給印、給發腰牌的方法，限制料匠人數等辦法，由於進山抽藤、

〔註145〕李元春：《臺灣志略》，第64～65頁。

〔註146〕軍工匠寮主要分布在現在的高雄大樹、嘉義奮起湖、屏東車城、枋寮、東港、臺北木柵、深坑、石碇，臺中北屯、後里、東勢，南投名間、竹山，南投市，宜蘭頭城、員山一帶。參見程士毅：《軍功匠人與臺灣中部地開發問題》，《臺灣風物》第44卷第3期，1994年9月，第13～49頁；陳國棟：《「軍工匠首」與清領時期臺灣的伐木問題1683～1875》，《人文及社會科學集刊》第7卷第1期，1995年3月，第135～156頁；許毓良：《清代臺灣的海防》，社會科學文獻出版社版，2003年7月，第105頁。

〔註147〕雍正十一年巡臺御史覺羅柏修提出船廠戰船交由內地承辦的建議，但是遭到福建總督郝玉麟強烈反對，無法實行。參見雍正朝宮中檔，第21輯，第203～204頁；第23輯，第68～70頁。

燒炭、釣鹿、煮城等利潤巨大，難以遏制漢人進山的腳步。清朝中期以後，由於匠人利用漢人墾戶山坡的水渠伐木放流，常常造成水渠的損壞，致使匠人與當地漢人墾戶出現衝突，〔註148〕地方官員為此一再立碑禁止。〔註149〕隨著蒸汽船的出現，造船所需木材逐漸減少，但是番地內的匠寮並未銷聲匿跡，反倒轉變成漢人向番地拓墾的據點。因為番地未開禁之前，可以合法得到藤、樟、鐵的人唯有他們，〔註150〕所以匠寮成了番地內官商勾結的特殊部門。

　　清代漢人的移墾，不只是政府政策轉向積極與大家族投資土地所致，清朝的軍工匠制度也引起漢人向「生番」所在的深山地區進一步開發。清廷統治臺灣將漢番分界，卻執行法令不力，漢人侵墾的情形普遍。漢人侵墾現象的手段，除一般漢人偷越番界之外，借助政府行為的便利事情也赫然存在，其中以軍工匠採料為途徑的情況比較明顯和突出。軍工匠制度的建立，是因福建水師所屬的八十隻臺灣戰船，規定在臺灣設廠製造修理。清廷在臺灣設廠製造戰船，分別在鳳山縣、諸羅縣和彰化縣等近山之處設立軍工匠寮，伐木採料，以供造修戰船之需，為了供應戰船所需木料，在臺灣近山地區設僚伐木所產產生。1725年臺灣南部設廠建造及修理水師戰船，船身梢座等連接部分及零件皆以樟木、相思木和雜木製造，這些木料全由本地供給，因而在近山處設置軍工匠寮採製木料。程士毅《軍工匠人與臺灣中部的開發問題》，即以曾設軍工匠寮的岸里社（今臺中東勢一帶）為範圍，認為伴隨此制發生的問題，不但是岸里社民與軍工匠的衝突，還造成私採私墾盛行、漢人與岸里社人競爭對內山泰雅族人的貿易，以及岸里社人因土地地權漸轉移至漢人手中而遷移埔里，朴仔籬社白從乾隆三十二年（1767）左右就奉命在朴仔籬東勢角一帶護衛軍工採料。

　　「軍工匠首」制度是清政府在臺灣東部特許而成立的獨佔或壟斷事業，由來既久，且甚普遍。壟斷暴利由政府和事業主（有時也是政府）分享。山林提供當時人民衣食所繫及軍務所必需的資源；然因「封禁山林」，而產生由政府特許的開採、開發制度。1725年，閩浙總督覺羅滿保奏請臺灣水師戰船在

〔註148〕道光三年（1823年），噶瑪蘭匠首林泳春叛亂，說明了番地內軍工匠問題的嚴重性。參見姚瑩：《中復堂全集》，東溟文後集卷12，第927～929頁。
〔註149〕《臺灣中部碑文集成》，文叢第13種，第70～72頁。
〔註150〕當時非匠寮採買的木材被稱作「偷透」，非匠寮所雇修造匠人被稱作「私修」。參見陳盛韶《問俗錄》，南投臺灣省文獻委員會，1997年，第86頁。

臺灣修造，清廷開始在臺灣南部設廠製造和修理戰船，分別在鳳山縣、諸羅縣和彰化縣等南北兩路近山之處設立軍工匠寮，伐木採料，以供造修戰船之需，由匠首負責匠寮各項工作。匠首不僅可以得到特許入山採伐林木，供應軍工木料，而且還可以附帶採取樟木製腦。政府允許少數匠首壟斷樟腦供應，並分享其利。由於樟腦的豐厚利潤驅使，造成奸人謀利，私自煎熬樟腦日益興盛，對此法令根本無法禁止。

據《岸裏文書》，記載，1769 年，在臺中東勢一帶伐木，有牌照的雖不滿額，但是私自伐木人員達五、六百人之多。1820 年在噶瑪蘭三處林場伐木工匠人數竟然達到兩千人左右。1821 年（嘉慶 16 年）官方彙報的全臺灣民戶，共計 241,217 戶，2,003,861 人，其中噶瑪蘭人口有 42,900 人。如果伐木工匠達到兩千人，當時噶瑪蘭就將是每 22 人便有一人是伐木工匠，可見當時伐木事業之盛況。1825 年清廷在艋舺及恒春兩地分別設立軍工料館，併兼辦樟腦製造事業。軍工匠除採伐樟木外還生產樟腦，以此作為工匠的資金補助，因此最初的樟腦製造是附屬於軍工料的事業之中的。

乾隆九年，高山奉旨到臺灣調查，發現界內可墾番地已多為漢人開墾，不少失地的熟番被迫轉向界外平原尋找生計，於是高山建議將界外平原保留給熟番自耕，並以此作為隔絕生番、漢人的緩衝地帶，實行三層制族群分布。為了實現此目的，乾隆十一年，就釐定邊界之事馬爾泰奏准：「謹委佐雜微員，不足彈壓。應令地方官於農隙親勘，傳同土目、通事、鄉保、業戶立表定界，統限一年內，造冊報竣」〔註151〕，實行清界。地方官在第二年草草地確定了界線，在高宗的嚴令下，總督喀爾吉善親自督導，終於耗時數年，在乾隆十五年完成重新定界。在戶部審議後，高宗批准了新界址，一、淡水廳屬原定火焰山等界一十二處，毋庸更移，其新添喵孟、溪頭等六處，應令立界。臺灣縣屬東南應以淡水溪為界，於六張犁山等處立石。鳳山縣屬枋寮莊等處，毋庸改；其大武力等處原界游移，今已另定，諸羅縣屬阿里丹地方移回頭埔立界；蘆林產等三處移回金交椅山腳立界；其茄茇山等界，毋庸改。彰化縣屬除大里棧等五處及東埔臘各莊照舊界外，其內外新莊各界均移至旱溝為定；又竹腳僚地方，以外山山根為界。〔註152〕

〔註151〕《高宗實錄》，第 50～51 頁。
〔註152〕《高宗實錄》，第 79～80 頁。柯志明著：《番頭家：清代臺灣族群政治與熟番地權》，臺灣中央研究院社會學研究所，2001 年版，第 157 頁。

三、私墾現象帶來漢番雜居

　　康熙末年及其後，臺灣所謂的「番害」主要是漢民越境開墾、抽藤、奪取番人獵物等，即漢人墾殖奪取生番生存空間導致的漢番衝突。如康熙末年的黃叔璥就說：「內山生番，野性難馴，焚廬殺人，視為故常，其實啟釁多由漢人。如業主管事輩利在開墾，不論生番、熟番，越界侵佔，不奪不厭；復勾引夥黨，入山搭寮，見番弋取鹿麕，往往竊為己有，以故多遭殺戮。又或小民深入內山，抽藤鋸板，為其所害者亦有之。」〔註153〕清政府為防止「番害」，在「兵律」中規定：「偷入臺灣番境及偷越生番地界者，杖一百；抽藤、鉤鹿伐木採稷者，杖一百、從三年。」戶部則例對私墾者作出特別規定：「……於生番界內私墾者，依越渡關塞律問擬，田仍歸番。」〔註154〕康熙末葉劃界立石以後，越界禁令更加嚴厲。雍正七年（1729），戶部條例強調了官員管理責任，「臺灣南勢、北勢一帶山口，生番熟番勒石分界，如有奸民偷越番境抽藤、釣鹿及私運貨物之時，一將失察之專管員降一級調用，該管上司罰俸一年，其有賄縱情弊者，將專管官革職治罪」〔註155〕。

　　清政府雖然採取措施隔離漢番，禁止漢人偷越墾種東部番地，但漢人仍然不顧禁令，深入內山。雍正二年（1724），允許番境附近閒曠鹿場，可以墾種的地方，聽番租於民人耕種。這一政策也暫時緩和了民間向界外發展的趨勢。雍正四年，巡臺御史汪繼燝奏報：水沙連內山附近「歷經墾熟，已成沃土，佃民依戀安居，勢難遷移委棄」。應作變通處理，視同界內之地。進入乾隆時期，由於大陸移民政策的局部開放，臺灣人口增加，土地開墾的範圍不斷擴大，於是，私入番地開墾的現象漸多。乾隆三年（1738）、十一年（1746）先後兩次勘定番界及重申越界之禁令。但是漢民的墾荒浪潮，無情地衝擊著土牛之禁，迫使清政府多次將「番界」向外推移。乾隆末年，南北兩路「近山地方，良田彌望，村落相聯，多在輿圖定界之外」〔註156〕

　　清政府的封禁政策，雖說十分嚴厲、全面，給移民潛入臺灣造成很大困

〔註153〕黃叔璥：《臺海使槎錄》（卷八，番俗雜記・番界），臺灣文獻叢刊第4種，臺北臺灣銀行經濟研究室版，1957年。
〔註154〕張柄楠等：《臺灣省通志》（卷三，政事志・地政篇，第一冊），臺北臺灣省文獻委員會版，1971年，第10頁。
〔註155〕張柄楠等：《臺灣省通志》（卷三，政事志・地政篇，第一冊），臺北臺灣省文獻委員會版，1971年，第10頁。
〔註156〕《清奏疏選匯》，文叢256，第53頁。

難。然偷渡者為謀生計，仍源源不斷地湧向臺灣。故清政府雖一再重申緝拿偷渡之人，對偷渡者卻根本無能為力。據吳士功《題准臺民搬眷過臺疏》所述，計自乾隆二十三年（1758 年）12 月至二十四年（1759 年）止，一載之中，「共盤獲偷渡民人二十五起。老幼男婦九百九十九名，內溺斃者男婦三十四名口。」〔註 157〕雖有千難萬險，難擋移民踏上臺灣的步伐。雍正末年臺灣知府的一席話道出了偷渡者的動力所在：「漳泉內地無籍之民，無可耕之田，無可傭之工，無可覓之食，一到臺地，上可致富，下可溫飽，一切農工商賈以至百藝之末，計工授值，比之內地，率皆倍蓰」。〔註 158〕再加上海峽兩岸大小港口眾多，縱有清廷的禁令，移民仍紛至踏來。移民潮衝擊清政府的禁令的現實，令許多士大夫都禁不住上疏，要求開放海禁。如張燮：《東西洋考》，張萱：《西園聞見錄》，張瀚：《松窗夢語》，何喬遠：《名山藏》和《明經州六編》等都有要求開海禁的奏疏，可見民意之盛。雍正十年（1732 年）清廷宣布弛禁，可見移民之潮已成不可逆轉之勢。

清朝前期，地方政府兩次立碑，並於淡、彰二廳縣設立土牛以分界限，因年既久，時漸廢馳」〔註 159〕。高山與喀而吉善等人的三層制族群分布仍然未能擋住漢人東進的腳步，番界地域還是成為漢人移墾及反清的淵藪。乾隆二十五年確立土牛新界後，新界外盡棄為荒埔，由守隘熟番認管，准其自耕或作為獵場「打牲耕種」，〔註 160〕但是熟番招佃開墾情況時有發生，官方對此並無明確規定。乾隆三十三年八月，理番同知張所受奉命覆勘土牛新界外的私墾情況，他發給的差票內引述笨港縣丞曹永植呈給知府的土牛界清查報告中，講到彰化縣劃歸界外的埔地有八處皆有隘番或軍工匠私墾活動。〔註 161〕當時閩浙總督上奏：「劃出界外之地，多係耕久熟田；貧民每於近界處，零星搭僚居住，圖便私墾偷種」。〔註 162〕可見還存在漢人偷越土

〔註 157〕《條陳臺灣事宜狀》，《臺灣省通志稿》（經濟志‧綜說篇），臺灣文獻委員會，1958 年。

〔註 158〕戶部為「內閣抄出福建巡撫雅奏」移會，明清史料，戊集第二本。

〔註 159〕周憲文等：《臺案匯錄甲集（卷一，閩浙總督伍拉納奏為籌議臺灣新設屯所分撥埔地事宜摺）》，臺灣文獻叢刊第 31 種，1959 年臺北臺灣銀行經濟研究室版。

〔註 160〕《清奏疏選匯》，第 52 頁。

〔註 161〕彰化縣劃出界外的埔地有清水溝、集集埔、八娘坑、虎仔坑、萬斗六、黃竹坑、大姑婆、溝栗林、沙歷巴來積積與阿里史，除八娘坑外，俱有隘番或軍工匠私墾。參見 T0954，006～7。

〔註 162〕《高宗實錄》，第 147 頁。

牛界繼續墾種劃出界外的埔地現象。

　　非但原有埔地仍被通過各種方式私墾，而且界外新墾土地不斷出現。乾隆四十五年二月，北路協千總沈國輝追捕逃犯至土牛界外朴仔籬內埔地方（今臺中縣新社鄉新社臺地），發現此處已經聚居了千餘名漢人，岸里社管轄下的朴仔籬社、阿里史社熟番數百人，另外還有軍工匠大約四、五百人；其中，漢人向岸里社佃墾納租，已經開墾有田園二百餘甲。〔註 163〕新社臺地北部接近朴仔籬社多被客家人開墾，南邊的水底僚接近阿里史社的地方，多數都被追溯大里溪而上的閩南人開墾。翌月，大里杙頭人林士慊因為本莊有人在內山被殺，於是帶領大里杙、內新、外新、大墩沿邊四莊數百人，圍攻阿里史社。〔註 164〕番界地域就在這種民間的開發勢力下，不斷被開墾，雖然期間也時常夾雜著墾民間及其墾民與番社的武力較量，但私墾現象始終難以阻擋。乾隆四十九年，臺灣道楊廷樺發現「武陵、馬陵等埔十二處」，已墾成田園共 547 甲。〔註 165〕

四、鎮壓民亂行動促使政府影響擴至東部

　　朱一貴事件後，臺灣不斷出現反清起義，並且多有「復明」的政治意識。動亂的規模由點到線，南北串聯，常以臺灣東部山地為據點，臺灣官府雖然一再鎮壓，但反清的秘密結社—天地會卻發展越來越大。林爽文幼年來臺，當過縣衙捕役，後來在彰化從事農業，擁有大片農場，頗具人望，組織當地村民對抗豪族械鬥。1786 年，在清政府大量逮捕掃蕩情況下，率眾攻陷彰化，控制了臺灣北部，建立「順天」政權，進兵臺灣府城。天地會南方首領莊大田起兵響應，攻陷阿里港和鳳山，與林爽文一起圍攻臺灣府城。由於臺灣官府鎮壓不利，義軍不斷發展壯大，勢力向全島蔓延，清政府先後派遣常青、海蘭察和福康安等將領，從各地調兵萬餘人赴臺鎮壓。〔註 166〕

　　此次動亂前後達 14 個月，由於義軍勢力強大，清政府不得不調動幾乎全國的兵力，前去剿殺，軍隊開支巨大，給清政府的財政帶來巨大壓力。義軍

〔註 163〕轉引自柯志明：《番頭家：清代臺灣族群政治與熟番地權》，臺灣中央研究院社會學研究所，2001 年，第 248 頁。
〔註 164〕轉引自柯志明：《番頭家：清代臺灣族群政治與熟番地權》，臺灣中央研究院社會學研究所，2001 年，第 248 頁。
〔註 165〕《臺案匯錄己集》，第 301 頁。
〔註 166〕王文祥：《臺灣手冊》，中國展望出版社版，1990 年，第 11 頁。

勢力北部以彰化、嘉義為中心，發展到新竹，南部到達鳳山、枋寮。義軍與政府軍間的交戰地域廣大，清軍幾乎縱橫全島南北，甚至跨越山地，〔註 167〕還組織當地人協助清軍作戰，所以，清政府在剿滅林爽文義軍過程中，軍事勢力遠遠超出了原有行政管轄的區域，深入到番界地域的內部，對於加強在臺統治起到了莫大的作用。

　　林爽文叛亂時，有兩則與番界地域相關的事情。曾有福建陸路提餐任承恩奏報，叛軍在陳泮、吳領等帶領下，在彰化東南山之虎仔坑、萬丹城一帶，「勾結內山生番，逐日生擾四處村莊，焚燒擄掠」〔註 168〕。據學者研究雖然證實生番並未與叛軍勾結，任承恩也並未前去進剿，〔註 169〕但是並不能否認叛軍在番界地域勾結生番的意圖，臺灣官員所奏也並非空穴來風，因為「虎仔坑離鹿港五十餘里，係陳泮賊巢，其附近一帶村莊，俱是賊匪屯踞」〔註 170〕，叛亂在此燎原的危險並非憑空臆測，引起臺灣地方官的驚恐也是正常的。大里杙曾是私墾豪族林姓的活動區，林爽文起事地點即在大里杙。彰化知縣俞峻請求總兵柴大紀派軍抓捕藏匿在大里杙的劫囚天地會徒，當柴大紀派兵三百名北上，會同北路協副將前往捉拿時，〔註 171〕作為天地會領袖的林爽文圍捕了前來的官軍，並於翌日攻下彰化縣城。〔註 172〕可見，該處與林爽文有著密切關係，稱其為「巢穴」也並不為過。

　　另外還有林爽文、杜美「有勾結生番希圖將來竄匿內山情事」。據被俘的叛軍人員高文麟等供稱，杜美是通事，與水沙連生番相熟，他「勾結生番有一千多人，約定林爽文若逃往內山時，就可在那裡躲避」，於是清朝官員認定「是林爽文等勾結生番之處，已據該犯等供吐確實」〔註 173〕。其實這說明林

〔註 167〕「琅嶠大約於清朝乾隆時代由中國人開始著手開墾，當時有很多內地人（即中國人），噴墓碑文都以清朝年代刻字，尤其是車城南門有道光年代所築的標示。」車城的標示即是紀念福康安的建築物。參見（日）《處番類纂》第七卷，第 122 頁。

〔註 168〕中國人民大學清史研究所等編：《天地會》，任承恩奏摺，第一冊，中國人民大學出版社版，1980 年，第 333 頁。

〔註 169〕孔立：《臺灣番族與林爽文起義》，福建論壇人文社會科學版，1985 年，第 61 頁。

〔註 170〕中國人民大學清史研究所等編：《天地會》，藍元枚奏摺，第三冊，第 202 頁。

〔註 171〕柯志明：《番頭家：清代臺灣族群政治與熟番地權》，中央研究院社會學研究所，2001 年版，第 250 頁。

〔註 172〕欽定平定臺灣紀略：415 藍元枚奏。

〔註 173〕中國人民大學清史研究所等編：《天地會》，和坤奏摺，第一冊，第 409 頁。

爽文曾經把逃入內山作為一種退路。另一個叛軍供稱：「林爽文若事不成投奔生番，……如能收留暫且住下，如不收留就要合生番打仗」〔註174〕。乾隆五十二年十二月林爽文將要失敗時，把家屬送到水裏番社藏匿，不久便被通事杜敷和番民送交官府〔註175〕。林爽文等六、七千人員雖然進入內山，但始終沒有與番族「勾結」，相反的卻受到番族的堵擊，僅在篩子頭社就被「社內生番堵截去路，又殺死賊匪二千餘名」〔註176〕。林爽文就是在官兵、義民、番族的圍攻下被俘的。後來清官在審訊時訊問「你經官兵殺敗，因何不由海道審匿，反逃入內山，那山裏俱是生番地方，你的意思還要想勾結生番嗎？」林爽文答道：「原想要勾結生番，因為生番不但不能容我們，又殺了我們許多人」，所以「勾結」沒有成為現實〔註177〕，反倒被生番所劫殺，番地非但沒有成為林爽文的戰敗退路，卻成了落入敵手的陷阱。

因為有叛軍在番界地域活動，清政府為剿滅該地的叛軍，在番界地域實行「以番招番」的措施。即用熟番聯絡生番，利用生番堵擊叛軍。叛亂初期，福建陸路提督任承恩為了防止叛軍逃入內山，曾經「密諭番社總通事潘明聰等，通知內山生番頭目，懸立重賞，令其一體截拿，預防遁匿」〔註178〕。護理番同知黃嘉訓也曾派岸里社熟番通事潘明慈去「曉諭」生番〔註179〕。兩廣總督孫士毅向當局建議：「密遣熟番進山曉諭，令生番等協辦剿除賊匪」，得到乾隆皇帝的讚賞。〔註180〕當然，招撫生番不單依靠熟番，熟悉番情的義民也出了力。

對於生番，清朝統治者是十分歧視的。直到叛亂被鎮壓以後，乾隆在《御製福康安奏報生擒莊大田紀事語》一文中還說：「生番非我臣僕，性情不同，語言不通，其遵我軍令與否未可知也。福康安示之以兵威使知畏，給之以賞項使知懷。……」。他們把生番視為「化外之人」，視為「性同禽獸」，「貪圖貨利」，「頑獷性成，貪利而無信」，「不知禮法」的一群「無知蠢類」〔註181〕。

〔註174〕中國人民大學清史研究所等編：《天地會》，林家齊供詞筆錄，第二冊，第205頁。

〔註175〕中國人民大學清史研究所等編：《天地會》，福康安奏摺，第四冊，第261頁。

〔註176〕中國人民大學清史研究所等編：《天地會》，福康安奏摺，第四冊，第327頁。

〔註177〕中國人民大學清史研究所等編：《天地會》，審訊林爽文等筆錄，第四冊，第398頁。

〔註178〕中國人民大學清史研究所等編：《天地會》，任承恩奏摺，第一冊，第380頁。

〔註179〕中國人民大學清史研究所等編：《天地會》，藍元枚奏摺，第三冊，第282頁。

〔註180〕中國人民大學清史研究所等編：《天地會》，諭福康安等，第三冊，第172頁。

〔註181〕中國人民大學清史研究所等編：《天地會》，藍元枚奏摺，第三冊，第282頁。

既想利用生番助其平叛，又不想將尚未漢化的番地居民納入行政責任中來，因為那將會增加清政府行政的負擔。乾隆的「上諭」一再強調對生番「可以威懾，而不可以德化」〔註182〕，「可以威攝，而不可徒以利誘」〔註183〕，只可懾以兵威，不可徒事招致，與之講解」〔註184〕，並且多次主張「剿戮」生番，他說，如果生番能將叛軍「擒獻」「固屬甚善」，否則「亦可趁官軍全盛之勢，直入內山，分兵搜捕，即將助逆生番一併剿戮，亦非難事」〔註185〕，強調應當「趁此兵威，及鋒而用」〔註186〕。當然如果能順勢借助兵威，使番地居民真正順從，也倒不失為一種意外的收穫。

另一方面，清政府又認為「生番貪圖貨利」，所以對生番也不放棄使用招撫的一手。欽差福康安指出：「該生番雖係化外之人，諭以利害，購以重賞，即可供我驅遣」〔註187〕。他們多次派人「曉諭」生番，一面賞給花紅布匹，進行籠絡，一面進行挑撥離間，激起生番對叛亂者的對立情緒。例如，他們對生番說：「以賊匪數千人竄入爾境，必將占踞爾之地界，侵奪爾之牲畜，日久受其擾累」〔註188〕，「將來爾等地方勢必盡為所佔」〔註189〕。另外，彰化以南生番經熟番通事潘明慈「告以利害，許賞花紅」，紛紛表示「如今才曉得虎仔坑、大里杙都是些賊，將來必定拿來獻功，省得賊來戕害，又可以邀重賞」〔註190〕。不過乾隆皇帝並不讚賞這種手法，他認為官方既可懸賞，林爽文也可以「將所掠財帛廣為賄結」，而且生番人數很多，「豈能一一賞賚」，未經得賞者，「又安能望其出力為官兵擒拿逆首耶？」〔註191〕他批評這種做法「知其一，不知其二，用兵之道，惟以威勝耳」〔註192〕。可見，對生番的招撫賞賚只是一種輔助措施。

清政府對番族恩威並用的政策，在事件過程中發揮了一定的作用，它使

〔註182〕中國人民大學清史研究所等編：《天地會》，諭福康安等，第四冊，第270頁。
〔註183〕中國人民大學清史研究所等編：《天地會》，諭福康安等，第四冊，第270頁。
〔註184〕中國人民大學清史研究所等編：《天地會》，諭福康安等，第四冊，第293頁。
〔註185〕中國人民大學清史研究所等編：《天地會》，諭福康安等，第四冊，第201頁。
〔註186〕中國人民大學清史研究所等編：《天地會》，福康安奏摺，第四冊，第239頁。
〔註187〕中國人民大學清史研究所等編：《天地會》，福康安奏摺，第四冊，第239頁。
〔註188〕中國人民大學清史研究所等編：《天地會》，諭常青等，第二冊，第196頁。
〔註189〕中國人民大學清史研究所等編：《天地會》，孫士毅奏摺，第三冊，第168頁。
〔註190〕中國人民大學清史研究所等編：《天地會》，藍元枚奏摺，第三冊，第282頁。
〔註191〕中國人民大學清史研究所等編：《天地會》，諭福康安等，第四冊，第303頁。
〔註192〕中國人民大學清史研究所等編：《天地會》，福康安奏摺，第四冊，第239頁。

番族群眾參加了鎮壓叛亂的活動。事後，清政府對參加助戰的「義番」給予獎賞，對「所有打仗出力之熟番等，著賞給效順匾額，……於所居番社一體頒賞，以示旌獎」，對出力的生番，「伊等素性好利，如內地布匹鹽茶等物，皆所嗜好」，命令福康安「就其所好內地對象，酌量從優賞給」〔註193〕。不僅如此，清政府亂後還決定，把近山平埔「撥與番民自行耕種」，把熟番「挑作屯兵，設立屯弁」〔註194〕。還讓生番頭目、通事、社丁等四十二名「進京瞻仰天顏」〔註195〕。這些政策措施的目的是為了「既可以示綏戢，又可招撫生番，豈不一舉兩得」〔註196〕，「俾伊等益加感激，蒸蒸向化」〔註197〕，「將來山內等處俱成熟番，不更一勞永逸乎！」〔註198〕可見，此次事件中清政府對居住在番界地域的原住民，實行了一系列的招撫措施，有力的配合了官兵的鎮壓行動。

　　總之，林爽文事件中，面對番界地域演變成「賊巢」的問題，清政府無法容忍，不惜耗費當量人力物力，調動軍隊不辭跋涉之苦，最終剿滅林爽文勢力，其中不難看出清政府對番界地域國防與治安作用的高度重視。清政府一方面既利用番族鎮壓叛亂，一方面又試圖順便達成熟番綏戢，生番化熟，來保證臺灣長治久安的目的。雖然番界地域暫時並未設置行政機構，但並未離開清政府的視線之外，只不過是一個根據現有自然條件，設定了特殊功能的地區。官兵在征戰過程中，馳騁於番界地域廣袤的崇山峻嶺之中，該地域為清政府軍隊提供了軍事行動的廣闊空間，發揮了軍事保障的作用。雖然由於地理條件的特殊，清政府平時難以對番界地域開展常態化的管理，但是通過軍事行動的本身，聯絡了當地的原住民，邀請到他們共同進行了軍事活動，並給予軍功嘉獎，還給了當地生番頭目等類似於內地少數民族頭目進京面聖的禮遇。客觀地講，在中國當時的政治體制下，對遙遠邊陲的且是當時自然條件障礙的特殊地域，進行如此的軍事及其政治活動，完全可以佐證其政治權利的存在。

〔註193〕中國人民大學清史研究所等編：《天地會》，福康安奏摺，第四冊，第421～422頁。
〔註194〕福康安等奏，見《欽定平定臺灣紀略》卷60。
〔註195〕福康安等奏，見《欽定平定臺灣紀略》卷62。
〔註196〕福康安等奏，見《欽定平定臺灣紀略》卷63。
〔註197〕中國人民大學清史研究所等編：《天地會》，諭福康安等，第三冊，第434頁。
〔註198〕《清高宗實錄》，卷1274，第42頁。

五、番屯制度帶來漢番難處

清前期，官方的防番戰略與思想，儘管對臺灣土地開始產生了嚴重的負面影響，但它始終無法遏制漢民越界私墾的步伐。從乾隆年間開始，清政府多次清界，被迫對界外越墾土地進行追認。清中期，民間大面積的界外番地開墾，最後促成清政府不得不設官駐屯之舉，典型的例子如蛤仔難、埔里六社以及竹塹東南番地的經營。〔註 199〕

所謂番屯即是仿照屯田模式，挑選健壯熟番充作屯兵，按兵額多少授予田畝，平日從事農耕，遇事聽命出戰，兵農合一的組織形式。番屯制度最早是乾隆五十三年五月（1788 年 6 月），由福康安等聯名上書提出，模仿四川屯練的方式，〔註 200〕六月福康安、徐嗣曾又提出詳細《熟番募補屯丁章程》，其中包括：屯丁人數定額、屯弁人數定額、屯丁與屯弁的待遇、清查即將要發給他們的埔地、武器的使用、免去徭役徵調。福康安等提出的主要措施：其一是實施屯政，於界內九十三社熟番中挑選出四千名屯丁，平時就地安頓，維護地方治安，有事則隨軍出戰。其二是照舊設立隘制，以重邊防。其三是「重立界石，永禁爭越」，規定「以此次清查歸屯地段為準，或抵山根，或傍坑坎，令地方官揀用堅厚石料，豎立碑界，詳開年月地方，大書深刻」〔註 201〕。軍機大臣等在討論時還特別強調，要「責成各該地方官，遇有因公過往，細加查勘。倘有字跡剝落、石碑坍損，即時更換，以垂久遠。仍不時巡查，如有越界私墾，即行從重治罪。其失察地方文武員弁，一併嚴參究處」〔註 202〕。

〔註 199〕林爽文事件給清政府的漢番劃界隔離政策以巨大衝擊，對於既不能阻止漢人越界私墾活動，又無法避免界外反清勢力的現實。高宗皇帝開始反思隔離政策給番界地域帶來的問題：「若劃定疆界，將人民驅逐，不許往來耕種，勢難禁止」，「生番以射生為業、不事耕種，勢必內地民人仍往偷墾，日久徒增事端」，「地方官委諸界外，不復稽查。於是奸匪尤易藏匿」。因此，清政府以往執行的劃界隔離措施開始發生改變。參見《高宗實錄》，第 401 頁。

〔註 200〕中國第一歷史檔案館、中國人民大學清史研究所合編：《天地會（五）》，中國人民大學出版社版，1986 年 5 月，第 79～83 頁。

〔註 201〕周憲文等：《臺案匯錄甲集（卷一，閩浙總督伍拉納奏為籌議臺灣新設屯所分撥埔地事宜摺）》，臺灣文獻叢刊第 31 種，臺北臺灣銀行經濟研究室版，1959 年。

〔註 202〕周憲文等：《臺案匯錄甲集（卷一，軍機大臣會同兵部等部議奏前案摺）》，臺灣文獻叢刊第 31 種，臺北臺灣銀行經濟研究室版，1959 年。

　　福康安的建議經過廷議後開始實施。當時臺灣番屯設置大屯四處，每處400名；小屯八處，每處300名。十二個屯4000名屯丁中，各屯分設外委一員指揮。四個大屯再分設把總一員指揮，南北路屯再分設千總各一員指揮。番屯主要任務是防守地方，稽查盜賊。番屯的管理上，將屯務交由北路協副將、南路營參將就近負責，花名圖冊交由南北路理番同知稽核。點檢屯丁、撥補屯弁統歸臺灣鎮總兵、臺灣道管轄，再詳報都、撫後給予剳附，報部存案。屯番的屯丁仿照四川操練模式，「不必歸營操演」。〔註203〕番丁、番弁的月餉按照綠營標準，都可享有雙餉的待遇。在林爽文事件後，官府清查出臺灣有未墾及沒收的埔地8800餘甲，屯丁每人撥給一甲，屯外委每人撥給三甲，屯把總每人撥給五甲，屯千總每人撥給十甲，名為養贍地，可以招佃墾種收取租穀。還查出界外被偷越墾種的埔地11200甲，全數收做官有，佃人一律充做官佃，並以徵銀代替納粟。每年官方收取後再按等級高低發放給屯弁、屯丁，標準是屯千總髮給番銀100元，屯把總髮給番銀80元，屯外委發給番銀60元，屯丁發給番銀8元。〔註204〕

　　乾隆五十一年，林爽文之役，大將軍福康安率師入臺，歸附各番奔走軍前，克奏膚功。及平，奏請仿照四川屯練之例，設置屯丁。既又釐定章程六款，旨下軍機大臣會同兵部尚書等議奏。奏曰：「乾隆五十三年六月初七日，內閣欽奉上諭，據福康安等奏稱，臺灣熟番向化日久，當逆匪滋事之時，各番奮勇，隨同官軍，打仗殺賊，頗能出力。欽奉諭旨，令將熟番補充額名。臣等因戍兵仍請遵照舊例換防，別將熟番挑募屯丁，酌撥近山未墾之地，以資養贍，先經附摺具奏在案。茲將應行釐定章程，仿照屯練之例，通融酌議，逐一臚陳，恭請聖訓等因。著軍機大臣會同該部議奏，欽此。臣等查臺灣地方，民番雜處，當逆匪滋事之時，該熟番均能奮勇出力，現在事竣，自應酌量挑補兵弁，分給田畝，以示撫綏，而資捍禦。今據福康安等仿照屯練之例，通融釐定各條，悉心酌議，恭呈御覽。」詔曰可，命閩浙總督覺羅伍拉遵旨詳查應辦事宜。

　　由於清政府對番界地域的功能有了重新的認識，所以林爽文事件後清政府並未繼續嚴格劃分漢番界線，實際上番屯制中的屯丁養贍地及新升科的民

〔註203〕臺灣銀行經濟研究室編：《臺案匯錄壬集》，臺灣銀行文獻叢刊第二二七種，1966年5月，第3頁。

〔註204〕臺灣銀行經濟研究室編：《臺灣私法物權編》，臺灣銀行文獻叢刊第一五〇種，1963年1月，第400～410頁。

買番地成為了農耕及狩獵的分界線。在福康安等提出的《熟番募補屯丁章程》
中，計劃將熟番屯丁安置在乾隆四十九年富勒渾奏明、楊廷樺、柴大紀清查
出的界外勘墾五千多甲埔地，以及乾隆四十八年漳泉械鬥案、乾隆五十一年
結會案沒收的 3380 多甲田園上，「毋庸另行籌給月餉」。〔註205〕對於已查出
界外屬於漢人貼納番租購買的田園，在林爽文事件後，改變了以往仍歸番民
的方式，變成「已屬民產，飭令報升」。〔註206〕對於漢人取得生番許可墾成的
田園，例如集集埔、虎仔坑、三貂、瑯嶠等處生番地界，「照新定民買番地之
例，一概升科」。〔註207〕

乾隆五十三年六月軍機大臣會同兵部等覆議，推翻福康安等《章程》中
以乾隆四十九年清查奏明的界外私墾數據，要求總督、巡撫「委大員前往細
查」。〔註208〕歷時兩年後，乾隆五十五年九月閩浙總督覺羅伍拉納上奏《臺
灣新設屯所分撥埔地事宜》。〔註209〕該奏文校正了前次清查界外墾地的某
些錯誤，查出土牛界外已墾田園總共有 14476 甲，除熟番自耕 1961 甲外，
民耕田園原報 8780 甲，又格外查出 3735 甲，另立為「丈溢」。〔註210〕「丈
溢」的部分被視同「私墾」，對其處理原則是，與界外堪墾的埔地一併發給
屯番，即所謂「均歸未墾數內酌籌配撥」。〔註211〕由於這些田園皆為田頭地
角，為了便於實際操作，盡皆收為官有，稱為屯田，由官代為徵收屯餉，再
分給屯番作為薪餉。〔註212〕經過此次清查還發現另有 5691 甲可以開墾的
未墾地，比前次多出 150 甲，照原議撥交屯番自耕或招佃開墾，稱為養贍
埔地。〔註213〕

對界外已墾田園及其養贍埔地的劃定，通過屯番區別新農作區與狩獵
區的格局基本形成。新的區域劃定就此完成，屯地多為接近番界的土地，
「請以此次清查屯地，歸屯為界」。〔註214〕由此可見，經過民間漢人的不斷

〔註205〕《清奏疏選匯》，第 53 頁。
〔註206〕《清奏疏選匯》，第 52～53 頁；《臺案匯錄甲集》2，第 40 頁。
〔註207〕《清奏疏選匯》，第 54 頁。
〔註208〕《大租調》，第 1028 頁。
〔註209〕《臺案匯錄甲集》，第 15 頁。
〔註210〕《臺案匯錄甲集》，第 40 頁。
〔註211〕《臺案匯錄甲集》，第 7 頁。
〔註212〕《臺案匯錄甲集》，第 51～56 頁。
〔註213〕《臺案匯錄甲集》，第 36～38 頁。
〔註214〕《臺案匯錄甲集》，第 46 頁。

墾種，以及熟番的不斷東移，番界為區隔的生產方式分界線也不斷東移，遠遠超出清初的番界，這也充分說明臺灣東部的狩獵生產方式逐漸向農耕方式轉變。

六、熟番農民向番界地域延伸

熟番是經過長期與漢人的接觸與融合，逐漸接受了漢人的生產方式，開始將生產對象指向農田，生產方式從狩獵轉向農業生產，生活空間也集中在適於耕種的平原地帶。隨著臺灣西部人口的不斷增加、東部土地的開墾等原因，熟番生活地域不斷向東部延伸。關於熟番向東部的移動原因及其推力，學者們已有相當的研究，形成主流亦即及所謂「常識」性的觀點是施添福等的「流離說」、〔註215〕邵式柏的「反流離說」和「理性國家行動說」，及其柯志明的「族群政治說」等。凡此種種，皆有其不同的立論基礎及其根據，都不失其嚴謹和理性。他們關注的問題集中於出現熟番東移的推力方面，而且主要側重於政治層面，對於熟番東移對番界地域變遷的影響略顯不足。

其實，根據目前掌握的資料及其已有的研究，可以明確清政府時期的熟番生活空間是不斷向東部延伸的。由於清政府時期的番界主要是農耕與狩獵的分界線，熟番也是以農耕為其主要生產方式，因之，農耕方式不斷向東部推移，界外以狩獵為生產方式的地域空間隨之不斷縮小。林爽文事件後，經過屯番制的改革，不僅漢人已墾出園得到政府承認，而且熟番通過獲得養贍地，他們的生產及生活空間也不斷向番界地域延伸，具體情況參見乾隆五十五年屯番養贍埔地配置圖。〔註216〕

另外由於各種原因，也曾經出現過熟番的個別番民遷入生番所在地域的案例。嘉慶九年（1804），原居於彰化縣岸里社的熟番潘賢文，率領同社及阿

〔註215〕 施添福鑒於平埔族的貧窮與失業，著意批判清政府的剝削、壓迫，認為平埔族由於土地的大量流失，不得不向東部遷徙，以致出現流離失所的悲慘結局，參見施添福1990a，1994.1998。邵式柏認為平埔族的原領地受到清政府的承認與保護，得以留住西部海岸平原。Shepherd1981：1～10，9～14；清政府因應環境變化，順應各方，已達成資源的最佳配置，參見邵式柏 1993：5。柯志明認為清政府逐漸認識到熟番的「以番制漢」、「以熟制生」作用，實行了三層族群分布的族群政治模式。參見柯志明：《番頭家：清代臺灣族群政治與熟番地權》，臺灣中央研究院社會學研究所版，2001年，第58～61頁。

〔註216〕 柯志明：《番頭家：清代臺灣族群政治與熟番地權》，臺灣臺北中央研究院社會學研究所版，2001 年，第 262 頁。

里史、阿束、東螺、北投、大甲、吞霄社番一千餘人，翻越中央山脈，遷入噶瑪蘭成為「流番」。〔註217〕道光三年、九年（1823、1829），又發生熟番遷入番地事件。彰化縣的烏牛欄社、阿里史社、朴仔籬社等遷往水沙連，鳳山縣的武洛、搭樓、阿猴社繞過恒春遷往寶桑（今臺東市）。〔註218〕咸豐元年（1851年），再度出現熟番遷入番地情況。鳳山縣的赤山、萬金一帶的力力社熟番，翻越山脈到達寶桑。〔註219〕

沿續近百年的清朝移民高潮及其番界的東移帶動了島內人口的激增。清政府統一臺灣時，在臺的漢人大約十萬人，至乾隆四十七年（1782）人口已達 912,920 人，比清初增加了九倍。到嘉慶十六年（1811 年）編查戶口時，臺灣人口已至 2,003,861 人，比清初增加了 20 倍。到光緒十三年（1887 年）又增至 320 餘萬人。

到十九世紀初，廣袤的北部平原、南部下濁水溪、東部噶瑪蘭平原、花蓮港流域和中部埔里社盆地等均已開發，所剩只有島南的瑯嶠和東部的山後一帶。〔註220〕

小結

地理空間雖然不能決定人類的一切，但是它對人類生活的基礎性作用是顯而易見的。像臺灣這樣的離岸島嶼，雖然距離大陸超過 12 海浬，但是島嶼給人類生活提供的生活空間畢竟有限，臺灣島上的生產活動難以與大陸相隔斷。隨著歷史的發展，農業開發成為時代生產力要求之時，來自大陸的農業移民自然增加，此種生產活動帶動下的人類自然活動，超越和衝破了人為的政策阻礙，臺灣島及其東部完全與大陸隔絕不僅不可能也是並非現實，這也充分說明了臺灣島和大陸的地緣特點的基礎性作用。

〔註217〕潘繼道：《清代臺灣後山平埔族移民之研究》，臺北稻鄉出版社版，2001 年 4 月，第 89～90 頁。
〔註218〕伊能嘉矩著、楊南郡譯注：《臺灣踏查日記（下）》，臺北遠流出版事業股份有限公司版，1997 年 2 月，第 174～179 頁。
〔註219〕潘繼道：《清代臺灣後山平埔族移民之研究》，臺北稻鄉出版社版，2001 年 4 月，第 127 頁。
〔註220〕陳一平：《明清之際的移民與臺灣開發》，南京化工大學學報哲學社會科學版，2001 年第 4 期，第 41 頁。

第二章　國籍變更衍生牴牾

　　中國的海上鄰國主要有韓國、日本、菲律賓、馬來西亞、文萊、印度尼西亞。日本國主要由北海道、本州、四國、九州四個大島和附近 3000 多小島（包括無人島）組成，構成以群島為框架的國家領土。日本群島在北緯 31°～46°之間，位於北太平洋西側，南與中國臺灣島以及菲律賓群島相臨，是亞洲東部邊緣呈向太平洋凸出的弧形列島。日本是世界和地區的大國，在近代曾經與中國發生過既密切又複雜、既深遠又難忘的關係。

　　國籍是個人與國家的法律紐帶，是國內法規定本國國民享受民事權利與承擔民事義務的前提，國籍問題的出現是一國管轄保留領域。〔註 1〕國際法上，國籍是表明某個人屬於某國家法律管轄的根據，也是一國行使對本國國民外交保護權的根據。如果依據單一國籍原則，某個人國籍確定下，該人在國籍國以外的任何他國就成為「外國人」。〔註2〕

　　個人即便到他國從事貿易或探親訪友，亦應該服從他國對外國人入境及逗留居住的法律要求，每個國家都有權制定對待外國人的法律制度，這即是國際上公認的屬地管轄權，同時，由於本國對其國民在外國期間也有權行使屬人管轄權，因此，外國人的法律地位勢必涉及國與國之間關係，成為國際法問題，〔註3〕是國與國之間外交的關鍵課題之一。

〔註 1〕Nationality Decrees Lssued in Tunis and Morocco,Advisory Opinion of 7 February 1923,PCIJ.Series B, No.4, p.24。

〔註 2〕Carmen Tiburcio, The Human Rights of Aliens under International Law and Comparatiue Law, The Hague: M. Nijhoff, 2001。

〔註 3〕張乃根：《國際法原理》，復旦大學出版社，2012 年 5 月，第 149 頁。

第一節　地緣成為借勢乘便的淵藪

　　源自 1871 年的近代中日關係歷史表明，兩國不僅是侵略和抵抗的國際關係，而且在外交層面上，也存在著國際法思想傾向的相左。參觀過日本靖國神社的學人可能會留意到帕爾博士的功德碑，它立於遊就館的右側，由宮司題寫碑文，碑文對帕爾反對東京審判詞、提出與其相對的意見書大加讚賞，並尊其為法官中唯一的國際法學家。如果對國際法史稍加解讀我們便會發現，國際法作為國際關係的指導，發展過程經歷了近代國際法（1648～1914）、現代國際法（1914～1945）、當代國際法（1945～）三個階段，東京審判是當代國際法的具體運用。帕爾所主張的國際法是近代國際法的實在法思想體系，對其推崇備至，極盡褒揚之能事，除了包含著戰敗者對勝利者裁定的不滿外，一定程度上，還能反映出現今日本政界對國際法的認識狀況。

　　鴉片戰爭後，源於威斯特伐利亞體系、西方列強所主導的國際體系，由於西力東漸的結果，擴張到了中國的周邊，並進而在十九世紀六七十年代，促使東亞區域內的國際環境發生了重大的變化。不僅西方工業生產方式波及到這裡，而且處於東亞地域邊緣的日本也發生了政權改變和社會運作方式的轉化。日本在加速發展，成為參與地區事務和解決地區問題的重要國家，並且試圖建立起近代國際法的實在法思想指導下的東亞新秩序，但因其未對舊秩序進行合理甄別和吸收，加之中國深遠的自然法思想根基，所以未能帶動地區內其他國家跟隨其戰略意圖，建立近代東亞國際體系。日本意欲建立的近代國際體系所強調的是國家間的主權平等和國家獨立，這種說辭似乎並無不妥，甚至還可以理解成是近代文明的標誌，但由於理論本身對戰爭的控制不足，往往會導致國際關係的強權政治、強國對弱國的殖民征服與控制。

　　近代國際法存在兩種理論體系，即自然法思想和實在法學思想。自然法思想重視人類社會的普遍性和一致性，主張通過互相溝通達到共同的理想目標；實在法思想以主權獨立為基礎，承認各國為本國主權而進行和採取的國家行為。這個理論的核心是重視國際條約和國際習慣，並將其奉之為國際法的主要淵源。兩種思想理論發展呈現出不平衡性，16 世紀和 17 世紀之交，自然法思想日益抬頭，國際法理論中掀起了反神權的浪潮，奠定了以自然理性為核心的自然法學派的地位，歷時三百年之久，到資本主義趨於成熟後，國際交往愈益密切，國際組織也日益增多，適應於重實驗的自然科學的發展，國際法也開始從思辯的學科向重實踐的學科變革，於是出現了一直占主導地

位的實在法學派的理論。

日本在此種理論框架的導引下，對當時的新興國際關係學說產生濃厚興趣。根據當時地緣政治學理論，地緣相接或相近的國家未必一定是友好或同盟關係。鄰近國家成為敵人的可能性在某種情況下會更大，這種情況便是鄰國一方將國家視為生物有機體，為了本國生存空間和權利的時候，「國家注重對其最大利益的專心追求，即使這些會導致對抗和戰爭，而通常他們的確會如此」。〔註4〕因為「這個國家在空間中存在而它的成長與發展需要生存空間，擁有龐大空間是一個強國自由與安全的關鍵。強大的國家不斷擴張，必然會吞併那些不太成功的小國」。〔註5〕如果有這樣一個鄰國存在，不僅不可能成為建立友好關係或同盟關係的得天獨厚的地緣條件，反倒會成為其擴張領土的方便條件。後者的情況恰是當時中日關係的真實寫照。在明治維新之後，日本不僅在物質方面積極學習西方，而且在社會意識形態方面也迅速的汲取了對己有用的東西。1877 年來東京大學講學的美國動物學者莫斯〔註6〕所介紹的進化論，開始風靡日本學術界，特別是以東京大學為中心的官學學院。明治的「思想官僚」、東京大學的首任總理加藤弘之在《人權新說》中，全面展開了他的以進化主義為原則的實力權利論和國家有機體說。「這種進化論採取了社會達爾文主義的方向，……社會達爾文主義哲學在歐洲也克服了以自然法為基礎的自由主義，起了從孔德和穆勒的自由主義到帝國主義階段的國家主義的媒介作用。在這裡，無論是國內問題、或是國際關係，都被看作優勝劣敗的關係。」〔註7〕可見，明治維新後，日本的官學思想中，西方的社會達爾文主義要素佔有相當大的比重，它的一個明顯特徵就是將國家視為有機體，把爭取國際生存空間和權利作為追逐的目的。

古往今來每個民族都在某些方面優越於其他民族，任何一個民族都有自己的優點和缺點，一個國家的人民有民族自信心和自豪感，是很正常的。但是，如果一個國家在宣傳本民族的優點時，有意貶低其他民族，鼓吹種族優越，就

〔註4〕傑弗里‧帕克：《地緣政治學》，新華出版社，2003 年 1 月版，第 79 頁。
〔註5〕傑弗里‧帕克：《地緣政治學》，新華出版社，2003 年 1 月版，第 46 頁。
〔註6〕莫斯（Edward Sylvester Morse，1838～1925），美國動物學者。1877 年赴日，在東京大學講授生物學、動物學，宣傳達爾文進化論學說，培養了一批日本最初的動物學者。
〔註7〕近代日本思想史研究會著：《近代日本思想史》第一卷，商務印書館，1991 年1 月版，第 156 頁。

會產生自我中心主義，導致政治上的右傾和排外主義，走向極端主義和種族主義，進而危及世界的和平與安寧。明治維新取得了一定成果後，日本國內開始鄙視亞洲鄰國，排斥中國文明之風飆起。即使是自由民權派的報紙《朝野新聞》也為之吶喊，「現在隨著我日本帝國之開化進步，已經超過了頑愚的支那，凌駕於固陋的朝鮮，不僅如此，這也是我國蔑視支鮮兩國，自詡為東洋霸主的資本。」〔註8〕著名的維新思想家福澤諭吉也開始抨擊中國文化，其赤裸裸的擴張理論──「脫亞論」對當時及以後的日本朝野產生了深刻的影響，並成為日本對外政策的一項重要戰略方針。「亞洲一體論」的倡導者岡倉天心的思想實質，也是亞洲在日本的領導下實現復興，因為「繼承亞洲豐富歷史並對其進行一貫深入研究的只有日本」，「日本是亞洲文明的博物館，甚至比博物館還要豐富」。〔註9〕於是，「頑愚的支那」當然應該由「亞洲文明的博物館」「無須因其為鄰國而有所顧忌，只有按照西洋人對待彼等之方式方法加以處理。」〔註10〕試想，這樣的社會意識怎麼能和「同文同種」的、寬容的、調和的東方傳統文化並存呢！

中日兩國之間確實有著地緣相近的關係，且日本曾經大量地吸收過中國傳統文化。但是，此時的日本，在意識形態方面已發生了巨大變化。東京大學為中心的日本官學思想，是以進化主義為原則，信奉的是實力權利論和國家有機體說，國際關係已經被看作是優勝劣敗的關係。日本國內鄙視亞洲鄰國，排斥中國文明之風甚盛。毋庸置疑，此時的日本主流意識形態已遠離東方傳統文化，在自我中心主義的基礎上借用了西方的工具文明──社會達爾文主義，為了自我的利益獲得，頑愚、弱小成為勝利的犧牲者和附庸，成為自我利益實現的奉獻者。

長期文化中心優勢地位鑄就了中華優越感，輕視「夷」的思想由來已久。但不被清帝國所重視的日本，此時經過明治維新的一系列舉措，已然具備了近代民族國家的雛形，國力各方面自然是今非昔比。特別是新政府把「富國強兵」、「殖產興業」、「文明開化」作為國家的基本政策，實行了一系列改革措施之後，廢除了封建等級制度，建立了近代常備軍和警察制度；廢除了領主土地所有制，建立了近代資本運營制度，西方的近代思想和文化在日本廣

〔註8〕 （日）《朝野新聞》，1875年9月29日。

〔註9〕 （日）龜井勝一朗、宮川寅雄編：《明治文學全集38·岡倉天心集》，東京築摩書房，1968年版，第8頁。

〔註10〕 《福澤諭吉全集》第10卷，岩波書店，1960年版，第240頁。

泛流傳。這些努力使日本在短時間內，在資本主義工業化、軍事近代化等方面，取得了令東亞各國瞠目的近代化奇蹟。但是，正像美國學者埃德溫・奧・賴肖爾所說：「當日本人將外來的東西轉化為自己的文明時，就開始瞧不起以前的良師益友，蔑視比它落後的國家，優越感的極度膨脹，使日本人跨入可悲的危險境地。」〔註 11〕地緣鄰國—清帝國在列強衝擊下的頹勢，本國借用西方文明取得的成績，刺激並形成了日本衝破傳統的朝貢體系，取代清帝國成為亞洲秩序主導的念頭。

中日兩國在地理上是鄰國，地緣鄰國的國際關係是近代東亞的一個時代課題。清人王韜認為地緣鄰國的關係要點是：「睦鄰之道無他，首在自強」〔註 12〕。任何一種地緣政治關係，地緣政治體系和地緣政治格局的形成，都是一個國家和相鄰國家間的實力對比的結果。古代的東亞地區，由於中華文化的先進性和古代的特殊情況，即人口、土地和先進文化成為實力的主要表現，中國成為周邊小國頂禮膜拜的對象，也成為地緣政治的中心。但社會發展到近代工業文明時期，實力主要表現在工業文明和與之相伴的軍事實力。勿需贅言，現時的日本已經逐漸具備了挑戰舊東亞格局的實力，並被西方列強的衝擊所刺激、清政府的羸弱所誘惑，改變東亞地緣政治秩序的圖謀日長。最具諷刺意味的是，中國的洋務運動與日本的明治維新幾乎同時進行，且都有一個「富國強兵」的口號，但實際情況則是大相徑庭。一方是挪用軍餉修建花園，另一方是天皇率先節省開支用於增加軍費。此消彼長的客觀現實和人為取捨決定了實力的轉移及地緣政治中心的移位。

十八世紀後半期的權威性國際法教科書由 Wiliam Edward.Hall 編著出版。正如書中所說，國際法是西歐特殊文明的產物，是不同文明國家難以想像的高度的人為的制度。〔註 13〕所以，處於文明以外的國家必須得到國際法團體的認可並加盟其中。這種認識是十九世紀多數國際法學者的共同觀點。〔註 14〕

〔註 11〕 高蘭：《雙面影人・日本對中國外交的思想與實踐》，學林出版社，2003 年第
1 版，第 12 頁。

〔註 12〕 王韜：《弢園文錄外編・使才》，《中國歷代文獻精粹大典》，學苑出版社，1990
年版，第 465 頁。

〔註 13〕 （日）山內進：《明治国家における文明と国際法》，一橋論叢，1996 年，115-
1。

〔註 14〕 （日）小林啟治：《帝國體制和主權國家》，《日本史講座》第八卷，東京大學
出版會，1985 年版，第 95 頁。

十九世紀的國家主權觀念，德國表現的最為明顯。這種觀念把現實的國家本身加以自我肯定，使其超越了國際法，具有了絕對的性質。國家為了生存和擴大本國的利益，其戰爭權力不受任何約束，這確實有點像英國哲學家霍布斯所說的「自然狀態」。如果每個國家是所有國家的敵人，國家間的正常狀態必然是戰爭，或者為戰爭做準備，或者投入戰爭，或者分享戰爭的成果。

明治政府從成立開始就積極接受地緣政治學。在很短時間內這方面的工作就取得了顯著的成果。那麼日本新政府為何要接受此種學說呢？就這個問題的回答，需要從新政府所處的國內、國際環境方面去考察。

鴉片戰爭及其以後東亞出現的變化說明了，長期居於朝貢體系頂峰的中國，已經與歐美列強處於法律上的平等地位，中國被納入到近代歐洲國家體系之中。儘管中國對此反映遲鈍，但卻對日本的前近代東亞秩序觀產生了巨大衝擊，長期形成的華夷觀念開始崩潰。1862 年幕府官員和各藩的武士，乘坐日本派往中國的商船「千歲丸」，對中國進行了實地考察。他們回國後公開發表了一些著述，對清政府的政治腐敗、軍事衰弱進行了批判性的揭露。日本長期形成的中國文化崇拜發生了徹底轉向，對新的秩序理念產生了執著的嚮往。明治政府成立後，特別是 1871 年開始日本政府不斷派人前往中國，通過對中國的瞭解，越來越助長了對中國文化的蔑視、對改變朝貢體系的欲望。池上四郎從中國返回後對西鄉隆盛說：中國的朝廷積弊已久，政府官員腐敗成風，綱紀廢弛，士兵怯弱，士氣低落，戰鬥力很差，以今日之狀態，不數年中國將土崩瓦解。〔註15〕政府的 1870 年《四項外交急務》文件中也對中國做了失望的結論。「勢成宇內必爭之地。因此，無論從國內政務，抑或從外交之道而論，都應予以特別注意。」〔註16〕可見，對中華文明的失望導致對西方文明的嚮往，對中國的蔑視導致改變秩序的野心。面對東亞被殖民的壓力，受到中國慘敗的刺激，本國民族危機的局面，促使日本政府及時調整國內體制，改變文化價值取向，轉向唯西歐馬首是瞻的國家目標。於是，日本的新目標和由於長期形成的中華文化影響，儘管受到外來力量的衝擊，仍能堅守文化根基，力挺華夷秩序，維護德治理念的中國，發生了體系理念方面的衝突。

〔註15〕轉引自吳童：《諜海風雲》，中共黨史出版社，2005 年版，第 7 頁。
〔註16〕日本外務省編：《日本外交文書》第 3 卷，日本國際聯合協會，1938 年版，第 190 頁。

　　日本明治政府之前是延續了二百六十多年的德川幕府統治。德川幕府自從修復日本與明朝的關係、回歸傳統東亞體系的外交努力受挫之後，便致力於獨立在中國的朝貢體系以外的小華夷秩序的構建，即通過統治貿易和限定外交，建立中國外緣的、以德川幕府為中心的大君外交體制。隨著中國鴉片戰爭和美國人培利黑船來航，原有的大君外交體制受到了嚴峻的考驗。幕府雖然試圖維持現有體制，但同時又必須在開港口和歐美列國開展外交關係。這種新外交與舊外交的矛盾不斷深化，幕府不具備對此進行構造方面變革的力量，對這種形勢的對應政策，只好交給因倒幕而誕生的明治新政府。

　　德川政府的大君外交體制下，整個日本只在長崎的出島開展對中國和荷蘭的貿易活動。在對荷蘭的貿易活動中，荷蘭公館的通商代表將記載世界形勢的文書交給幕府，鑒此，幕府對世界的形勢有了相當的瞭解。同時由於荷蘭書籍的輸入，幕府末期，日本就出現了以西方自然科學為主體的「蘭學」。通過「蘭學」的傳播，日本社會對近代西歐的產業和文化有了一定程度的接觸，並逐漸開始了對西方的探索。其實，既使在幕府的鎖國體制下，禁止渡海的規定也沒能擋住維新志士們追求歐洲近代文明的腳步。著名的高杉晉作、吉田松陰、伊藤博文、井上馨等紛紛秘密渡海，試圖親身考察西歐國家的文明所在，並在探索中逐漸體會到攘夷的不合理性。就在西南強藩—薩摩和長州用大炮抗擊英國艦船的時候，伊藤博文等毅然回國，阻止武力攘夷的舉動。可見明治新政府是在列強叩關衝擊下，為了解決現有體制無法解決的問題出現在日本政治舞臺上，並改變了舊政府的對外做法。新政府的成員主要是由充分認識到西方文明，並以此為追求目標的維新人士組成。因此，新政府成立之後，政府領導層有著極強學習西歐的意向。作為領導者如何將自己的意志很好地宣傳出去，並能讓大多數人接受成了新政府領導層的現實問題。西歐的文明是人類進步的成果之一，西歐通用的近代國際法當然就是公道、先進的規則。這種認識被寫進明治天皇的五條誓文，於是向西歐學習成為明治日本國內和國際政治的中心活動。

　　明治新政府面對著西歐國際體系的挑戰和傳統的朝貢體系的影響，毅然做出了取法歐美的歷史性訣擇。值得注意的是，國際法的本身具有兩個層面的內涵，即非普遍性的實在法上的國際法規和基於自然法條理、理想基礎上的國際關係普遍理念。明治政府在萬國公法及宇內之公法的理解下，將其作

為明治政府的開國方針。新領導者們根據當時的國際形勢和本民族傳統的文化習慣，或者說，實在法非普遍性的理念，在維新志士的親身體驗下，和日本民族的傳統的重現實體驗、不屑於理論批判的文化習慣達到了最默契的融合。〔註17〕國家有目的或有意識地服從國際法可能是國際法規則規定的行為被認為是很有意義，必須執行或者有義務執行的，它是某個更為廣泛的價值觀念體系的一部分，或者是追求此種價值觀念的手段，也可能是希望其他國家採取對等的行為。〔註18〕

　　日本最先接觸的國際法教科書是 1864 年傳入日本的美國傳教士 William Marthin 的漢譯本《萬國公法》。本書是美國國際法學者 Henryrrheaton 的國際法的中譯本。當時在日本被翻印，不僅被有識之士廣泛閱讀，而且成為當時及以後日本處理外交問題的重要參考。本書的特點是基於當時的各種學說和各種條約、各國關於海上捕撈的原則、國際法院的判例，對現行國際法的內容進行了實證性的說明。明治新政府接受國際法的非普遍性理念，究其原因，也是民族傳統文化的影響，〔註19〕同時又是緊迫的時代形勢使其然。正如前文所述，日本的明治維新正值十九世紀下半期，當時的國際法理論主流恰好是非普遍性的一面佔據優勢、盛行的時期。國際法學者們多為處理和解決國際間主權國家的具體問題而忙碌，因此，實在法主義非普遍性的性格在這一時期極為流行。流行於西歐的近代國際法理念和傳統的日本文化不謀而合。這更增強了明治新領導者們對取法西洋的興趣，提高了效法西洋實施變革的自信心。一時間，日本社會由上至下全國形成了歐化風潮，西歐的文化在日本的眼裏成了人類社會文明的象徵、真理的化身，處理解決各種疑難問題的至勝法寶。因臺灣問題和清政府激烈爭論之時，日本政府急令翻譯局晝夜兼程翻譯肯特的萬國公法。得知中日間以撫恤之名結束爭論之時，政府的重臣井上毅失望地說：從前的爭論全部付之東流，未能將萬國公法的目標貫徹到

〔註17〕 參見拙文《魏晉玄學與日本物哀文化思潮》，《日本學論壇》，東北師範大學日本研究所，2004 年第 1 期。
〔註18〕 （英）赫德利·布爾著，張小明譯：《無政府社會》，世界知識出版社版，2003年，第 111 頁。
〔註19〕 江戶時代的日本，把琉球和阿依奴（北海道）作為朝貢國，建立了以自己為中心的日本型「小華夷秩序」。根據「武威」與「萬世一系」的原理排斥傳統的以文化優越為根據的「華夷秩序」。參見（日）茂木敏夫：《変容する近代東アジアの国際秩序》，山川出版社，1997 年 4 月，第 11 頁。

底。〔註20〕

　　接受近代國際法的非普遍性理念的一個現實原因就是明治政府成立的嚴峻國際形勢。具有幾千年的歷史的，處於華夷秩序中心位置的東洋大國——中國被西洋列強不斷地蠶食，古老的東洋大國，成了西方列強角逐勢力的競技場。日本國家的統一和獨立面臨極大的危險。

　　這一嚴峻的現實，促動和驚醒了以小華夷秩序偏安東亞一隅的日本，明治新政府領導者們認識到國家安全的重要性，開始用近代國際法的非普遍性理論—地緣政治思想面對自己的周邊環境。明治初年的制定對外方針時，發揮主要作用的無疑是當時的右大臣岩倉具視（相當於總理大臣）。明治二年即1869年即將召開國策大會之前，岩倉提出的「外交、會計、蝦夷地開拓三件意見書」〔註21〕明確表明了他的初期對外觀，這種對外觀對日本後來的外交理念影響很大，毫無疑問，這種對外觀也是建立在對近代國際法和當時國際形勢的認識基礎上。

　　此意見書擇其要可歸納為三點：第一、依條理和約定，和各國用信義開展交際以增長學問、交換知識、互通貨物有無，萬國皆如此。第二、日、清、韓聯合抵抗歐美勢力的擴張。第三、海外萬國皆是我皇國的公敵。第一條表達了以近代國際法為公理建立近代國家的信念，第二條則表明了放棄傳統的華夷秩序觀—大君中心單獨防禦的安全戰略，實行結盟防禦。表明對自己小國安全防禦能力的不足和缺欠的充分認識和對西方近代戰略策略的吸收。第三條以萬國對恃為基本目標，明確了不僅在軍事上與各國是敵對關係，而且各方面都處於一種全面的競爭關係的對外方針。因此，為了本國的利益，可能會形成與某國甚至眾多國家的直接對抗。勿須贅言，對抗的目標也包括中國與韓國。由此可見，按照這個理念，近代國際社會彼此皆是競爭關係，地緣鄰國之間有時會成為利益共同體的盟國，有時則會成為刀兵相見的敵國。

　　「國家利益至上」原則支配著日本近代的政治與外交行為。在近代，日本依據本國地理條件，並且縱觀天下大勢，得出並實施對華的外交理念即為地緣政治學。作為一門傳統政治科學的地緣政治學，研究的是國家對空間的利用和佔有問題，在研究中基本不涉及空間的共同擁有問題。因此，地緣政

〔註20〕（日）《井上毅伝史料篇第一》,《臺灣事件処置意見》，第46頁。轉引自《東アジア近代史》第二号，東アジア近代史学会1999年三月刊行，第59頁。
〔註21〕（日）多田好問：《岩倉公実記》中卷，原書房，1968年，第697頁。

治學研究帶有明顯的排他性，權力政治、地緣爭奪及建構優勢成為傳統地緣政治學的關切點，認為實現空間共享和戰略合作近乎不可能，本國利益的擴大意味著必須排除他國的利益。

　　讓明治新領導者們堅信這一信念的是岩倉使節團的歐美考察。其中對他們影響和觸動最大的莫過於德國的親身體驗和俾斯麥及毛爾托蓋元帥的演說。一般認為岩倉使節團為了修改條約，巡遊歐美十二國，結果無功而返。〔註 22〕但是從使節團和隨後成立的大久保政權的聯繫來分析的話，就不能不承認使節團對日本接受近代國際法，形成日本近代外交理念的貢獻和作用了。

　　使節團於 1871 年 11 月出發，1873 年 5 月回國，於 10 月成立大久保政權，從人員承續角度看，具有和使節團正使有著親密關係的副使大久保，成為明治六年十月政變後的新領導人。從對亞洲政策看，大久保政權對朝鮮實行了軍事壓力下的威攝與懷柔並舉，對中國則採取了《萬國公法》中的非普遍性的一面，即優勝劣汰的對策，兩國關係通過實力來解決的策略。究其思想來源可以從歐美巡遊過程中來探求，特別是德國之行。大久保所在的使節團，兩次踏上德國的土地，這是巡遊各國中的特例，途中不僅訪問了德國的首都，而且到過德國的其他城市。〔註 23〕不僅拜見了德皇，而且聆聽了俾斯麥的發言。使節團瞭解到，剛剛成立於 1871 年的德國首都柏林，直到 1800 年還只是一個小城市，五十年之後人口就達到了四十二萬人。1871 年人口更是淨增了兩倍，達到 826342 人。〔註 24〕這麼一個新興國家，在如此短暫的時間內發生的重大變化，讓日本使節團成員深感驚異，繼續探究其原因的想法深深地吸引著他們。

　　人類社會從封建壓抑下解放出來，為實現欲望的滿足而採取的資本主義的傾向，促動了他們後來採取的殖產興業的設想。德國能夠在短時間內成為西歐強國，立於歐洲眾國之林的奧妙，大久保從俾斯麥和毛爾托蓋的演講中找到了答案。俾斯麥在談了自己年青時代的經歷後，指出：世界所有國家雖然都互相按照禮節進行交往，但是，這是虛構的，現實中強國政府壓迫弱國，萬國公法雖以維持各國秩序為目的，但強國和他國發生紛爭，強國為了達到

〔註 22〕（日）田中彰：《岩倉使節団の歴史の研究》，岩波書店，2002 年 6 月，第 218 頁。

〔註 23〕（日）麻田貞雄：《欧米から見た岩倉使節団》，ミネルボ書房，2002 年 4 月，第 758 頁。

〔註 24〕（日）田中彰：《岩倉使節団と欧米回覧実記》，岩波書店，1994 年，第 309 頁。

本身的目的，才遵守公法，否則就使用武力。〔註25〕俾斯麥熱心地把自己在弱肉強食的、歐洲國際政治中跋涉的經驗傳授給了使節團成員。而且針對歐洲各國對普魯士發動戰爭的非難，為自己辯解到：「我國只重視國權，歐洲親睦之交，尚不足信，諸公都不放棄自私之念。因此，我小國親身體驗到形勢，不顧他人的議論，只圖保全國權，別無其他。」〔註26〕作為副使的大久保當時曾寫信給留學俄國的西德二郎，信中說：「雖然滯留德國時間不長，但與俾斯麥與毛爾托蓋的會見可以說很有意義。」〔註27〕對毛爾托蓋的議會演說，在《美歐回覽實記》中也曾被引用：「法律、正義、自由之理只可以保護國內。保護境外，不能不用武力，萬國公法最終無論如何也只是強調武力的倫理，保持局外中立，遵守公法，只是小國。大國還是以國力來維護權利的。」〔註28〕《美歐回覽實記》具有使節團訪問報告和記錄的性質，其中的記載，一定程度上表明了使節團成員的思想傾向。

　　前述的德國的各種經歷，可以說和使節團成員的思想基礎產生了共鳴，當時對他們促動很大，對後來的對外政策影響極為深遠，充分表明了新政府主要成員對近代國際法的理解和接受傾向。還有一個事例可以說明使節團對德國的熱衷和親近感。皇帝和國民「君民並和互相親近」。〔註29 在十九世紀七十年代開始國家近代化建設的兩個新興國家，不僅當時所處的國內環境相似，國際環境也有相近之處。德國通過武力擴張，按照自己對近代國際法的理解，雄據強國之林，實現了日本新政府要爭取的目標，因此，可以說德國成為使節團眼中的標本。如果說英法美的工業文明讓使節團嚮往的話，那麼德國就成為日本現實的榜樣。這種親身體驗，加之成功者的耐心傳授，自然會對日本對近代國際法的接受過程發揮重大影響。當時作為使節團重要成員的伊藤博文，在 1901 年 12 月，以總理大臣身份訪問柏林時，再次提起二十八年前俾斯麥的講話，被德國的各報紙稱作新發現的演說加以刊載。〔註30〕

〔註25〕（日）麻田貞雄：《欧米から見た岩倉使節団》，第 164 頁。
〔註26〕（日）麻田貞雄：《欧米から見た岩倉使節団》，第 330 頁。
〔註27〕（日）日本書籍協會：《大久保利通文書》，東京大學出版會，第 501 頁。
〔註28〕（日）麻田貞雄：《欧米から見た岩倉使節団》，第 340 頁。
〔註29〕（日）麻田貞雄：《欧米から見た岩倉使節団》，第 352 頁。
〔註30〕（日）麻田貞雄：《欧米から見た岩倉使節団》，ミネルボ書房，2002 年 4 月，第 165 頁。

　　不僅德國的親身經歷對日本外交影響很大，而且西方學者的思想也對日本外交理念的形成具有不可低估的作用。西歐的斯丁氏，又被日本翻譯成須多因氏，兩者都是音譯的名字。他是十九世紀後期西歐國家學說的重要人物。1882年伊藤博文為起草憲法草案親赴歐洲、前去拜訪的時候，他作為維也納大學政治經濟學教授，耐心地傳授過治國的方案，〔註31〕此人還給日本政府的大臣們講過課。從現今保存的《須多因氏講義》中，我們會窺視到日本近代外交理念的影子。講義的扉頁赫然寫著：「治國之要」「在知大本」，足見其在近代日本政治中的地位，及其對日本政府的政治觀念及其外交理念影響的深度。講義的第二十一回第一節中，對外務和國家主權進行了如此的說明：「外務的本意說的是國家皆是主權者。如果不得不遵守他國的法律，或者不得不作受制於他國的行為，那它就沒有主權，沒有主權就不是一個國家。」〔註32〕表明了對國家主權的絕對維護和強調，對他國的絕對排斥。第四節中對國家間關係進行了如下的闡釋：「兩國相對之時，完全是只管自己張揚本國主權，讓對方服從自己的傾向。」〔註33〕「從某一方看來，戰爭是條約的先導，如果不以戰爭決出勝負，就無法訂立條約，不以戰爭加以威脅，條約將難以保全。」〔註34〕顯而易見，這種為了本國主權的擴大，不惜使用武力戰勝敵方的外交理念，不會考慮對方的因素，更不會顧忌地區國際秩序的穩定和健康。

　　19世紀70年代末、80年代初，是日本亞細亞主義形成的初始階段。〔註35〕民間的興亞組織及民權派倡導的亞細亞連帶論，帶有一種命運共同體的特徵。這種連帶論的基本前提條件是：雙方要有一個共同的戰略利益；其次雙方的實力應相差無幾，而當時東亞的現實情況卻並非如此。19世紀中葉，以中華帝國為中心的大華夷秩序受到西方列強的嚴重挑戰。同樣，東亞的小華夷秩序亦命運相同。龐大的中華帝國在西方列強的衝擊下岌岌可危，這一現實讓日本人對中國的實力產生了質疑，並放棄了中日結盟的企圖，開始了自強擴張的道路。正如信夫清三郎所說的那樣：日本並不想依靠

〔註31〕（日）金子堅太郎：《伊藤博文伝》中卷，統政社出版、1940年10月，第285頁。
〔註32〕（日）宮內省：《須多因氏講義》，明治二十二年七月刊行，日本中央大學圖書館藏，第334頁。
〔註33〕（日）宮內省：《須多因氏講義》，同上。第338頁。
〔註34〕（日）宮內省：《須多因氏講義》，同上。第340頁。
〔註35〕王屏：《近代日本亞細亞主義研究》，商務印書館，2004年3月第1版，第56頁。

亞洲的聯合來對抗歐洲國家體系的衝擊，而是決心加入歐洲國家體系，企圖作為西方陣營的一員，反過來統治亞洲各國。

　　日本在對抗西方列強、爭取民族獨立的過程中，逐漸形成了對獨立與擴張的似是而非的理解和認識。它把獨立與擴張相提並論，把他們看作是密不可分甚至完全等同的奮鬥目標。要獨立就必須對外擴張，越是積極有效的對外擴張，越能夠證明和保證國家的獨立。因此它所謂的獨立，不是防禦式的與自衛性的，而是進攻式的和侵略性的。積極進取與膨脹擴張，不甘壓迫與爭雄混為一談。「故善保國者，不惟不失其所有，且更增其所無」。〔註 36〕顯而易見，這是將侵略他國視為保國之道的論調，是明治維新指導者的老師—吉田松陰的理論。對日本近代政治和外交具有重大影響的人物—木戶孝允、伊藤博文、山縣有朋等，皆是其弟子或繼承者。眾所周知，國家的對外政策是人做出的，也是由人執行的，所以，作為重要的決策者和政策執行人的個人的作用是不容忽視的。此時的日本，已然在臺灣、朝鮮、琉球等行動上小試牛刀，初步顯露出挑戰小華夷秩序的意圖。可見其思想對近代日本對外，特別是對華政策的深遠影響。因此中國不但未成為日本的盟友，反而作了日本的對外擴張利益的對象。

　　一般認為，這個思想彙集於山縣有朋的 1890 年的《外交政略論》意見書。其中講到：「為了日本獨立，自己進行主權線守衛的同時，保護利益線也是大有必要。」這便是有名的主權線和利益線理論。這個觀點明顯是繼承了明治之初的外交理念，同時對他外交理念帶來直接影響的是前文提到的斯丁氏。山縣在 1888 年為調查地方制度赴歐洲的時候再次拜訪過斯丁氏。斯丁氏對山縣的國防論提出了自己的想法：「無論哪個國家何種理由，都將用兵力防守外敵，將實施保護的地區稱作權勢地區；另外和權勢的存在相關聯的地區叫利益疆域。」「自己國家不僅擁有權勢疆域，守護其地位，還要不論各國的和戰，對自己的利益地區用全力實施保護，一旦出現對自己不利的舉動，自己有責任將其排除。」〔註 37〕簡單總結就是，國家不僅要保衛主權疆域，而且有責任排除對自己不利的情況。這實質上就是把本國的防衛目標及其利益關注加以擴大，只要對自己不利，自己就要積極主動地排除這種情況，當然包括使

〔註 36〕徐國章：《日本侵臺的思想緣起與佔領臺灣》，臺灣文獻第四十八卷第三期，第 76 頁。

〔註 37〕（日）《中山寬六郎文書》，東京大学法制資料センター，原史料部所存。

用武力。這種理念支配下的外交政策當然是一種積極的，以武力、自我本位主義的強硬外交為主要手段的取向。

日本向中國擴張的戰略是其整個東亞戰略中重要的一環，應該看到這不單是中日兩國關係史的問題，也是整個東亞國際關係史的問題。日本的對外擴張是在自身發展和東亞原有國際體制瓦解過程中確立和逐步擴大的。〔註 38〕因此，日本近代的首要敵手就是中國，首要的對外目標就是衝破朝貢體系的束縛，加入西歐主導的國際體系。針對遙遙欲墜的華夷秩序和朝貢體系，由於國際體系的理念已然改變，國家對外目標開始明確，日本很快便加入了攫取中華帝國遺產的行列。在此過程中，日本在一個較長時期中選定的是有限的局部侵奪目標，其選定的敵手隨之也就是有限的。〔註 39〕

第二節　船難事件牽出的華洋糾紛問題

臺灣東南部洋面歷來風大浪急，自古以來難船事件就為數不少。中國政府一直按照德治的理念，對遇難的船民給予撫恤，並協助其返回家園，原住民即使與難民發生衝突，對番地的原住民也不再另行懲罰，因為是難民闖入了原住民所居住的番地。

一、歷史上的臺灣船難事件及其處理

清政府歷來視琉球為其外番，〔註 40〕對其內政不加干涉，只要琉球定期納貢，清政府就會對其安全和政權的穩固提供保障。因為地理和自然的原因，琉球出海捕魚的船民，船舶遇風漂流到臺灣東部番地的情況時有發生，每每遇到此事，清政府就會按照早就形成的慣例來處理，即由清政府搭救和撫恤並護送回國。這一做法一直延續並從無間斷和更改，中琉關係檔案中的記載足以為證。〔註 41〕

〔註 38〕熊沛彪：《近現代日本霸權戰略》，社會科學文獻出版社，2005 年 9 月版，第 3 頁。

〔註 39〕熊沛彪：《近現代日本霸權戰略》，同上，第 15 頁。

〔註 40〕琉球自 1372 年向中國的明朝進貢，1422 年中山王統一山北和山南，建立尚氏王朝，仍向中國進攻。1609 年日本薩摩藩島津氏侵入琉球，征服尚寧王，幕府即將琉球委任島津氏管轄，薩摩藩命尚氏向中國朝貢，此後琉球既是中國的屬國，又被日本支配，形成中日兩屬的狀態。

〔註 41〕中國第一歷史檔案館編：《清代中琉關係檔案選編》，第 1071～1072 頁。

清政府對琉球難民的撫恤有一整套具體的政策規定，這些政策從乾隆二年開始就已經形成。簡單說起來，可以分成「恤、賞」兩部分。所謂的「恤」是指提供給生活必需品。當難民被送抵福州安置在柔遠驛以後，每人每天發給口糧一升、鹽菜銀六釐；回國登船之日，發給行糧一個月，以資長途食用。所謂的「賞」指的是額外給予的部分，以示清政府對琉球難民的憐憫和格外體恤。具體是：每人賞給扣藍布四疋、棉花四斤、煙一斤、麵一斤、茶葉一斤，並酌計人數賞給豬、羊、酒三項（人數較少時人給豬肉四斤、羊肉四斤、酒四斤）。所有動支銀兩均存公項下報銷。〔註42〕至於琉球難民在臺灣被搶救上岸時，原則上亦是由地方官府動用存公銀兩予以撫恤安頓。但由於臺灣在清朝初年尚處在土地開發階段，地方儲存的公款有限，因此有時亦常需要地方官員捐俸資助。如雍正二年，有一隻琉球難船遭風漂抵八里岔，巡臺御史禪濟布聞報後，隨捐給糧米，並飭地方官沿途保護，毋致失所」。〔註43〕乾隆十年，多良間親雲上等40人漂抵淡水金包里，隨身所帶被褥俱已漂失，當地官員立即稟明御史「動公項各制給鋪蓋一副，並各捐俸厚加賞賚」等等。〔註44〕

由於琉球難民漂往臺灣東部多在東北風季節，所帶行李又常被漂失，因此臺灣地方官員對這些難民的撫恤除了發給口糧之外，還常需要賞給衣服、棉被、鞋襪等物。有的難民在臺患病或者身故，還需地方官員予以處理。乾隆三十七年，當間仁也等110餘人遭風漂抵淡水，當地官員聞訊立即趕往查詢，捐給糧食，隨後又有一名水手、一名小孩因患病登岸先後身亡。經淡水同知驗明掩埋，並捐資將難民連同行李護送到臺灣府重加賞恤。〔註45〕乾隆五十三年，平良等人遭風漂抵臺灣後山，十二月從番地陸續走出，遇見內地民人帶往營汛轉送鳳山縣，「恤給口糧、衣物」。又護送到臺灣府安頓撫恤，日給口糧，並賞賚銀錢、棉布、鞋襪等項。〔註46〕

嘉慶四年十月，琉球人遭風漂抵三貂角海邊，經該處官兵救護，賞給飯食、錢文、衣服，遞送臺灣府安頓館驛；又經賞給番銀、布正疋、食物等項，委派員役配船內渡等。〔註47〕在清代臺灣有關琉球檔案裏，類似這樣的記

〔註42〕　《琉球歷代寶案選錄》，第174，178頁。
〔註43〕　《雍正朱批摺選輯》，第186～187頁。
〔註44〕　《清代中琉關係檔案選編》，第15頁。
〔註45〕　《琉球歷代寶案選錄》第195～196頁。
〔註46〕　《琉球歷代寶案選錄》，第244頁。
〔註47〕　《琉球歷代寶案選錄》，第247頁。

載很多。有的琉球難民經地方兵民救助，再逐程護送進省，時間長達數月之久。〔註48〕

如上所述，清政府官員撫恤琉球難民的奏摺數量很多，限於篇幅和論文主旨的問題，不能逐一將此類奏摺一一列舉，但從筆者摘取的若干奏摺中，似乎可以得出下面的結論，漢番隔離政策下，臺灣東部番地是原住民專有的生活家園，漢民等移民不准跨越番界，進入番地。生活在番地內的原住民正好成為阻止番地暴亂的「外衛」，所以原住民之外的人進入番地不會受到清政府的保護，而對於因風船毀的琉球難民則一直厚待撫恤，提供臨時生活救助並幫助返回故里。截止臺灣事件發生前的同治年間，中國政府始終沿用慣例處理琉球難民問題。

二、華洋糾紛問題被重視

1858年，列強強迫清政府簽訂《天津條約》，規定將臺灣（今安平）、淡水等開闢為通商口岸，強行將中國編入西方的工商經濟體制中。這是繼40年代開放五口通商之後的第二批開放口岸，為西方列強在中國的掠奪和恣意侵奪大開了綠燈。1859年，美國公使華若翰曾經要求潮州、臺灣現行開市貿易。淡水口海關於1862年7月18日正式開關徵稅，首任副稅務司為英國人豪威爾。本來根據《天津條約》規定，臺灣開放的口岸只有二口。但閩海關稅務司美里登以多收洋藥稅款為由，騙取總理衙門，以雞籠口作為淡水的子口，打狗作為臺灣府的子口對外開放。1863年10月1日，雞籠口對外開放。南部原定以打狗港為子口安平港為正口，但實際上打狗港卻成了正口，於1864年5月6日，由馬克斯韋爾為稅務司開港通商。安平海關則於1865年1月1日開關。伴隨臺灣四個口岸開放的同時，英國在1861年派遣首任駐臺副領事郇和前往臺灣，先駐臺灣府城，後移至淡水、打狗。進而在1864年在淡水設立辦事處，1865年在臺灣府城又設一個領事館。於是洋人在臺灣經商居住人數日增。1866年在臺英人有20名，1867年在臺洋人共計25人。〔註49〕

四個口岸對外開放實現後，臺灣與內陸口岸遭受了同樣的命運，不得不成為西方列強的原料供應地。臺灣的糖原來主要銷往中國大陸，由於臺灣四

〔註48〕如道光二十九年山長元案，前後長達4個多月。參見《琉球歷代寶案選錄》，第387～388頁。

〔註49〕陳孔立著：《簡明臺灣史》，九洲圖書出版社版，1998年，第118頁。

個口岸的開放，銷售地不斷擴展，優良的質量贏得外國消費者的青睞，出口量不斷增長。1865 年出口才僅有 1943 萬鎊，1895 年躍增至 9421 萬鎊，淨增長了 5 倍之巨，〔註 50〕可見外國對臺灣糖業的需求數量。臺灣的茶葉和樟腦也是外商需求很大的原料，開港之初的 1863 年，清政府看到樟腦貿易利潤豐厚，宣布實行政府專賣，招致外商不滿，進而演變成與英國的衝突，英國不惜出動兩艘軍艦，逼迫清政府廢除樟腦專賣的命令，允許外商到內地採購。於是，大量外國商船不斷穿梭於臺灣海岸線上。

隨著西方勢力的到來，中外交往不斷增加，臺灣海域成為外國船隻航行的海上要道，華洋衝突時有發生，如何對待和處理外國船難事件，避免原住民與外國難民的摩擦，滿足西方發達國家通商航海的要求，也成為現實的問題。同治五年，英艦篤甫號至鵝鑾鼻，為番人所攻。翌年，美船「羅妹」號漂至其地，亦為科亞爾社番所殺。當時美國駐廈門領事李仙得不滿清政府的處理，曾經越過清政府直接與當地原著民接觸，並無視中國在臺的政策，將自己的政治侵略解釋成清政府的政治空白。

1861 年 11 月，美商的「柔間地礬」號在打狗（今臺灣高雄）購買白米之後，駛往廈門，途中遭遇到颱風，被吹到嘉義縣布袋嘴洋面，距離臺灣府十英里處擱淺，當地不法之徒乘機上船劫掠。船主路得士前往臺灣府請求援助，等到官兵趕到出事地點時，已經人去船空。路得士認為臺灣地方官不負責任，未能按照中美天津條約的規定，〔註 51〕及時救助，導致船中貨物和船員財物被洗劫，總價值達一萬八千元。於是他向廈門的美國副領事海雅特申訴，要

〔註 50〕陳孔立著：《簡明臺灣史》，第 119 頁。

〔註 51〕中美《天津條約》第十三款規定：大合眾國船隻在中國洋面遭風觸礁擱淺，遇盜致有損壞等害者，該處地方官一經查知，即應設法拯救保護，並加撫恤，俾得駛至最近港口修理，並准其採買糧食、汲取淡水。倘商船有在中國所轄內洋被盜搶劫者，地方文武員弁一經聞報，即當嚴拿賊盜，照例治罪，起獲原賊，無論多寡，或交本人，或交領事館俱可，但不得冒開失單。至中國地廣人稠，萬一正盜不能緝獲，或起贓不全，不得令中國賠還貨款。倘若地方官通盜沾染，一經證明，行文大憲奏明，嚴行治罪，將該員家產查抄抵償。對此中英天津條約也有規定：第十九款英國船隻在中國轄下海洋，有被搶竊搶劫者，地方官一經聞報，即應設法查追拿辦，所有追得贓物，交領事官給還原主。第二十款英國船隻，有在中國沿海地方碰壞擱淺，或遭風收口，地方官查知，立即設法妥為照料，護送交就近領事官查收，以昭睦誼。褚德新、梁德主編：《中外約章匯要》黑龍江人民出版社，1991 年版，第 125 頁、135 頁。

求中國官府負責賠償。海雅特一面轉報美國駐華公使，一面與閩臺當局交涉，要求賠償，雖經雙方文書往來，最終未獲滿意的結果。〔註52〕

1862年10月上旬，美商船「福星」號由上海裝運棉花駛往香港，遇風飄至淡水西南約二十五英里處擱淺，船主納爾遜看到岸上有很多類似海盜的人，便放下小艇，率領船員分別逃生。不料小艇一靠岸，便被人劫走服飾，「福星」號上的貨物也被人掠走，五名船員逃到附近，被當地人護送至淡水英國領事館報案。當時英國駐淡水的代理副領事柏卓枝，為獎勵當地人的救人行為，特地贈給洋銀十二元以示酬謝。同時柏卓枝請當地官府派兵，會同英領事館譯員搜尋其餘船員。當時納爾遜及八名船員被掠到山地，勒索贖金一千元。時值福州海關稅務司美里登奉派至淡水調查涉外事案，獲知本案經過後，即會同地方官交付贖金，解救出被掠人員，但貨物無法追回，美商損失計八萬元。〔註53〕

1863年3月中旬以後，納爾遜要求中國政府賠償的信函寄到北京美國公使館。美國公使蒲安臣對於「福星」號人員的遭遇深表同情，但並不主張向中國政府賠償。他認為「福星」號失事後，船上人員未要求臺灣地方官保護財物，也未要求釋放被拘人員，地方官無案可稽，依照中美天津條約第十三款的規定，當然中國官員無責任可談，而且仔細分析條約的含義，中國地方官員的行動，與狂徒的行為，涇渭分明，中國政府所應負的責任，限於所屬官員部分，只有中國官員違反條約，才構成向中國政府賠償的條件。美使蒲安臣的觀點，英國公使也予以支持。於是蒲安臣決定未便請求賠償。〔註54〕由於此事的促動，蒲安臣重新審閱了「柔間地釐」事件的檔案。他認為臺灣府接到該船主的報告，確已派出若干官兵前赴該船失事地點，設法進行了救助。雖然時間上遲了一些，未及保全船上貨物，但聞報即實施救助的事實，確是毫無異議。後來臺灣府還發給船主洋銀二百元為生活費用，表示該船人員如果願回原籍，官方也可盡力協助，因此蒲安臣決定不要求中國賠償。

但是蒲安臣也認為中國政府難以推卸其行政上的責任。第一，臺灣部分居民生性殘酷，甚或不服官府管轄，地方官能力薄弱，無法控制所屬居民，

〔註52〕黃嘉謨著：《美國與臺灣》，臺灣中央研究院近代史研究所專刊14，2004年7月版，第196頁。
〔註53〕黃嘉謨著：《美國與臺灣》，第197頁。
〔註54〕黃嘉謨著：《美國與臺灣》，第198頁。

防止劫掠事件，中國朝廷亟應加強臺灣地方政府組織，確實負起治理的責任。
第二，臺灣部分官員暮氣甚深，對於部分應予以救助的船隻失事事件，行動
遲緩，以致坐失時機，後果嚴重，中國朝廷實有加以糾正的必要。因此，蒲安
臣仍將上述兩起美船失事事件，照會總理衙門，提請注意中美天津條約的規
定，切實履行義務。因為臺灣附近海面船隻失事較多，應請嚴令地方官員，
按照條約協助失事船員，保護船上貨物，尤應通飭附近鄉村首長，遇有船隻
擱淺，務須予以救護，以臻安全，則船上貨物，自當依照西方慣例，提出若
干，論功分贈。無論出於何種目的，很明顯，蒲安臣對華表現出的是友好的
態度，希望逐步促使中國改良內政，改變對外政策。這也得到美國國務院的
認可。〔註55〕

　　1867 年 3 月 9 日，美國商船「羅妹」號自汕頭駛赴牛莊，當船行駛兩日
後，突然遭遇颶風，經過長時間的漂泊後，船在臺灣南端洋面的紅頭嶼附近
沉沒，船長赫特夫婦及船員等共 14 人，分乘兩隻舢板，劃行 17 小時，終於
在琅嶠尾龜仔角鼻山登陸，喘息未定，即被來自附近森林中的番人槍手射殺，
僅 1 華人水手僥倖逃走，後經商民協助，乘船至打狗報案。英國副領事賈祿
（Charles Carroll）接報後，立即函請臺灣道臺就此事進行嚴格究辦，並通知
在打狗停泊的英輪「科摩輪」號駛往出事地點進行救助。在臺灣道臺吳大廷
的命令下，鳳山縣令及南路營參將一同前去查訪，但參將會晤賈祿時說道：
「生番行同獸類，不可理喻，且該處樹林叢雜，生番匿跡放槍，特其長技，難
以用兵」，希望就此息事。〔註56〕「科摩輪」號艦長布洛德見此情況，立即決
定啟航前往出事地點，希望贖回或未遇害的船員。3 月 26 日，該船到達現場，
英軍剛剛登陸，即遭到來自附近叢林的猛烈槍彈襲擊，他們不願冒險前進，
只好退回船上，發炮轟擊隱藏在叢林中的生番之後，悻悻而歸。〔註57〕

　　當時兼任臺灣領事的美國駐廈門領事叫 Charles William Le Gendre，4 月
1 日，「羅妹」號事件的消息傳到了廈門，他立即起身趕赴福州，準備乘美國
炮艦「亞士休洛」號前往臺灣，向當地官府要求救濟與賠償，並函報北京美
使館及華盛頓政府，請示對策。他一到福州，便與當時的閩浙總督吳棠及閩
撫李福泰進行交涉，要求按照中美天津條約，嚴令臺灣地方官員救出遇害人

〔註55〕黃嘉謨著：《美國與臺灣》，第 199 頁。
〔註56〕《同治夷務始末》卷四十九，第 43 頁。
〔註57〕黃嘉謨著：《美國與臺灣》，第 202 頁。

員，並嚴行懲處生番。吳棠及李福泰命令通商局總辦尹西銘等函請臺灣府查明，轉報臺灣道臺嚴令地方官員緝拿懲辦兇手，「以正國法而柔遠人」，並特別地強調如果美國領事自行帶兵查辦，必須力阻，以防止節外生枝。〔註58〕

李仙得不滿清官員的做法，於 4 月 11 日親乘「亞士休洛」號從福州出發，前往臺灣。翌日，抵達淡水。李仙得與「亞士休洛」號艦長費米日 18 日前往臺灣府，分別將準備好的中英文照會送到臺灣鎮總兵劉明燈、臺灣道臺吳大廷處，陳述了「羅妹號」失事船員登陸臺灣南端遇害事實，要求設法救回或尚幸存人員，並迅速派官兵搜捕凶番，嚴加懲辦，並表示「亞士休洛」號官兵將全力協同配合辦理。但劉明燈及吳大廷答覆李的照會中云：「查臺地生番，穴處猱居，不隸版圖，為王化所不及。是以我國早有土牛之禁，士庶商民，不准擅入。又於各番隘口多設隘丁，重重防護，所以避兇悍而嚴出入也。今該船陡被風災，誤陷絕地，誠為思慮防範所不及。若苟可盡力搜捕，緝獲懲治，斷無不飛速檄行，以負我朝中外和好至意。更無煩貴國兵力相幫辦理，設或損威失事，愈抱不安。除再飭鳳山營、縣派發兵役設法查辦外，所有貴國兵船會辦此案之處，請不必行。」〔註59〕顯而易見，臺灣府官員根據長期官場做法來處理新出現的對外事件，以盡可能阻止外國人染指中國事務為目標，試圖獨立處理本國百姓違背王化的事情，但卻因不懂國際慣例，忽視了保護遇難船民義務的規定，引起美國人李仙得的不滿。

李仙得等接到照會後非常不滿，於是在 4 月 21 日親率「亞士休洛」號由臺灣府港南下打狗、琅嶠（今臺灣車城附近）等處查探消息。三天後，「亞士休洛」號到達「羅妹」號出事地點，企圖與生番交涉，贖回未被害船員及遇害人的屍體，但是沒有人敢上岸傳遞消息。艦長觀察了當地的地形，認為當時正值林木繁茂季節，很難縱火焚燒；在炮火掩護下，登陸該地不至於有太大損失，但是，要在登陸後越過鼻山以東地方，至少需要一百五十人以上的兵力，才可成功。於是「亞士休洛」號只好在當晚回航廈門。〔註60〕

北京美國使館方面，直到 4 月 22 日，才從英使那裡得到關於「羅妹」號船員遇害、以及英艦營救未果的詳細報告。美國公使蒲安臣便偕帶事先收到

〔註58〕黃嘉謨著：《美國與臺灣》，第 203 頁。
〔註59〕《臺灣鎮劉明燈等分致李讓禮暨費米日照會》（同治六年三月十五日），參見：《美國與臺灣》，204 頁。
〔註60〕黃嘉謨《美國與臺灣》，第 205 頁。

李仙得關於此事的傳聞簡報,向總理衙門提出照會,要求嚴辦此案殺人罪犯,並防止類似事件發生,確保臺灣沿岸往來船隻的安全,最後特別聲明即刻通知美國艦隊司令派遣兵船前往臺灣,商同該處地方官府查辦。〔註61〕總理衙門除向美使表示歉意外,答應即刻飛告閩省督府,嚴飭臺灣地方官員趕緊查辦,務將凶徒懲治。〔註62〕

雖然中國政府也做出了辦理的承諾,但是美國亞細亞艦隊司令柏爾在李仙得的挑唆下,認為生番地區並無官府,交涉對象乏人,柏爾決定親率艦隊前往征討。但他感到搜索那些形如猿猴的敵人,困難重重,實無成功的把握。因而向美國海軍部長建議,除非由美國及各國駐華公使聯合行動,促使北京政府實行佔領臺灣東岸及東南岸一帶地區,驅使生番更進一步地退入內山,勢無其他可行的辦法,足以永久阻止生番殺害失事遇難海員的暴行。〔註63〕6月13日上午8時半,柏爾率領兩艦同時駛至臺灣南端海灣停泊,9時整,登陸部隊分正側兩面在龜仔角上岸,但遭到當地人的阻擊被迫返回岸上。經過此次登陸作戰,柏爾對生番的認識出現了改變。柏爾向美國海軍部長的報告中修正了先前的觀點,認為今後阻止生番殺人暴行的有效辦法,唯有由臺灣地方政府實行佔領南端港灣地方,在兵力的保護下,另行建立中國人的居留地,取代那些為數不多的生番人,庶可彌補失事海員受到殺害的禍患,此則有待於美國公使在北京採取有效的行動。〔註64〕

鳳山知縣吳本傑、南路營參將凌定邦等派員調查後認定,「羅妹」號出事地點在龜仔角鼻山附近,距離琅嶠五六十里,「其地盡係生番,並無通事,水路則礁石林立,船筏罕至,陸路則生番潛出,暗伏殺人」,且船員遇害地點,「係在生番界內,其行劫凶番,又係生番,並非華民,該處既未收入版圖,且為兵力所不及,委難設法辦理」。〔註65〕臺灣鎮劉明燈以及吳大廷等認為吳本傑等的報告所述確屬實情,據以照會李仙得,「生番行同獸類,不可理喻,美國大國大量,當不屑與其計較」。李仙得收到劉明燈等的照會,覆照予以反駁,

〔註61〕《蒲安臣致恭親王照會》(丁卯年三月十九日),見北京美國使館〈來去底稿〉,卷三。

〔註62〕《恭親王致蒲安臣照會》(同治六年三月二十五日),見北京美使館〈來去底稿〉,卷三。

〔註63〕黃嘉謨:《美國與臺灣》,第209頁。

〔註64〕黃嘉謨:《美國與臺灣》,第211頁。

〔註65〕《同治朝籌辦夷務始末》卷五十,第10～12頁。

仍然堅持讓清政府官員征討臺灣東部原住民的要求。〔註66〕9月6日李仙得乘專輪到達臺灣府，要求劉明燈、吳大廷等立即執行閩省督府的命令，同時聲明他本人將隨同官軍。

劉明燈於9月10日，率兵南下，李仙得和翻譯一同前往。沿途道路狹窄，勉強能夠通行。到了枋寮，先由民夫伐山開路，歷時七天，9月23日，前進到琅嶠。由於臺灣官府已經事先派人張貼告示，講明此次官軍前來剿辦生番的目的。附近莊民和熟番聞訊，勸生番不要抵抗官軍，以息事端，來到官軍營地陳述生番悔罪的態度，並保證以後不再有殺害船員的行為，請求罷兵。李仙得認為罷兵一事與閩省督府的命令不符，但如生番確已悔罪，可以按照他所列條件作為辦結的考慮，一、由十八番酋長卓杞篤親自向李謝罪，並作不再發生類似行為的保證；二、由琅嶠至龜仔角一帶的閩粵各莊及熟番具結作上項保證；三、生番交還「羅妹」號人員屍首贖款及船上物品；四、中國於臺灣南端建設堡壘，保護過往船員。後又就這些條件加以細釋，增為八款，備文請劉明燈照辦。李仙得所提合約八款，後經萬國公報（卷七，34頁）刊載如下：

　　一、和約後，所有前失羅妹商船內對象，限二日內由二府轉交敝領事查收。

　　二、前有洋人到琅嶠贖回骸骨所費銀元若干，著令生番及閩粵頭人贖出，交二府轉交。

　　三、置炮臺於龜仔角高阜處，此臺名曰羅妹炮臺，並起造官一員兵五百名營房。臺內安大炮四門，大炮子二百顆，不時安在臺內，每兵配鳥銃一杆，各配藥子六十門，其炮臺如損壞，責令生番閩粵各頭人修茸。營盤口豎大旗一杆，書中華字樣，嗣後如有洋人遭風，可赴臺內逃難。

　　四、如有洋人遭風逃生，無論生番及閩粵人救之炮臺內者，每洋人一名，賞火藥五斤，鉛板二十五斤。

　　五、凡有嗣後來往船隻遭風，仍被生番戕害者，每洋人一名要生番五人償命，並罰銀五百兩，閩粵各人如犯者，亦同此罪。

　　六、琅嶠應添設文官一員，炮臺內設武官一員，文武二員，專

〔註66〕黃嘉謨：《美國與臺灣》，第214頁。

責管理生番及閩粵人。

七、無論各國商船停泊炮臺外，上山打水，臺內官兵前去照護。

八、和約後，閩粵及生番永遠交好和睦，凡有船隻遭風，盡力相救，無負前約。〔註67〕

　　劉明燈接受李仙得的要求，招十八番酋長卓杞篤前來會晤。但李仙得卻避開清官員，私下裏利用通諳臺灣方言的英商北麒麟，通過當地各莊及熟番頭人的關係，與卓杞篤暗中來往。10月10日，李仙得與卓杞篤會見，在李仙得的威脅利誘下，卓杞篤終於屈服，雙方簽訂協議〔註68〕。李仙得於10月15日照會劉明燈，略述他與卓杞篤協議的經過內容，聲明只求閩粵各莊及熟番頭人，具結保證生番不再有類似行為，否則該頭人等願協同抓捕兇手解官懲辦，本案即可和平解決。並認龜仔角生番之殺害船員，原屬昧於中外條約的規定，此後如果有意遵守條約，其過去罪行自可寬恕，無需懲辦，即可撤兵，至於官軍在馬鞍山設立的臨時炮臺與營房，則請予以保留，以待商請閩省督府同意後，再在該處建立永久性的炮臺，設官派兵駐守，依照條約保護遭風遇難的歐美船員。〔註69〕劉明燈對此完全同意，於是雙方將歷次協議的原則，做成章程十條，並取得當地閩粵各莊及熟番頭人的保結，照會李仙得就此結束軍事行動，〔註70〕

　　美國公使蒲安臣曾向總理衙門提出照會，「要求嚴辦此案殺人罪犯，並防止類似事件發生，確保臺灣沿岸往來船隻的安全」。由於清政府仍然依循舊慣，無法滿足西方國家的保護航海安全的新要求。「在臺灣道臺吳大廷的命令下，鳳山縣令及南路營參將一同前去查訪」，吳棠及李福泰「命通商局總辦尹西銘等函請臺灣府查明，轉報臺灣道臺嚴令地方官員緝拿懲辦兇手」，「以正國法而柔遠人」。

　　西方人在臺灣東部船難事件的頻現，在「羅妹」號事件之時，李仙得就對清政府官員辦理深感不悅，而後，他多次向清政府提出在臺灣南部修建炮

〔註67〕黃嘉謨：《美國與臺灣》，第222～223頁。

〔註68〕協議如下：一、生番對殺害羅妹號船員一事表示悔過，美方不予深究；二、嗣後船員遇風漂至該處登岸，生番妥為救護，移交琅𤩝地方轉送前途；三、船隻人員如擬友善登陸生番地方，應舉紅旗為號；四、生番地區不得設立燈樓，但可於熟番區域擇地設立。參見黃嘉謨：《美國與臺灣》，第217頁。

〔註69〕黃嘉謨：《美國與臺灣》，第218頁。

〔註70〕《同治朝籌辦夷務始末》卷五四，第28～29頁。

臺與燈塔，但始終沒有回音。以上形勢的變換，迫使清政府再次重視起番地的作用，促使清政府加強了對此地區的政策實施。美國「羅妹」船事件後，福建巡撫李鶴年奏請開拓，設官駐兵，通飭省會司道及臺灣鎮道通盤籌劃。臺灣鎮總兵劉明鐙主議開設，署鎮曾元福請照例封禁。而巡道吳大廷則兩存其說而節取之，以為枋藔設官駐兵，琅嶠、柴城各駐屯丁，選舉閩粵莊人為總理，與以防禦生番保護遭難洋船之責，至於履田問稅，應從緩議。於是臺灣鎮道及護道梁元桂等迭次會議，陳其大略，省中司道亦有所議，而尚未合宜，乃飭本任平潭同知鄭元傑等往勘，繪圖立說，博採眾論。以為琅嶠之柴城風港，民番雜處，未便設官，請照舊例，沿山各隘，設立隘藔，分段防守。而枋藔僻近番界，擬將鳳山縣之興隆里巡檢移駐其地，又於道標撥派千總一員，兵五十名，南路營兵五十名，同往駐紮，以衛地方。閩人多居近海，粵人多處沿山，山內則多番人，擬於三者之中，各選正副總理兩人，督同隘首並隘丁各五十名，分守要害。而風港別選正副隘首兩名，隘丁五十名，均隸千總統轄。至千總、巡檢歲各津貼公費二百兩，兵丁加餉外，月給薪蔬銀四錢，三年調換，正隘首年給八十圓，副六十圓，隘丁八圓，計加兵餉八百八十兩，隘費七百二十圓，均於臺府叛產之息按季支給。〔註71〕

三、琉球難民與原住民的糾紛

1871年底，偏巧出現了琉球船民在臺灣東部被殺的事件，日本試圖利用此事件謀取臺灣東部的領土主權。當時國際法規定國家取得領土的方式主要由五種：割讓、先占、征服、累積、時效。當中的先占客體為無主之地，即該地全無居民，或雖有居民但不足以構成一國家者（如當地的土著組成的部落）。〔註72〕在西方世界，從15世紀的新發現時代至18世紀初，在發現新大陸或島嶼時，宣告這裡是本國領土並懸掛國旗，建立十字架或標柱，這樣就等於取得了這片領土。但是在19世紀，對於佔領新領土又增添了新規定。多數國家主張先占必須是現實佔有並實行統治，這逐漸成了各國的一貫做法。「至遲是在19世紀後期，國際法上確定了先占必須是有實效性的」。〔註73〕「所謂

〔註71〕連橫：《臺灣通史》卷十五，撫墾志。
〔註72〕（英）詹寧斯 瓦茨修訂、王鐵崖等譯：《奧本海國際法》第一卷第二分冊，中國大百科全書出版社，1998年版，第74頁。
〔註73〕《公法會通》，1880年同文館聚珍版本，卷三，論轄地之權，第二百七十八章，第1～2頁。

先占必須是有實效性的是指現實佔有土地，設立有效統治權力。為此，某種程度的行政機關是必要的。尤其是為維護秩序，要有警察力量，很多時候還要有一定數量的兵力。」日本政府籍此聲稱臺灣東部並非中國領土，並認為不管明、清的中國如何強調過去中國對臺灣東部的聯繫，用漢語命名也好，寫下記錄也好，但那裡沒有當時中國政權「進行統治的遺跡」。即所謂國際法規定的先占為主的重要條件—實際統治權沒有鞭及到這裡，所以，這裡是無主之地。也就是說，國際上雖然承認臺灣東部是中國的領土，但日本卻可以主要條件不足為由，重新將它定為「無主地」。通過李仙得處理「羅妹」號事件的事例，日本政府認為利用中國番地管理的空隙，可以避開中國政府獲得此地的領有權。因為經過偷換概念，中國政府的「化外」之地可解釋成政教不及，再變成近代國際法所說的「無主」之地的概念，於是日本便可以通過先占，將其據為本國的領土，自己的圖謀就容易得逞。

四、船難事件演變成武力衝突

十六世紀以來，歐洲以單一民族為單位形成既定疆界內政治實體—國家。清政府統治的是一個多民族的國家，很難做單一種族的宣稱，疆域龐雜，邊界是一個很大的模糊地帶，臺灣番地正是當時清政府的邊疆所在，作為抑制臺灣漢民叛亂的「外衛」，發揮著特殊的作用。琉球船民被殺之後，日本外務卿副島種臣根本無視中國政府對於臺灣東部的政策，他偏執於美國人的處理方式，虔誠地向美國公使德朗及原美國駐廈門領事李仙得討教日本對臺的策略，並得到對方慷慨地為其籌劃。

美國公使德朗耐心地為其出謀劃策。他勸告副島：「有關臺灣事件必須採取下列三種策略。第一，是否要立即派遣問罪之師？第二，是否要與土著交涉，訂定今後之管理方式，當我國人民及琉球人抵達時不再施暴？第三，若認為屬於國家統治權事宜，是否要向其政府交涉要求其處理？」〔註74〕第一條策略是將琉球難船事件，作為海盜事件來處理，「立即」派軍隊前去緝捕法辦；〔註75〕若不如此，鑒於臺灣番地原住民的特殊情況，也可以非法律方式，與當地人協商，訂立今後的預防措施；如果視其與國家主權有關，可能就需

〔註74〕（日）「副島外務卿米公使卜臺湾一件応接書抄略」，公文書館：A0303111177
00。
〔註75〕（美）惠頓：《萬國公法》，上海書店出版社，2002年版，第61頁。

要與其政府相交涉了。平心而論，美國人的三種策略也是三種可能，至於採用哪一種策略，完全取決於日本處理此事的態度。

副島見德朗如此慷慨和充滿誠意，便將自己的陰謀透漏給對方：「我有三個辦法。第一，由清國政府處罰殺害琉球人之土著，若不能則採取第二。第二，希望清國與日本戮力處罰土著，若此事不能則採取第三。第三，打算不經過清國之手而立即派出向臺灣問罪之官員。」〔註76〕副島提出的三個辦法，與德朗的三個策略有著明顯的不同。德朗首先以臺灣屬於中國為前提，來處理難船事件，所以，儘管他不滿中國行政的能力，但也十分顧及中國的反應。

德朗告誡副島：「直接與土著交涉必然諸事不成，廈門領事與土著酋長有親密交情，固以為若經過他來交涉，則事情可成。若不如此，而與清國人一同行動時，將非常困難，這是因為土著非常厭惡清國人的緣故。土著雖然頑固愚昧，唯有厚意相待而已，如李仙得已與其親睦交往就是由於厚意相待的緣故了。」〔註77〕德朗將李仙得描繪成厚意相待生番的友人，並強調日本處理此事必須借助李仙得。而且再次規勸日本採用自己推薦的方法，不要強行處罰生番。副島還是堅持自己提出的方式，並認為即使是普通的策略也要「派出大約一萬名士兵到臺灣」。〔註78〕德朗對副島的固執還是做了再次的規勸：「如此策略是無法得到深交的，首先派人交涉，締結保護人民的約定，於租界其地後，再建立軍事守備亦不遲，因此我認為不要立即出兵比較好」。德朗還對設立炮臺和訂約之事為副島提出了建議：「若要求設置炮臺以保護彼我人民的話，則租借地方應該比較容易。若要求救助我琉球人民並護送至陣營時，即以贈與謝禮為由，進行交涉較易。若須與清國嚴厲交涉時，就詢問臺灣是屬於何國的，若說是屬於他們的，則要求處罰。但如前所述，即使清國人輕易同意，也不會履行約定，此乃其常情，故違約是必然的。因此若事已至此，則應該直接與臺灣方面交涉為宜。」〔註79〕

〔註76〕（日）「副島外務卿米公使卜臺灣一件応接書抄略」，公文書館：A030311177
00。

〔註77〕（日）「副島外務卿米公使卜臺灣一件応接書抄略」，公文書館：A030311177
00。

〔註78〕（日）「副島外務卿米公使卜臺灣一件応接書抄略」，公文書館：A030311177
00。

〔註79〕（日）「副島外務卿米公使卜臺灣一件応接書抄略」，公文書館：A030311177
00。

　　此次副島與德朗的交談中，作為美國公使的德朗，雖然明確的表示臺灣番地屬於中國管轄，但對中國處理遇難船民事件很是不滿，欲借助日本之手，建立起維護航海商人利益的設施。而日本瞭解到此種情況後，卻將其當成了擴張本國領土利益的機會，準備強行使用武力獨斷地處理之，「我方有可能採取第三種方式」，即「打算不經過清國之手而立即派出向臺灣問罪之官員」，所說的問罪，還要派出「大約一萬名士兵到臺灣」。可見日本外務卿，此時對此事已有成府了。鑒於缺乏對臺灣情況的瞭解，所以懇請德朗為其介紹有過處理難船事件經驗，並通曉臺灣情況的李仙得，期望此人能對日本處理此事提供更多幫助。

　　1872 年 9 月 24 日，副島結識了李仙得。雙方首次交談之中，李主觀地解讀了中國對生番及其殺人案件的政策：「中國政府對於臺灣生番的行為以及番社內部事宜，無從過問，此次琉球人被殺，傳聞中國政府曾下令懲辦兇手，地方官員懍於生番兇悍，不敢採取行動；臺灣內山十八番頭目卓杞篤前經協議救護遇難外國船員，但不包括中國人在內，此次琉球船民被害，實由其容貌與中國人類似，致為發生誤會；美船人員被害之處，中國政府認為雖歸中國管轄，究為王化所不及之地，實則該處土地人民均屬善良，如經適當交涉，由美國人居住，中國人未嘗不可能退出；當美船人員被害案辦結之時，中國政府曾在臺灣南端設立炮臺，留置兵員守衛，隨時救護遇難船員，但數月後即告廢棄，另允在原處建立燈塔一所，迄今未實行；」〔註 80〕並建議日本政府來承擔保護航海的責任：「此次琉球人被害，目前處理辦法，應先商請臺灣官府建立燈塔，隨時保護，如不照辦，美國並不想取得該處土地，日本政府如有意統轄該地，可與中國政府交涉，逕在該處建立炮臺派兵守衛。」〔註 81〕

　　副島從李仙得對清政府的指責中，篩選出可以說明清政府對臺灣東部未有實際管轄的所謂證據，〔註 82〕在李仙得的點撥下，也充分認識到臺灣東部對日本航海安全的重要性，於是迫不及待地向李討教侵臺秘方。李仙得為副

〔註80〕（日）《日本外交文書》第七卷，第 5～8 頁。

〔註81〕（日）《日本外交文書》第七卷，第 5～8 頁。

〔註82〕李仙得先批評中國政府在處理「羅妹」號事件的推辭：「美船漂流至岸而遭殺害時，美政府向清國政府談判要求對該案進行相當之處置。而清國政府雖承諾卻不能實行。故再加督促時，清國政府回答說原來雖有管轄，但處置難免有疏漏。」參見（日）「副島外務卿橫濱二於テ米人李仙得卜臺灣一件応接書」，公文書館：A03031117800。

島預測了清政府應對日本挑釁的可能對策：「事故談判時提出是否由我方盡可能加以保護？清國政府回覆說如此就不得不派出軍隊，但應經由何種道路派遣？因而答以自己可作前導。最後率領清國軍隊，身為前導，越過山地，出於土著後方。」〔註83〕要求在當地建築炮臺以備防患於未然，同時建議副島「必須先與清國政府商議始能決定」，並且「首先雖派駐軍隊，但四、五月後軍隊撤離，其後亦不再派兵」。至於建築燈塔之事「以自己之意見而言，應有清國政府來執行上述計劃」，並明確表示：「美國絲毫不想獲得土地，亦不反對由日本政府來管轄，但希望儘量與清國政府談判上述事宜」，但李仙得也表現出對清政府的不信任態度：「然而多半不成」，所以還是給副島一個單獨建築炮臺的建議。〔註84〕

副島還向李仙得試探了此次事件的談判對手，對於此問題，李仙得確定了兩步走的計劃，他認為：「應向福建談判。但為了保護人民，而建築炮臺、燈塔等事宜，仍應向本國政府嚴厲要求談判為宜，此為萬國公法之道。」〔註85〕對於李仙得的一系列建議，副島說出了自己的擔憂：「此次與清國政府談判非常困難，其原因在於琉球屬於清國及日本兩國。」〔註86〕考慮到琉球被日本單方面據為己有的現實，如果直接與華談談必將涉及琉球歸屬問題，容易給對方留有餘地和空間，恐怕會使自己已獲得的琉球利益難以保全，所以並不情願以琉球兩屬為前提的談判。副島也坦誠「以前琉球人獻貢途中在臺灣被殺時」，日本對待此事的做法是「曾向清國談判索償，後轉交琉球。」〔註87〕可如今情況卻發生了變化，副島不想沿用以往的方式處理此事，而是欲利用此事攻其不備，從中國攫取領土的利益。

從李的經驗及建議中，副島預測到中國會以「化外」之地來推辭對臺灣生番的處理，由此日本就可以不用與華交涉琉球問題，單獨處理臺灣番地問

〔註83〕（日）「副島外務卿橫浜二於テ米人李仙得卜臺灣一件応接書」，公文書館：A03031117800。

〔註84〕（日）「副島外務卿橫浜二於テ米人李仙得卜臺灣一件応接書」，公文書館：A03031117800。

〔註85〕（日）「副島外務卿延遼館二於テ李仙得卜再度応接書抄略」，公文書館：A03031117900。

〔註86〕（日）「副島外務卿延遼館二於テ李仙得卜再度応接書抄略」，公文書館：A03031117900。

〔註87〕（日）「副島外務卿延遼館二於テ李仙得卜再度応接書抄略」，公文書館：A03031117900。

題，而處理番地則可以套用「實效統治」的條款來將其無主地化，在對臺灣東部實行土地殖民。副島自認為從李處得到了外交上矇騙對方的法寶，故意不與中國面談雙方認識和做法上的差異。甚至還妄想套用國際法保護國民安全的內容，得到西方列強的同情與支持。所以，副島未採納李仙得就琉球船難事件向清政府談判的建議，決定以清政府對臺灣東部未實施有效支配和管理為由，通過本身的先下手為先舉措，一舉實現對臺灣東部島民的實際控制。

日本外務卿副島認為如果套用國際法，從美國「羅妹」號事件中，可以得出臺灣生番是中國政教不及和野番無主的結論，再捏造無主地的假象，日本就可以仿照先占原則，佔領並殖民臺灣東部，只要親自從中國政府口中獲取預知的回答，就可以充當無主地的根據。副島經過籌劃，從中國獲得了「化外」之地的口實。同時為獲取國際法上保護國民的藉口，積極從國內行政上著手，將琉球劃入本國版圖，企圖借懲罰臺灣番民出兵臺灣東部機會，既實現殖民臺灣，又可達到琉球屬日的國際效果。為此，日本政府向中國派出了大量偵查員，進行軍事偵察準備。從外務卿副島等 1872 年日本片面地將琉球劃歸為日本版圖。10 月 16 日，日本天皇接見了琉球特使團，並於同日宣布收歸琉球王國為日本帝國的一部分。〔註88〕當天日本外相副島種臣會見了美國的駐日公使德隆，通知他有關琉球歸入日本的決定，並獲得了美國的承認。〔註89〕因為美國已經承認琉球劃歸日本，在借助琉球船民在臺灣東部遭遇生番殺害機會，以屬民的保護者的身份報復懲罰，可以得到列強的同情和支持，似乎也是在為列強商民的安全做好事。據此推測，日本出兵征臺不僅可行，而且比較容易。如果此事成功，不僅可以維護本國的所謂領土主權和作為獨立國保護國民的義務。

頑固堅持必須懲罰番人的要求，既可以向中國政府傳統對待番人政策的挑戰，又可以牽強套用國際法海盜事件的條款，〔註90〕順便分離中琉關係。

〔註88〕海峽評論雜誌社編輯部編：《臺灣命運機密檔案》，海峽評論雜誌社，1991 年11 月版，第 17 頁。

〔註89〕1872 年 9 月 15 日，當日本政府提出《對琉球藩王具體措施五條》，確立日本在琉球的統治權後。駐日美國公使德朗於 9 月 18 日給日本外務省照會，說美國承認琉球為日本的一部分。參見：《大日本外交文書》第二卷第二冊，第854～865 頁。

〔註90〕萬國公法第十五節中，對此有相關的處理方法：至於海盜，則為萬國之仇敵，有能捕之、誅之者，自萬國所同願。故各國兵船在海上皆可捕拿，攜至疆內，發交己之法院審斷。（美）惠頓：《萬國公法》，上海書店出版社，2002 年版，第 61 頁。

作為海盜事件來處理琉球船難事件，日本就可以派軍隊前去緝捕法辦。如前所述，琉球在古代處於中日兩屬的狀態，1871 年日本「廢藩置縣」的政策實施以後，如何將琉球完全變成日本的領土，排除中國對琉球的影響，成為日本政府絞盡腦汁的課題。就在 1872 年 1 月，鹿兒島縣官吏受政府指派前往琉球，要求琉球國王改變彼此關係時，遇到從中國返回的難民。日本政府從中尋覓到了機會，以為借用國際法中「國家領土內一切人和物都屬於國家屬地權威支配」〔註 91〕的內容，既能向琉球炫耀日本政府已對其實施有效統治的權威，又能夠向中國證明已獨立擁有琉球主權的現實，還可以向世界證明日本已擁有護民能力，從而得到世界上對其並琉的承認。

在 1873 年年初，又發生了一件自認為可以作為證據的事件，即小田縣民難船事件。〔註 92〕正如琉球難船事件一樣，此時的小田縣民事件，也被日本用來考究中國對臺灣生番地區統治的測試題，企圖籍此增強自己的臺灣生番無主的主張。不僅如此，為了迴避因琉球事件與中國交涉琉球歸屬問題，此事件還被日本賦予了另一層含義，即如遭到中國關於難民國籍的質疑，可以藉此搪塞，使自己擁有足以蒙混中國的理由和藉口。因為當時日本雖然強行將琉球納入本國統治，但是自己也非常清楚，這只是一廂情願的舉動。不僅琉球有牴觸的思想及行動，而且尚未得到琉球封貢國—中國的承認。如果直接以琉球民屬於日本國民為理由，為其出兵討伐生番，恐怕會招致中國的強烈反對，而用小田縣民則可以令中國語塞。由此觀之，小田縣民事件又為日本政府增設了出兵「征番」有力的砝碼。

通過提供給日本外務卿的一些備忘錄，李仙德對臺灣島民極盡污蔑之能事。李仙得從 1872 年 11 月開始，圍繞著臺灣問題向日本政府提出數十件備忘錄及很多的意見書等。其中的第三號備忘錄《論教化野蠻統治》；第四號備忘錄《關於外國人處分土蠻的思想及謀劃澎湖的遠期戰略》。第三份備忘錄中介紹

〔註91〕（英）詹寧斯瓦茨修訂、王鐵崖等譯：《奧本海國際法》第一卷第一分冊，中國大百科全書出版社，1998 年版，第 328 頁。

〔註92〕1873 年 1 月 9 日，日本備中州江郡柏島村佐藤利八等四人，乘船從紀州起錨，14 日遭遇大風，漂流至臺灣生番地區，衣物等被搶奪，後來得到番社頭目陳安生等救助，被送交臺灣府福州等處，又經中國地方官員護送至上海，搭乘班船返回日本長崎。參見（日）「外務省ヨリ小田県民佐藤利八外三人蕃地漂到土人為メ二暴掠セラル一件上申並小田県届」，公文書館：A03030098800。

了臺灣的自然風俗。李仙得的第三號備忘錄，是就征服臺灣如何進行管理進行獻策。他建議日本應在南部的社寮等地建設大本營，一方面對當地的客家人及已經順服的番人，另一方面對諸如牡丹社之流的惡番進行征討，然後從海路到卑南地方設立支營，達到最後全部佔領臺灣東南部「番地」的目的。〔註93〕李仙得的這個建議，在 1874 年日軍征番中完全以行動來加以實踐，而且樺山資紀的大南澳偵探及花蓮平原佔領計劃等等，也都參考了李仙得建議。

第四份備忘錄中再次強調日本佔領臺灣的重要性，他認為當時西方諸國正因要求中國皇帝接見西方外交人員問題與華關係緊張，若中國因此於西方各國開戰，臺灣一定不保。如果日本人在此關鍵時刻提出為中國經營臺灣的要求，中國很可能較樂意將臺灣讓給比較友好的日本，以免臺灣落入敵對的西方國家之手。當然他也承認臺灣對日本的重要戰略地位，沒有臺灣的日本，就像一個失去手掌的殘疾人，不再能發揮太大的力量。李仙得在第四號備忘錄裏，分析了當時的國際形勢及臺灣的經濟和軍事價值。他認為覲見皇帝的禮儀糾紛，很可能變成為中國和各國矛盾的開端，日本應當把利用和握住各國與清帝就覲見時的禮儀糾紛，派遣使節到北京，乘此混亂之際，提出談判臺灣問題，這是千載難逢的好機會，日本應「盡以方略」，甚至也可以出兵佔據臺澎，即使這樣，英俄等國也不會對日本的行動提出異議。〔註94〕

凡此種種，無論是美國公使還是領事，仰或是日本的外交官員，在對待海上交流日益頻繁時出現的海難事件，皆是以文明者自居的態度，無視所謂「野蠻人」存在的思維。根本未能抓住事情的本質，認真對待，以此促進事情的真正解決，遑論尊重社會發展階段不同而出現的人類社會的多元特徵。

1873 年 3 月 9 日副島奉領了《為生番問罪委讓全權》的敕旨，以及《為生番問罪與中國交涉方法四條》的別敕。天皇諭副島曰：「朕聞臺灣島生番，數次屠殺我人民，若棄而不問，後患何已。今委種臣為全權，則伸其理，以保朕民之意」。〔註95〕別敕內容如下：

〔註93〕（日）「李仙得覺書第三号野蛮ヲ教化シ各部落ヲ統治スルノ論」，公文書館：A03030097500。

〔註94〕（日）「李仙得覺書第四号土蛮処分ニ付外国人思想並澎湖ヲ遠略スルノ論」，公文書館：A03030097600。

〔註95〕（日）外務省編纂：《日本外交文書》第六卷，日本外交文書頒布會，第165頁。文號101，付屬書一，天皇勅語。《岩倉公実記》下卷，原書房，1968 年，第 122 頁。

　　辛未冬，我琉球藩民漂到臺灣島，五十四人被臺灣東部的生番人所虐殺，為此事件，命汝種臣，前赴中國，談判處置。因此朕宣示委任要旨。

　　一、清政府以臺灣全島為其所屬地，接受上述談判，施其處置，使遭橫死之人，得以充分伸冤。但此處置，必須予罪人以相當之責罰，對於橫死者之遺族給以若干扶助金，並堅決保證今後不再有同樣之暴徒發生。

　　二、清政府如以政權所不及，此非其屬地，而拒絕此一談判，則任憑處置。

　　三、清政府如以臺灣全島為其屬地，而旁顧左右，並不接受談判，則辯明清政府已失政權的情由，且責以「生番人」無道暴虐之罪；如不服所責，則如何處置，任憑決定。

　　四、上述談判，如除三條以外，另生枝節，則須注意遵守公法，不失公權，而臨機為之。〔註96〕

　　副島種臣訪問中國之時，與清朝官員有段關於臺灣島民的對話。5月25日，副島率領柳原、鄭永寧等到總理衙門，面晤文祥、沈桂芬等，以欽差大臣的身份，要求應比各國一、二等公使優先覲見皇帝，並堅持以三揖之禮覲見，拒絕跪拜。〔註97〕但清政府沒有答應，而讓副島以次班覲見。副島於6月17日再到總理衙門，要求以頭班覲見，仍不被接受。20日，惱羞成怒的副島通知衙門，日本中止觀帝回國。〔註98〕又在翌日，副島派柳原前光和鄭永寧到衙門，以訣別的架勢，詰問中國對臺灣生番殺害難民的答覆。

　　柳原說：貴國臺灣之地過去曾由我國人及荷蘭人以及鄭成功等佔據過，後來歸入貴國的版圖。貴國只治理其中的一半，對於東部的土番之地來說，政權則完全不及，番人獨立於中國之外。前年冬天我國人民漂至此地被當地番人殺害，因此我國政府將派使前去問罪，只因番地和貴國府縣犬牙交錯，我大臣以為還未告知貴國，擔心戰爭一旦觸及貴國轄地，引起無端猜疑，兩國會自此傷害和氣，所以事先加以說明。

〔註96〕　（日）多田好問編：《岩倉公實記》（下），原書房，1968年，第124～125頁。
〔註97〕　（日）《大日本外交文書》第六卷，第147～154頁。
〔註98〕　（日）《大日本外交文書》第六卷，第176～177頁。

衙門大臣說：本大臣只聽說生番掠殺琉球國民，尚未知曉和貴國人有何關係。琉球國乃我藩屬，當時擺脫生番的琉球人，經我國官吏救恤來到福建，總督施以仁愛，送還本國。

柳原說：我國接撫琉球已經很久了，中葉以後便附屬於薩摩藩，況且今日大政一新，人民莫非其臣，國家以撫恤臣民為己任。野蠻之人殺害我國王臣，一經發現，我國君主便使用保民之權利，不得不為其伸訴冤情，而且將琉球人叫做我國人又有何妨？且聞貴國官吏既然說已經救恤了琉球人，不知對於行兇的生番如何處置的呢？

衙門大臣說：此島的人分為生熟兩種，以前就服從我國王化的叫做熟番，設置府縣加以治理，尚未服化的叫做生番，置之化外，未便窮治。

柳原說：此種說法我國人都知道，番人掠殺他國人之事已有多次，貴國對此並未作過處理，因此番人更加殘暴，所以他國若征討的話就不只是番地了。即使是設置府縣而不予管理。正如安南歸法國、廣東的瑪港香港以及俄國佔據黑龍江一帶波及我國的北蝦夷島，以後因為殺人之故，此島被外國人佔領的話，我國南海中又多一患，將危及各島的安全，因此我國想前往征討。但我大臣念及兩國的友誼，避免輿論干擾，此次利用出使之便，特向貴國告知，以避免不必要的猜疑。如果有所治理，將不會對此加以干涉，也無侵越之憂。此事我政府本來不打算告知貴國，只因我大臣擔任外務的重任，若因一點小事引起鄰國失和，將無以對天下。而且我國的勇士們耳聞琉球人遇害之事，皆恨得咬牙切齒，個個義憤填膺。政府不謀劃問罪消弭怨氣的話，勢必會出現難以預防的、不滿的過激動亂，越境為寇之事也將會出現，這種傷害兩國和氣的根源不得不防。萬一傷害兩國和氣，那麼我皇帝今日派我大臣拜見貴國皇帝換約結好之事又將有何用處呢？我大臣從公心上來說是一片好意，敬請諒察。

衙門大臣說：未予制裁生番的殘暴。是我政教不及之故，但是生番殺害琉球難民時，總督曾救助難民，當時有公文上奏，待檢查後再答覆貴大臣。

柳原說：貴大臣既然說生番之地不及政教，還有過去的證據，

既然是化外孤立的番夷，就歸我獨立國來處置吧。福建總督的奏保
已經通過貴國的京報等瞭解了，現在不願再看了，今我大臣歸心似
箭，只是顧念兩國和好才一言相告，故今日我等向貴方報告，貴大
臣也有答覆，我將返回館邑向我大臣彙報。

話畢乃別〔註99〕

以上史料，表現出日本外務卿等人極盡謀劃的特點，同時也留露出他們
對當地原住民的極度輕蔑，將其視為野蠻人，由此也預示了他們對「野蠻人」
可能採取的方式方法。

長崎出身的福島九成曾經偽裝成畫家遊歷臺灣，1872年6月25日在臺
灣府遇到日本小田縣人佐藤利八等四人，他們是三月間漂到臺灣南端卑南，
然後被送到臺灣府查問，福島給他們洋銀十枚。〔註100〕水野遵4月前往臺灣
調查北部大溪番，他寫得視察遊記的一部分，刊載於當年八月發行的新聞雜
誌第一百二十四號，該期雜誌還刊載福島的談話：《臺灣之一半非中國管轄
地》，《中國政府承認日本問罪》等。〔註101〕可見日本政府官員認定臺灣東部
非中國所屬土地，堅定懲罰臺灣生番的頑固主張。

1874年4月3日，大隈向天皇上奏「征臺」建議，於是，4月4日，陸
軍中將西鄉從道被任命為臺灣番地事務都督，前往臺灣番地征伐殺害難民的
番人，鎮壓之後實施殖民政策。1874年4月5日授予西鄉委任狀：茲以臺灣
處分之事，命汝從道任事務都督，舉陸海軍務以至賞罰之事，皆委以全權‧
其遵奉委任條款，黽勉從事，以奏膚功。對殺害我國人者問罪，予以相當處
分。彼如不服其罪，得相機以兵力討伐。使今後我國人民到達彼地時，不致
再受土人殺害，為此，樹立防治辦法。〔註102〕當時，美國原駐廈門領事李仙
得非常活躍。他於3月13日向番地事務總裁大隈重信提出第二十二號「備忘
錄」—《設置生番統轄官施行政令及外國人的雇用方法等之論》，31日又向西
鄉從道提出第二十三號「備忘錄」—《各艦發航順序及外國人雇用辦法》。他
強調日本「征臺」的真正目的雖然在於殖民，但表面上必須以「問罪」和防止

〔註99〕（日）《大日本外交文書》第六卷，第177～179頁。外務省編纂：《日本外交
　　　年表並び主要文書》，原書房，1965年，第52～53頁。
〔註100〕（日）《處蕃提要》第一卷，第79頁。
〔註101〕《新聞雜誌》第一百二十四號，臺北國立中央圖書館臺灣分館藏，日新堂刊
　　　行，1873年8月發行。
〔註102〕（日）東亞同文會編：《対支回顧錄》卷上，東京原書房，1968年，第56頁。

「生番殺人」出兵。

　　日本政府任命陸軍中將西鄉從道為番地事務都督，1874 年 4 月 5 日，敕命其三件事。第一，向生番詰問殺害我國民之罪；第二，彼方若抵抗我可以臨機使用軍隊；第三，應該建立今後我國人到此地不被迫害的對策。〔註 103〕派出「有功丸」於 1874 年 4 月 27 日從長崎出發，未經停福州拜會閩浙總督、面交照會的情況下，於 5 月 3 日直接抵達廈門。隨後便在臺灣東南部琅嶠登陸，並通過石門戰役等迫使臺灣東部原住民屈服，此時的西鄉已經完成了前兩項任務，最後一項任務則頗有意味。

　　當時清政府官員的理解是和「羅妹」號事件時的李仙得要求相同，其實殊異頗大。日本政府接受了李仙得的中國政府無法或不能有效制止殺害漂民的事件，日本的開拓和管理將會帶來西方列強欲求的目的，即殖民臺灣的任務是西鄉的最後任務，所以番地事務都督也就是殖民地總督。〔註 104〕隨後日本政府裏挾武力勝利者的餘威，開始與中國政府進行談判，雖未能改變臺灣島東部土地所屬及其島民國籍，但是由此卻開始了涉足臺灣島，瞭解和控制臺灣社會的濫觴。客觀地講，琉球船難事件發生後，中日雙方需要解決新形勢下的，航海安全及其人員交流問題，但是日本及其協助者卻為了一己之私的領土目的，以及忽視落後地區人民的思維，導致這個根本的問題湮沒於亂相之中。

　　當時的清政府對此也並未無動於衷，但是捉襟見肘的國際法知識，以及包容日本報復「生番殺人」的原因，後來未能堅持自己的理由，以滿足日本三條要求來求得日本撤兵。閩浙總督李鶴年於 5 月 8 日，從廈門同知李鍾霖處收到西鄉的照會，〔註 105〕他在 5 月 11 日即聲明要求西鄉立刻照約撤兵。照會主要內容如下：

　　　　本部堂查臺灣全地久隸我國版圖雖其土著有生熟番之別然同
　　　　為食毛賤土已二百餘年尤之粵楚雲貴邊界瑤橦苗黎之屬皆古所謂
　　　　我中國荒服羈縻之地也雖生番散處深山蟲成性文教或有未通政令
　　　　偶有未及但居我疆土之內屬我管轄之人查萬國公法云凡疆內植物
　　　　動物居民無論生斯土著自外來者按理皆當歸地方律法管轄又載發

〔註 103〕（日）蕃地事務局：內閣秘本《処蕃趣旨書》，大久保文庫 952.031S55。
〔註 104〕藤井志津枝：《近代中日關係史源起》，金禾出版社版，1992 年，第 104 頁。
〔註 105〕（日）《処蕃類纂》第七卷，第 58～59 頁。

得耳云各國之屬物所在即為其土地又云各國屬地或由尋覓或由征
服遷居既經諸國立約認之即使其間或有來歷不明之人皆以此為掌
管既久他國即不應過問又云各國自主其事自任其責據此各條則臺
灣為中國疆土生番定歸中國隸屬當以中國律法管轄不得任聽別國
越俎代謀茲

　　貴中將照會以臺灣生番戕殺遭風難民奉命卒兵深入番地殛其
凶首以示懲戒在生番疊逞捍暴殺害無辜即按以中國之法亦律所必
誅惟是臺灣全地素屬中國貴國政府並未予總理衙門商允作何辦理
徑行命將統兵前往既與萬國公法違背亦與同治十年所換和約內第
一第三兩條不合然詳閱來文先云招彼酋長百般開導使勿再踏前轍
復云雖云卒兵前往惟備土番抵抗不得已稍示鷹懲是

　　貴中將之意但在懲辦首凶以杜後患並非必欲用兵所開兩案首
凶其備中州遭風難民前由生番送出並未戕害一人當經本部堂派員
送滬交領事官送還自枋寮至琅嶠一帶本部堂以飭令臺灣道委員建
造隘寮選舉隘丁隘首遇有外國遭風船隻以便隨時救護此後貴國商
民來往該地當不至有劫殺之患去歲備中州難民並未被害即其明證
其琉球島即我屬國中山國疆土該國世守外番甚為恭順本部堂一視
同仁已嚴檄該地方官責成生番頭人趕緊勒限交出首凶議抵總之臺
灣屬在中國應由中國自辦毋庸貴國代謀各國公使俱在京師必以本
部堂為理直應請貴中將撤兵回國以符條約而固邦交可也。〔註106〕

　　李鶴年的照會是日本收到的、中國要求日軍撤退的第一次正式聲明。此
照會書援引發得耳的公法書而寫成，〔註107〕強調既是屬地無論生熟番人及一
切對象皆歸中國所屬，所以生番自然也是中國屬民，屬民的處罰當然按照中
國律法，由中國獨立來處理，日本毫無權利自作主張出兵治罪。李鶴年以此
為據，要求西鄉從臺灣撤兵。

　　李鶴年在 6 月 2 日發出第二次撤兵照會，並於翌日經福建鹽法道陸心源
交給品川領事，而品川又交給柳原，〔註108〕但是後來臺灣府認為此照會書有

〔註106〕 （日）《ビン浙総督李鶴年ヨリ西郷都督ヘ撤兵四国云々復柬》，公文書館：
　　　　　 A03031124400。
〔註107〕 （日）《東アジア近代史》第二号，第 8 頁。
〔註108〕 （日）《大日本外交文書》第七卷，第 101～103 頁。

些不妥，﹝註 109﹞李鶴年也並無太大信心，但因為中國政府已有命令：「若謂該國僅與生番尋仇，未擾腹地，遂聽其蠻觸相爭，必為外國所輕視，更生覦覬。釁端故不可開，體制更不可失。該督惟當按約理論，阻令回兵，以敦和好，不得以藩地異於腹地，遂聽其肆意妄為也。」﹝註 110﹞所以他也不得不做出一定的反應，即在日軍不干擾其他地方的情況下，以條約為根據，要求日本撤兵。沈葆楨接受臺灣府的意見，不提自己認為不妥之處，以日軍攻破牡丹社已顯示鷹懲番人為由，要求日軍撤退。﹝註 111﹞

面對船難事件而出現的美日入侵，清政府開始破除禁止私渡的禁令，允許廈門及其附近農民前往臺灣島進行農業開發。同治十三年十一月十五日沈保楨上奏，明確提出開山撫番政策。同年十二月五日建議開豁歷朝嚴禁大陸人民偷渡臺灣，私入番界，以及不許漢番通婚的先例，清廷一概應允。

舊例解除後大陸人民得以向臺灣自由遷移加速了漢族地區先進技術與文化向臺島的傳播；打破了西部平原與東部山區間人為壁壘，使漢族居民與土著居民間可自由往來交流，加強了漢番之間的民族融合；消除了阻礙臺灣經濟發展的束縛，極大地促進了臺灣地區生產力的提高。為了盡快改變臺灣「有可耕之地，而無人耕之民」的不利狀況，沈葆禎派員赴廈門、汕頭、香港等處設立招墾局，﹝註 112﹞吸引了大量內地人民來到番地墾殖。這些措施的實施，極大地推動了番地的經濟發展。

沈葆禎把教化番民作為其鞏固臺防的一項重要內容，為實現文化上的一體化建設，沈葆禎於生番就撫後及時設立番塾和義塾。﹝註 113﹞引導番民在生

﹝註 109﹞ 據《臺灣道稟閩浙總督》，不妥當有三。其一是，六年間合眾國「羅妹」商船遭風被琅嶠生番戕害一案，前臺灣鎮劉明燈、前臺灣道吳大廷，曾有「琅嶠不隸版圖，為王化所不及」之奏。前憲臺吳、撫憲李，亦即據以告，劉前鎮、吳前道等，並以此言照會合眾國領事李讓禮，及該國水師總兵官費來日。原文兩件，抄呈察閱。現李讓禮為日本主謀，彼如藉前說以為執憑，恐反添枝節。其二是，雖然在臺灣南北兩路設立理番同知專管番務，但實際上久未舉行。其三是，臺灣鎮道報告說琅嶠十八社年完餉二十兩有奇，但後來又有五十一兩等報告送到臺灣府，因此臺灣府當局只好坦白地承認不知實情。王元樨：臺灣文獻叢刊，第三十九種，臺灣銀行經濟研究室編印，《甲戌公牘鈔存》第 65 頁。

﹝註 110﹞ 文慶等奉敕纂：《籌辦夷務始末》卷九三，第 45 頁。

﹝註 111﹞ 《甲戌公牘鈔存》，第 74～75 頁。

﹝註 112﹞ 高賢治編：《臺海三百年史》，眾文圖書公司印行，1978 年，第 69 頁。

﹝註 113﹞ 《番社就撫布情形摺》，沈雲龍主編：《沈文肅公政書》，文海出版社印行，1967 年，第 1003 頁。

活習慣方面的改變：「男宜剃頭髮，女學梳頭髻，臉宜常細淨，日日不可間。」
〔註114〕通過這些教育，促使番民接受中華民族的文化思想和傳統禮儀，加強
了漢番之間的融合。

　　隨著臺灣部分城市的開埠，本來用以隔離漢番的土牛界逐漸改變了以往
的功能，發揮了新的作用，特別是劉銘傳治理臺灣時期，在土牛界地區實行
隘勇制度，進行開山撫番的政策和舉動，加速了臺灣東部的開發進程。奏設
臺灣撫墾大臣，巡撫兼任，以在籍太僕寺正卿林維源為幫辦，駐大嵙崁。分
全臺番地為三路，自埔里社以北至宜蘭為北路，以南至恒春為南路，臺東一
帶為東路。隨著清政府開山撫番政策的實施，政府機構也向臺灣東部延伸，
臺灣東部土地相繼得到開墾，原住民不斷歸化，原來用於漢番隔離的土牛線
逐漸喪失其用途。

　　晚清樟腦業成為臺灣最重要的產業之一，大量漢人進入山地製腦、販腦，
製腦與拓墾結合在一起，使得漢「番」矛盾更形激化。除了撫墾局招募的墾
民以外，為了籌集「開山撫番」經費，劉銘傳將樟腦收歸官營，於1887年設
立腦務局。劉銘傳說「臺灣樟腦自光緒八年以後，外山樟樹伐盡，顆粒無出。
自十一年本爵部院開闢番境，處處設勇防護，招墾熬腦……。」〔註115〕在撫
墾與製腦雙管齊下的情況下，大量漢人移民進入山地，地方官的希望是「必
須俟熟番日純，墾民日眾，內山設官招撫自能水到渠成，全行歸化」。也就是
說，地方官把移民大量進入內山視為「撫番」的基礎。由於國際上對臺灣樟
腦的巨大需求，私自熬製樟腦情況難以制止，並且劉銘傳的措施遭到外商的
強烈反對，外商憑藉列強政府在華的政治勢力，以及強大的資金為優勢，直
接入山採購樟腦，獨佔了臺灣樟腦的經銷權。1890年，清政府被迫廢除了樟
腦專賣制度。

　　光緒元年沈保楨又奏准增建臺北府，詔設臺灣府於臺中，改臺灣縣為安
平，置雲林、苗栗兩縣，升臺東廳為直隸州，基隆通判為北路撫民理番同知。
改噶瑪蘭廳為宜蘭縣，原通判移駐基隆，為臺北府分防通判。在瑯嶠設置恒
春縣，將原南路理番同知移駐卑南，北路理番同知改為中路，移駐水沙蓮。
中法戰爭之後，劉銘傳提出經劃臺灣，必須開疆拓土，廣徠人民，庶足自為

〔註114〕盛清沂：《清代同光之際「開山撫番」史事編年》，第6頁。
〔註115〕《劉銘傳撫臺前後檔》「臺灣府行知所有臺灣樟腦自十七年正月起由腦戶自行
　　　　覓售按灶抽收防費」，臺灣文獻叢刊第276種，大通書局印行本，第210頁。

一省的建議，得到清政府的批准。

　　坦率地講，由於歷史和地理等原因，當時，中國政府的管理方式和結果，不可能達到近代西方的標準。儘管中國各級官員對事件處理也做出了一定努力，但由於當時中國的管理體制，難以應付如此重大的外交事件。蒲安臣對待此類事情，既指出中國政府難以推卸其行政上的責任，同時又表明中國應該改良內政，應對近代世界提出的挑戰。因為對方的行為遠未滿足自己的希望，就情緒化地認為中國未行使義務，是不客觀、不負責任的自我狂妄做法。

　　歷經日本、法國等的入侵，清政府對臺政策發生了一定的改變，由消極向積極轉變，但是仍然囿於對臺灣島國防作用的認識，未能認清時代形式的轉變對臺灣島作用的重新界定，亦未能準確把握海疆地域華洋雜處的新局面，故此無法對華洋糾紛有所認識。

第三節　日籍臺民國籍問題的出現

　　學界先賢所從事過的籍民問題研究主要集中於四個領域。第一，國籍問題與經濟活動；第二，總督府的南進政策與對岸經營；第三，對岸黑幫籍民的活動；第四，認同問題以及籍民的反日活動。研究者主要有中村孝志、梁華璜、許雪姬、鍾淑敏、栗原鈍、卞鳳奎、戴國煇、陳小沖、林真、王學新等。〔註116〕中村孝志被稱為開山鼻祖，但是他的研究是將總督府南進政策主

〔註116〕中村孝志：〈臺灣総督府の南支.南洋施設費について、大正5年度予算說明概要を中心に〉《南方文化》6，1979年11月；〈小竹德吉伝試說一臺灣のベスタロっチ〉《南方文化》7，1980年12月；〈東亜害院と東分学堂一臺灣総督府華南教育施設の濫觴〉《天理大学学報》124，1980年3月；〈福州東瀛學堂と廈門旭瀛書院一臺灣總督府華南教育施設の開始〉《天理大學學報》128，1980年9月；〈「臺灣籍民」をめぐる諸問題〉《東南アジア研究》18-3，1980年12月；〈廈門の臺灣籍民と三大姓〉《南方文化》12，1985年11月；〈廈門及び福州博愛会医院の成立一臺灣総督府の文化工作〉《南方文化》15，1988年11月。梁華璜：〈日據時代臺民赴華之旅券制度〉《臺灣風物》39（3），1989年9月；〈臺灣總督府的對岸政策與「臺灣籍民」〉《岩波講座　近代日本と植民地5　膨張する帝國の人流》，1993年4月；〈日據時代臺灣籍民在閩省的活動及處境〉《日據時期臺灣史國際學術研討會論文集》1993年6月。許雪姬：〈1937年至1947年在北京的臺灣人〉，《長庚人文社會學報》，1卷1期，2008，頁33～84；〈日治時期臺灣人的海外活動——在「滿洲」的臺灣醫生〉，《臺灣史研究》，11卷2期，2004，頁1～75；〈日治時期赴華南發展的高雄人〉，《2000年高雄研究學報》，高雄：高雄市

要歸結為文化政策，即三本柱的籍民教育、博愛會醫院、閩報及全閩新日報

社區大學促進會，2001，44 頁；〈在中國東北的臺灣人，1908～1945〉，中國社會科學院臺灣史研究中心編，《日據時期臺灣殖民地史學術研討會論文集》，北京：九州出版社 2010 年，頁 324～332；〈他鄉的經驗：日治時期臺灣人的海外活動口述訪談〉，收於當代上海研究所主編，《口述歷史的理論與實務——來自海峽兩岸的探討》，上海：上海人民出版社，2007，第 177-212 頁。鍾淑敏：〈臺灣總督府的「南支南洋」政策——以事業補助為中心〉，《臺大歷史學報》，第 34 期，頁 149～194。鍾淑敏。1997，〈明治末期臺灣總督府の對岸經營——「三五公司」を中心に〉，《臺灣史研究》（臺灣史研究會，大阪），14 號，2004，頁 32～42；〈從臺灣籍民問題談日本外交史料館之收藏〉，發表於中研院近史所主辦之「檔案與近代史研究」學術研討會，1999 年 5 月 6 日；〈日本統治時代における臺灣籍民問題——國籍の「取り捨て」と「選擇」を中心として〉，發表於「臺灣植民地統治史 再檢討」國際學術研討會，1997 年 9 月 26～28 日；〈拡散する帝国ネットワーク——廈門における臺湾籍民の活動〉，石田憲編《膨張する帝国、拡散する帝国——第二次大戦に向かう日英とアジア——》，東京大學出版會，頁 121～161。2005 年 12 月；〈臺灣華僑與臺灣籍民〉，甘懷真、貴志俊彥、川島真編《東亞視域中的國籍、移民與認同》，臺灣大學出版中心，2007，頁 181～191；〈日治時期臺灣人在廈門的活動及其相關問題〉，收於《走向近代》，臺北：東華書局，2004，頁 399～452；栗原纯：〈臺湾籍民と国籍問題〉《臺灣文獻史料整理研究學術研討會論文集》，南投：臺灣省文獻委員會編印，2000 年 11 月，頁 451～476；〈臺灣總督府公文類纂にみる、戶口規則「戶籍」、國勢調查一明治 38 年の臨時臺灣戶口調查を中心として一〉《東京女子大學比較文化研究所紀要》65，頁 33～77，2004 年 1 月。卞鳳奎：《臺灣總督府的南進政策一以籍民為中心探討》，廈門大學歷史所博士論文。卞鳳奎、松浦章，〈中國華南地區臺灣籍民之特性及其問題（初探）〉《臺北文獻》133，2000 年 9 月，頁 211～251。戴國輝著，洪惟仁譯著：《日本的殖民地支配與臺灣籍民》，王曉波編《臺灣的殖民地傷痕新編》，2002 年，海峽學術出版社，頁 251～284。王學新：《日本對華南進政策與臺灣籍民之研究》，2007 年廈門大學博士論文。陳小沖：〈日本南進政策中的臺灣〉《臺灣研究集刊》1988 年第 4 期；〈檔案史料所見之清末日籍臺民問題〉《臺灣研究集刊》1991 年第 3 期；〈檔案史料所見之清末」歸化」臺灣籍民〉《臺灣研究集刊》1992 年第 1 期；〈日籍臺民與治外法權——以光緒三十一年王協林案為例〉《臺灣研究集刊》1992 年第 2 期；〈抗戰時期的臺灣籍民問題〉《臺灣研究集刊》2001 年第 1 期。林真：〈抗戰時期福建的臺灣籍民問題〉《臺灣研究集刊》1994 年第 2 期。林星：〈日據時期臺灣籍民社團初探——以廈門臺灣公會為例〉《福建論壇》（人文社會科學版）2008 年第 9 期。廈門網〔原海峽網〕：《80 年前調停「臺吳火並」始末》，2007-12-24。蔣宗偉：《廈門臺灣公會組織的成立及其發展》，2007 年福建史志。林真：〈抗戰時期福建的臺灣籍民問題〉《臺灣研究集刊》1994 年第 2 期。黃俊凌：《抗戰前後福建臺灣籍民研究——以「亞細亞孤兒」意識為中心》，2008 年廈門大學博士論文。

等報業。並未涉及籍民的司法問題，以此相關聯的研究主要有鍾淑敏、王學新、陳小沖等，但這些學者並未將此作為專門問題進行深入研究，鍾淑敏在《日治時期臺灣人在廈門的活動及其相關問題（1895～1938）》中，曾經以「遊走於法律邊緣」標題，表達了對此問題的感觸，王學新也曾在《日本對華南進政策與臺灣籍民之研究》中涉及到臺灣黑幫籍民的法律案件，並且將黑幫籍民與日本的南進政策相聯繫，特別是與其「裏策」，亦即浪人謀略、鴉片謀略同步研究，但仍然遠未在法律層面來進行實證性的研究，陳小沖通過對福州王協林案的考察，考究了日本違背條約中領事裁判權的行徑。大陸的文史資料對臺灣黑幫籍民多有提及，但僅是停留於各自分散的陳述，尚未形成有系統的法律層面的考究。

　　乙未年間，中國當時的清政府迫於甲午戰爭失敗的現實，無奈地割讓臺灣及其附屬島嶼給日本，但是臺灣領土讓與日本可以通過戰爭的形式實現，但是臺灣島上的居民問題卻無法畢其功於一役。其間必然要面臨急迫解決的一些問題，諸如臺灣居民身份的交接、國籍的轉移、不同國籍間交往的問題等等。迄今為止，學界對於乙未割臺後臺灣島內抗擊侵略的研究成果卓著，同時，對於割臺後圍繞臺灣籍民〔註 117〕問題的研究可謂汗牛充棟，但是對於臺民國籍問題〔註 118〕的研究則是鳳毛麟角。即便有之，也未曾出現對此進行系統研究的成果。然而，與此有直接關係的福建籍民〔註 119〕的國籍問題更是無法忽視，是學術史上不得不關照的問題，非此不足以廓清當時的問題根源，

〔註 117〕　（臺）卞鳳奎譯：《中村孝志教授論文集——日本南進政策與臺灣》，稻鄉出版社 2002 年版，第 75 頁。

〔註 118〕　（日）栗原純：〈臺灣籍民と国籍問題〉《臺灣文獻史料整理研究學術研討會論文集》，南投：臺灣省文獻委員會編印，2000 年 11 月，頁 451～476；〈臺灣總督府公文類纂にみる、戶口規則「戶籍」、國勢調查一明治 38 年の臨時臺灣戶口調查を中心として一〉《東京女子大學比較文化研究所紀要》65，2004 年 1 月，頁 33～77；梁華璜：〈日據時代臺民赴華之旅券制度〉《臺灣風物》39（3），1989 年 9 月；甘懷真、貴志俊彥、川島真編：《東亞視域中的國籍、移民與認同》，臺灣大學出版中心，2007 年，頁 181～191。（臺）鍾淑敏：〈日本統治時代における臺灣籍民問題——國籍の「取り捨て」と「選擇」を中心として〉，發表於「臺灣植民地統治史の再檢討」國際學術研討會，1997 年 9 月 26～28 日；（臺）王學新：《日治時期臺灣的漏籍問題》，2009 年 8 月大連「臺灣殖民地史學術研討會」；陳小沖：〈档案史料所見之清末「归化」台灣籍民〉《臺灣研究集刊》，1992 年第 1 期。

〔註 119〕　（臺）卞鳳奎譯：《中村孝志教授論文集——日本南進政策與臺灣》，第 83頁。

及其其後的歷史演變。對此問題的認識，對於當下兩岸人員交往也有著巨大的現實意義。

一、乙未戰爭後紛亂的交接

中日馬關媾和條約中，僅對割讓地臺灣人的國籍事項設定了大致的框架，見諸於第五條：第五款本約批准互換之後，限二年之內，日本准，清國讓與地方人民願遷居讓與地方之外者，任便變賣所有產業，退去界外。但限滿之後尚未遷徒者，酌宜視為日本臣民。〔註120〕顯而易見，此項規定，言語寥寥，不為詳盡，需要時間和具體工作方能徹底解決此件問題。國際慣例承認割讓地人民國籍選擇權，故此馬關條約規定，自領土割讓主權轉移之日起，可有兩年期間為國籍選擇的猶豫期。臺灣人在兩年猶豫期屆滿後，取得日本國籍。期間內可以任意變賣產業從割讓地臺灣退去。至1897年5月8日限滿之日，尚未遷出界外者，則經一定法律程序，認為「停止條件」之完成，而取得日本之國籍。〔註121〕

由於日本受讓臺灣是在一種非常狀態下的國土轉讓行為，並非出自讓與方的自願，當然更不是讓與當地人的心悅誠服。雖然馬關談判中中國代表被日本逼到了絕境，毫無回天之力，但中國政府內及全國上下包括臺灣人民在內的人士並未放棄外交努力，特別是三國干涉還遼的局面，仍然讓清政府的官員及其臺灣士紳燃起了保臺的一線希望。張之洞力主「遠交近攻」之策，「以重利求大國力助」。1895年4月22日，他致電唐景崧，提出「守口聘英將，巡海乞英船」的「庇英自立」〔註122〕之策，當龔照瑗於5月1日會見金伯利商請保臺時，金伯利便「堅以辦不到辭」〔註123〕之。求英國不成，又轉而求法國。三國干涉還遼後，法國地位提高，中國朝野希望其將干涉範圍擴大到臺灣，主持其事者，即為張之洞、唐景崧等。4月下旬

〔註120〕桐城尹壽松編纂、撫順王卓然校訂：《外交叢書　中日條約彙纂》，外交月報社發行，1924年，第3頁。
〔註121〕關於此項條款的法律性質，日本法律學者有正反兩說。山田三良等主張，以國土及人民並為國土主權的客體，隨同領土主權的割讓一併讓與，其在期限內退去者，則解除因割讓而享有的日本國籍，稱為解除條件；山口弘一主張，停止條件。日本政府在實際處理上，採取停止條件說。參見（日）中村哲：《殖民地統治法上的基本問題》，東京日本評論社，1943年，第40～41頁。
〔註122〕《張文襄公全集》，見《中日戰爭》（5），第106、107頁。
〔註123〕《節錄冀大臣中英法往來官電》，《中東戰紀本末三編》第2卷，第60頁。

至 5 月上旬，清政府通過赴俄專使王之春和駐英法公使龔照瑗與法國接洽，法方一度有意介入，表示願派艦船前往基隆、淡水護商，並遣員與唐景崧等面商機宜。起初龔照瑗的態度很樂觀。5 月 1 日，他致電唐景崧，告「法有保臺澎不讓倭意」。2 日，又致電總理衙門說：「密商保臺澎辦法，現臺灣吃緊，法已派人護商，先遣員晤臺撫，面商機宜，有兵登岸。請電臺撫曉諭地方勿警疑。」〔註 124〕確實，法國有染指臺澎之意，曾經研擬了禁止在澎湖建設作戰要塞的具體提案，〔註 125〕並拉攏西班牙與之聯合，使中國軍民增強了法國保臺的期待。

但此舉遭到了德國的堅決反對，致使法國無法在三國干涉時提出保臺提案。〔註 126〕德國外交大臣馬沙爾竟代為日本出謀劃策，以抵制法國。他對青木周藏說：「如法蘭西或西班牙致送照會，可以明確答覆，日本將決心佔領臺灣及澎湖島。」〔註 127〕由於德國的反對，法國佔領臺澎的圖謀也就無法實現。4 日，法國外交部長阿諾托對龔照瑗說：「保臺一節，已聯合西班牙、和（荷）蘭，正在籌劃，適聞中日新約批准，事勢既定，動多掣肘，一切布置，徒費苦心。」〔註 128〕藉口條約批准而收回了原先的「保臺」許諾，至 5 月 11 日，正式通知清廷干預之事作罷。〔註 129〕

臺灣官紳看到反對割臺無果，聽到「以夷制夷」無望，只好開始籌劃自主保臺的辦法，醞釀以自立民主政體的形式，反抗日本的領有。臺灣紳民皆知讓臺之事已無可挽回。於是，5 月 15 日，丘逢甲等集議於臺北籌防局，以丘逢甲為首的臺灣紳民，連日會商固守之計。陳季同設計出一個依照國際法規則的保臺策略，他援引《國際公法》第 286 章：「割地須問居民能順從否」，〔註 130〕「民必順從，方得是為易主」等有關條文，提出了：「以民政獨立，遙

〔註 124〕《節錄龔大臣中英法往來官電》，《中東戰紀本末三編》第 2 卷，第 60 頁。

〔註 125〕轉引自許世楷著、李明峻、賴郁君譯：《日本統治下的臺灣》，臺灣玉山社，2005 年版，第 45 頁。

〔註 126〕轉引自許世楷著、李明峻、賴郁君譯：《日本統治下的臺灣》，第 45 頁。

〔註 127〕《日本外交文書》第 28 卷，第 812 號。

〔註 128〕《節錄龔大臣中英法往來官電》，《中東戰紀本末三編》第 2 卷，第 60 頁。

〔註 129〕黃秀政：《乙未割臺與清代朝野的肆應》，臺灣中興大學文學院《文史學報》第 17 期，1987 年 3 月。

〔註 130〕《公法會通》，1880 年同文館聚珍版本，卷三，論轄地之權，第二百八十六章，第 4～5 頁。

奉正朔，拒敵人」〔註131〕的策略。陳季同充分利用所學西學，積極籌劃以民主國的形式抵制日本的佔領，會議上眾人皆認為：「萬國公法有『民不服某國，可自立民主』之條，全臺生民百數十萬，地方二千餘里，自立有餘。」〔註132〕這是自主保臺之議的初步醞釀。決定按照陳季同的策略，以臺灣民主國的形式謀取臺灣居民抵制日本統治的策略。

這時中日已互換和約，李經方奉旨到臺灣辦理交割事宜，為此5月21日李鴻章電告陳季同在臺相候。同日臺灣官紳決定建立民主國，推唐景崧為總統。次日，正式立國號，以俞明震為內政衙門督辦，李秉瑞、陳季同為會辦，陳季同為外務衙門督辦，俞、李二人會辦，李秉瑞為國務衙門督辦，俞、陳會辦。〔註133〕第二天陳季同急電李鴻章，告以：「抵臺以來，見臺民萬億同心，必欲竭力死守土地，屢請地方官主持，時集衙署，日以萬計，紳富聯謀，喧嘩相接。本日有旨，令各官內渡，臺民益甚張皇，紳民又蜂集，至今未散。似此情形，地方官恐難越雷池半步。使人到此，不特難於入境，且必血戰無休，蓋臺民誓寧抗旨，死不事仇也。同意此事如可挽回萬一，最妥；不然亦須暫緩倭來，另籌完善辦法。」讓李經方「千萬勿來，或請收回成命，或請另派他人，切勿冒險。」

臺灣紳民見運動英、法保臺既無成效，呼籲清廷也無結果，不得已於5月15日電總理衙門及各省大吏，其文曰：「臺灣屬倭，萬民不服。迭請唐撫院代奏臺民下情，而事難挽回，如赤子之失父母，悲慘曷極！伏查臺灣為朝廷棄地，百姓無依，惟有死守，據為島國，遙戴皇靈，為南洋屏蔽。……臺民此舉，無非戀戴皇清，圖固守以待轉機。」〔註134〕16日，唐景崧亦電總理衙門稱：臺民「願死守危區，為南洋屏蔽」，「此乃臺民不服屬倭，權能自主，其拒倭與中國無涉。」〔註135〕這表明：臺灣人民在「事難挽回」的情況下，決心要自主拒日保臺了。

在陳季同的策劃與安排下，5月25日，臺北紳民擁至巡撫衙門，由丘逢

〔註131〕陳衍撰：《閩侯縣志》第69卷，《陳季同傳》。
〔註132〕《臺海思慟錄》，第7頁。
〔註133〕胡傳：《臺灣日記與啟稟》，沈雲龍主編：《中國近代史料叢刊續輯》（843），第263～264頁。關於臺灣民主國機構官員名稱，說法不一。胡傳說不設專員，又係當事人，或較可信。
〔註134〕《中東戰紀本末》，《中日戰爭》（1），第204頁。
〔註135〕《臺灣唐維卿中丞電奏稿》，《中日戰爭》（6），第392頁。

甲等捧送民主總統印及國旗。唐景崧朝服出，望闕九叩首，北面受任，大哭而入。於是，改年號為「永清」，寓永遠隸於清朝之意。正式宣告臺灣民主國成立。時人有詩云：「競傳唐儉是奇才，局面翻新自主裁。露布已令神鬼泣，玉書曾見鳳麟來。」〔註136〕又云：「玉人鐫印綬，戎僕制旗常。擁迎動郊野，宣耀照城闉。覆舟得援溺，黔首喜欲狂。」〔註137〕表現了人民群眾對成立民主國的振奮心情。

臺灣民主國成立後，將成立民主國之事布告中外，曉諭全臺。臺灣民主國成立的當天，唐景崧即致電總理衙門：「臺民前望轉機，未敢妄動，今已絕望，公議自立為民主之國。……遵奉正朔，遙作屏藩。俟事稍定，臣能脫身，即奔赴宮門，席槁請罪。」〔註138〕同時通電各省大吏，說明成立民主國之緣由。並發布告示，曉諭全臺：「惟是臺灣疆土，荷大清經營締造二百餘年，今須自立為國，感念列聖舊恩，仍應恭奉正朔，遙作屏藩，氣脈相通，無異中土。」臺民亦張貼布告稱：「今已無天可吁，無人肯援，臺民惟有自主，推擁賢者，權攝臺改。事平之後，當再請命中朝，作何辦理。……臺灣土地政令，非他人所能干預。設以干戈從事，臺民惟集萬眾御之，願人人戰死而失臺，決不願拱手而讓臺。……因此槌胸泣血，萬眾一心，誓同死守。」〔註139〕

這些臺灣民主國的文獻，反覆說明的是一個意思，即在臺灣成為「棄地」的情況下，臺民「決不願拱手而讓臺」，公議「自立為民主之國」，表明了臺灣島民的不屈服於強權政治所帶來的政治安排，雖然還算不上明確的國籍意識，但也充分說明了心向「清廷」的堅定政治意識，在社會仍然以精英主宰的社會中，這無疑說明了臺灣島民堅持清王朝統治的意願。

馬關條約簽署後，面對臺灣島內出現的新情況，1895年5月3日，李鴻章致電伊藤博文向其建議，「臺灣人民激憤動亂，應將臺灣一事重為考慮。」〔註140〕但日本卻反倒積極開始武力征服的準備。〔註141〕5月7日，日本大本營決定派遣近衛師團與常備艦隊前往接受，〔註142〕並迅速地在5月8日，

〔註136〕黃家鼎：《補不足齋詩鈔》，見《中東戰紀本末續編》第2卷，第19～20頁。
〔註137〕洪棄父：《臺灣淪陷紀哀》，見《民族英雄吳湯興文獻》，《臺灣風物》第9卷，第5、6期。
〔註138〕王彥威：《清季外交史料》第113卷，第3頁。
〔註139〕王彥威：《清季外交史料》第113卷，第3頁。
〔註140〕《日本外交文書》第28卷，第二冊，第403～404頁。
〔註141〕《日清戰史》第七卷，第3頁。
〔註142〕《日清戰史》第七卷，第2頁。

交換了條約批准書。5 月 10 日日本當局任命海軍上將樺山資紀為臺灣總督兼軍務司令，負責接收臺灣事宜，並指示：「得以兵力強制執行」，〔註 143〕不惜武力為代價堅決實現佔有臺灣的目標。11 日，李鴻章再次致電伊藤博文：「臺灣人民普遍非常激昂，推斷終將引發內亂。」故「有必要考慮採取救濟策略。」〔註 144〕日本對此給與了強硬的回應。日本外務大臣陸奧宗光通知中國樺山資紀將於兩周內前去接收，伊藤博文也覆電李鴻章：「我國已任命總督，則日本政府將負起維持和平秩序之責。」〔註 145〕否定了中國繼續管理臺灣的權利。15 日，因臺灣以全臺紳民名義發布死守臺灣的電文，李鴻章再度致電伊藤博文：「有必要盡快將臺灣事態交付兩國全權大臣會議商討。希望以此迫使日本延後樺山資紀來臺接收的決定。」〔註 146〕伊藤回應道：「勿庸兩國合議。」並表示樺山已於 17 日自京都出發前往臺灣。〔註 147〕李鴻章打出臺民反對割臺這張牌，冀有一線之轉機，對伊藤說：「我接臺灣巡撫來電，聞將讓臺灣，臺民鼓譟，誓不肯為日民。」伊藤的回答很乾脆：「聽彼鼓譟，我自有法。」「中國一將治權讓出，即是日本政府之責。」「我即派兵前往臺灣，好在停戰約章，臺灣不在其內。」〔註 148〕日本強硬的堅持割臺的要求，絲毫未給中國留有餘地。

馬關條約簽署後，日本積極著手對臺灣的軍事佔領，並以琉球的中城灣為基地準備行動。樺山資紀擬定的佔據臺灣的方針是：派遣軍艦先行赴臺偵查，本人隨後率先發部隊和常備艦隊前往臺北，再將近衛師團分成兩批抵臺，本人則從京都出發。〔註 149〕1895 年 5 月 18 日，臺灣總督海軍大將子爵樺山資紀發布第一號命令如下：『本官接收臺灣島以臺北府城為駐紮地。若彼軍隊

〔註 143〕（日）《日本外交文書》第 28 卷，第二冊，第 553～556 頁。5 月 10 日，日本政府任命海軍大將樺山資紀為第一任臺灣總督，兼任臺灣軍備司令官及臺灣接收全權委員。同時，發布了《施政大綱》的訓令，規定了有關接收臺灣、接收政府財產及有關清政府撤軍的條款。「萬一彼方於期限內不簡派全權委員，或拒絕移交，或移交怠慢時，則條約上之割地，在批准換約之後，當然已在我主權之下，自應臨機處理。遇有不得已之情事，可用兵力強制執行。」參見井出季和太：《南進臺灣史考》，東京誠美閣，1943 年，第 4 頁。

〔註 144〕《日本外交文書》第 28 卷，第二冊，第 460 頁、556 頁。

〔註 145〕《日本外交文書》第 28 卷，第二冊，第 557～559 頁。

〔註 146〕《日本外交文書》第 28 卷，第二冊，第 560～562 頁。

〔註 147〕《日本外交文書》第 28 卷，第二冊，第 563～564 頁。

〔註 148〕《馬關議和中日談話錄》，《東行三錄》，第 238、245、252～253 頁。

〔註 149〕《日清戰史》第七卷，第 4～5 頁。

抗我，即以兵力攘擊之。我海、陸兩軍之集合地點，定為沖繩縣中城灣。』」
〔註150〕5 月 23 日，將船艦集合地點改為，臺灣淡水港。先期開赴臺灣的有地
海軍中將征臺艦隊司令長官有地品之允向千代田、西京丸兩艦傳達了樺山總
督變更集合地點的命令，並補充道：「本官傳達頃奉樺山總督之命令，著部下
之一船去中城灣進港時，立即與陸軍運送船徑往淡水港外。……大島及陸軍
運送船……立即徑往臺灣淡水港北方約九十海浬（小基隆之海面）之位
置……。」〔註151〕所率松島、浪速、高千穗中的高千穗回到中城灣，松島與
浪速則仍以偵查為目的，留在淡水港外。〔註152〕

　　25 日，日艦在淡水港外，發現當地駐軍抵抗日軍武力佔據的情況，翌
日，又從英國福爾摩沙輪船處獲知「臺灣民主國」成立的情報。〔註153〕樺
山根本不等交接手續完成，就急不可耐的開始了武力據臺行動。5 月 26 日，
近衛師團長北白川宮能久親王，率領松山輪、薩摩輪、廣島論、名古屋輪等
運輸船十艘，自旅順出發，進入琉球的中城灣。樺山資紀從京都由廣島、入
宇品，搭乘橫濱輪，於 24 日出發。船上人員有：臺灣民政局長水野遵及其
手下官員、大島陸軍少將、角田海軍少校、高等官二十九名、判任官五十六
名、憲兵隊一百三十七名、搬運工、馬夫、雜役等一百多人，在 27 日清晨，
在中城灣拋錨。〔註154〕5 月 27 日，樺山資紀與來自大連的近衛師團長北白
川宮能久親王會合於琉球中城灣。樺山隨即向所有部隊下達進攻臺灣的集
合地點：「各運送船之集合地點，為北緯二十五度二十分，東經一百二十二
度，即尖閣島迤南約五海浬處，各官員到該地點待命。」〔註155〕日軍隨即
起錨揮師南下，在尚未與李經方完成交接手續的情況下，就先期開始對臺

〔註150〕《日清戰史稿本》《別記‧海軍臺灣征討》46078，轉引自吳天穎：《甲午戰
　　　　前釣魚列嶼歸屬考──兼質日本奧原敏雄諸教授》，社會科學文獻出版社，
　　　　1994 年 8 月版，第 116 頁。
〔註151〕轉引自吳天穎：《甲午戰前釣魚列嶼歸屬考──兼質日本奧原敏雄諸教授》，
　　　　第 118 頁。
〔註152〕又吉盛清著、魏廷朝譯：《日本殖民下的臺灣與沖繩》，臺灣前衛出版社，1997
　　　　年版，第 342 頁。
〔註153〕《日清戰史》，第七卷，第 7～8 頁。
〔註154〕又吉盛清著、魏廷朝譯：《日本殖民下的臺灣與沖繩》，臺灣前衛出版社，1997
　　　　年版，第 341 頁。
〔註155〕轉引自吳天穎：《甲午戰前釣魚列嶼歸屬考──兼質日本奧原敏雄諸教授》，
　　　　第 118 頁。

武力行動。當時近衛師團約一萬五千人，海軍由中將有地品之允和少將東鄉平八郎等率領，出動 11 艘軍艦。28 日，對近衛師團的另一部也指定了集中地點：「近衛師團半部，經中城灣進航東經一百二十二度，北緯二十五度之地區，於明日即二十九日午前六時到達集合地點。」〔註 156〕29 日上午九時，樺山總督先到尖閣島南約五海浬處預定集合地點。最後對攻臺作戰前的集合地點作了明確界定：「在登陸過程中，若因風浪及其他原因，暫時離開本錨地時，即以北緯二十五度四分、東經一百二十三度五分（即三貂角正東約六十海浬地）為集合地點……。」〔註 157〕當日，日軍首先發動進攻，主力近衛師團第二聯隊避開基隆、淡水，假意炮擊金包里附近海面，製造登陸假象，但是卻在三貂角附近的澳底和鹽僚一帶登陸。30 日進至三貂嶺，31 日，攻陷守備薄弱的九份，6 月 2 日日軍主力抵達瑞芳，攻佔後直逼基隆，這時樺山資紀才與中國的李經方，在基隆口外的日本軍艦「西京丸」上簽署了交接文據。〔註 158〕

樺山資紀從交割公文中否定臺灣自設政府的現狀，用強硬手段排除和抵

〔註 156〕《日清戰史稿本》《別記·海軍臺灣征討》46078，轉引自吳天穎：《甲午戰前釣魚列嶼歸屬考——兼質日本奧原敏雄諸教授》，第 119 頁。

〔註 157〕《日清戰史稿本》《別記·海軍臺灣征討》46078，轉引自吳天穎：《甲午戰前釣魚列嶼歸屬考——兼質日本奧原敏雄諸教授》，第 120 頁。

〔註 158〕《交接臺灣文據》文件內容：大清國大皇帝陛下簡派二品頂戴前出使大臣李經方；大日本國大皇帝陛下簡派臺灣總督海軍大將從二位勳一等子爵樺山資紀：各為全權委員，因兩全權委員會同於基隆，所辦事項如左：中、日兩帝國全權委員交接光緒二十一年三月二十三日，即明治二十八年四月十七日，在馬關兩帝國欽差全權大臣所定和約第二款中國永遠讓與日本之臺灣全島及所有附屬各島嶼，並澎湖列島，在英國格林尼次東經百十九度起至百二十度止，及北緯二十三度起至二十四度之間諸島嶼之管理主權，並別冊所示各該地方所有堡壘、軍器工廠及一切屬公對象，均皆清楚。為此兩帝國全權委員願立文據，即行署名蓋印，以照確實。光緒二十一年五月初十日 明治二十八年六月二日 訂於基隆，繕寫兩份。臺灣全島及所有附屬各島嶼並澎湖列島所有堡壘、軍器工廠及屬公對象清單：一、臺灣全島澎湖列島之各海口及各府縣所有堡壘、軍器工廠及屬公對象。一、臺灣至福建海線應如何辦理之處，俟兩國政府商定。（日）国立公文書館《帝国全権委員卜清国全権委員卜ノ間二記名調印シタル臺湾受渡二関スル公文》，A01200801800。桐城尹壽松編纂、撫順王卓然校訂：《外交叢書 中日條約彙纂》，民國十三年初版，外交月報社發行，第 9～10 頁；《日本外交文書》第 28 卷，第二冊，〈臺灣受渡公文〉，第 578～580 頁；吳天穎：《甲午戰前釣魚列嶼歸屬考——兼質日本奧原敏雄諸教授》，第 121 頁。

制臺灣人民自主的行動。最初李經方顧慮到安全問題，同時也唯恐再因臺灣交割生出事端，要求在海上完成手續。樺山認為符合盡早完成交割公文的形式的願望，所以同意李經方的提議。但是對於中國政府提出公文草稿中的臺民自設政府的內容，卻耿耿於懷，以「如將臺灣島內人民自設政府等文字列入兩國代表的公文，就形同兩國代表公開承認臺灣的內亂及設立政府」，而提出迴避此問題的新草案，從公文的內容上否定臺灣人民自主抵抗的要求和現狀。〔註159〕

交接文據的簽署雖然完成了臺灣島嶼領土主權的轉讓，但是臺灣島上的居民管轄權問題卻因交接過程的紛亂，未能在文據中得以明確。國際法規定，兩主權國家間合法成立之條約，有關領土讓與的規定，即產生領土移轉的效果，即在讓與一方因割讓而喪失，而在受讓一方則以繼受而取得，藉此馬關條約的生效，意味著臺灣島領土主權的移轉，直至光復為止，臺灣領土轄於日本。但是未經條約確定的臺灣人國籍問題，加之交接過程的紛亂，致使臺灣居民的國籍轉移成為中日間的懸案。

二、國籍變更導致的問題

國際法規定，兩主權國家間合法成立之條約，有關領土讓與的規定，即產生領土移轉的效果，即在讓與一方因割讓而喪失，而在受讓一方則以繼受而取得，藉此馬關條約的生效，意味著臺灣島領土主權的移轉，直至光復為止，臺灣領土轄於日本。但是未經條約確定的臺灣人國籍，在兩年猶豫期屆滿後，取得日本國籍。國際慣例承認割讓地人民國籍選擇權，故此馬關條約規定，自領土割讓主權轉移之日起，可有兩年期間為國籍選擇的猶豫期。期間內可以任意變賣產業從割讓地臺灣退去。至1897年5月8日限滿之日，尚未遷出界外者，則經一定法律程序，認為「停止條件」之完成，而取得日本之國籍。〔註160〕中日馬關媾和條約中，對割讓地臺灣人的國籍事項有專門的規

〔註159〕（日）《日本外交文書》第28卷，第一冊，〈臺灣受渡公文〉，第578～580頁。（日）国立公文書館《帝国全権委員卜清国全権委員卜ノ間二記名調印シタル臺湾受渡二関スル公文》A01200801800。

〔註160〕關於此項條款的法律性質，日本法律學者有正反兩說。山田三良等主張，以國土及人民並為國土主權的客體，隨同領土主權的割讓一併讓與，其在期限內退去者，則解除因割讓而享有的日本國籍，稱為解除條件；山口弘一主張，停止條件。日本政府在實際處理上，採取停止條件說。參見（日）中村哲：《殖民地統治法上的基本問題》，東京日本評論社，1943年，第40～41頁。

定，見諸於第五條：本約批准互換之後，限二年之內，日本准，清國讓與地方人民願遷居讓與地方之外者，任便變賣所有產業，退去界外。但限滿之後尚未遷徒者，酌宜視為日本臣民。〔註161〕臺民國籍的移轉完全在日本壟斷下最終完成。

一經佔領臺灣，如何開發臺灣的資源便被殖民者提上日程，而移民開發得到了日本上下一致的認可。作為日本在臺殖民統治的最高機構——臺灣總督府從一開始就將移民開發臺灣資源作為其施政急務之一。據臺伊始，臺灣總督府首任民政局長水野遵即向總督樺山資紀提交了一份關於日本人移民臺灣的報告，並具體闡述其經營臺灣殖產事業的基本構想。在名為《臺灣行政一斑》的報告中，他說：「臺灣土地廣大，物產豐富，不過已開發之土地只不過全島之小部分，未開發的資源仍多，不容懷疑。尤其東部山地（山胞地區）為然，……計劃移住內地人（從日本來的人）以開辦未興闢之資源，為經營臺灣之急務。」〔註162〕在時任外相陸奧宗光看來，日本佔領臺灣的目的之一就是開拓臺灣的富源，移植日本〕工業，並壟斷通商利權。〔註163〕日本的啟蒙思想家福澤諭吉則認為，「臺灣地味豐饒，氣候溫暖，無比此更適宜殖產之地。」他主張由政府積極主動地開發臺灣的天然殖產潛力，使臺灣成為日本內地過剩人口的海外移住地。對日本來說，佔領臺灣的最大意義，在於獲得具有殖產潛力的新領地。〔註164〕日本佔領臺灣的時候，臺灣已有約300萬人口，而且「本島西部之土壤已大為開發，今後已無餘地移住我內地人。」〔註165〕因此，要想實現移民臺灣，必須首先解決好一個問題，即如何處置臺灣島上的居民。

據臺之初，針對如何處理臺灣居民，日本國內存在不同意見，其中一派就主張將臺灣人全部放逐島外，使臺灣成為日本內地過剩人口的海外移住地。福澤諭吉認為，臺灣的最佳狀態，應該是一座可供日本人任意處置、設計開

〔註161〕 日本外務省：《日本政府外交文書》二八卷第二冊，日本國際聯合協會，1936年東京，第373頁。

〔註162〕 （臺）臺灣文獻委員會編：《臺灣總督府檔案中譯本（第三輯）》，臺灣文獻委員會編印，1994年版，第688頁。

〔註163〕 （臺）鍾淑敏：《日據初期臺灣殖民體制的建立與總督府人事異動初探（一八九五～一九○六）（上）》，載《史聯雜誌》（第十四期），第84頁。

〔註164〕 （臺）吳密察：《臺灣近代史研究》，臺北稻鄉出版社，1990年，第101頁。

〔註165〕 （臺）臺灣文獻委員會編：《臺灣總督府檔案中譯本（第三輯）》，臺灣文獻委員會編印，1994年版，第217頁。

發的「無人島」。〔註166〕陸奧宗光也主張鎮壓臺灣人，驅逐、減少臺灣人，並獎勵日本人移住。但考慮到「將數百萬本島居民悉數放逐，而以自國內移住代替時，徒釀島內紛擾而已，實難冀求獲得成效。」何況，「縱使以兵力與財力，亦難於一朝一夕之間移入足可與現住居民相匹敵之內地人。」〔註167〕因此，日本政府並未採納這一主張。

日本政府也希望通過國籍選擇來嚇退臺灣人民，日本軍隊佔領臺灣後，日本政府針對臺灣住民國籍問題曾召開過內閣會議商討對策，之後伊藤博文首相，傳達了內閣會議對臺灣住民國籍處分的決定。按照日本內閣會議的決定要求，臺灣總督府發布法令，對臺灣住民遷移他處進行具體規定。1895年11月18日，總督府發布府令35號《臺灣及澎湖列島住民退去條規》，其中規定：第一條，凡臺灣及澎湖列島居民不欲遷往他處者，無論是世代家族或是一時居留的住民，均得在1897年5月8日前，向臺灣總督府的地方政府所在，登記其全家族的籍貫、姓名、年齡、現住址、不動產等事項。第二條，戶長年幼或出外旅行者，可由監護人或管理人、代理人，代提出退去證明。第三條，協助土匪暴動、擾亂治安、并抵抗日本軍者，准許離開本島。第四條，凡退去者，所攜帶之家財，均可免除關稅。〔註168〕

臺灣總督府在發布總督府府令35號《臺灣及澎湖列島住民退去條規》的同時，還發布告諭，通知全體臺民。後來為了訂立具體規定，又設置了「歸化法調查委員會」，並於1896年8月，作成臺灣住民的國民分限全案。清朝的戶籍僅以稅收為單一目的，而且不夠準確，於是總督府制定了《臺灣住民戶籍調查規則》，〔註169〕日本警官及憲兵隊於同年9月起至12月31日止，進行調查各轄區內所有戶口之戶長、家屬姓名、年齡關係等而編成戶籍。經常指派各街莊莊長及地保，巡迴視察，提醒民眾提出戶籍移動的申告，同時告示此戶籍的編成，是臺灣總督府作為確認當地居民的資格證明，希望居民瞭解，並要求遇檢察官臨檢時，應該充分合作，翔實申告，不得遺漏。〔註170〕

〔註166〕（臺）吳密察：《臺灣近代史研究》，臺北稻鄉出版社，1990年，第101頁。

〔註167〕（臺）臺灣文獻委員會編：《臺灣總督府檔案中譯本（第三輯）》，臺灣文獻委員會編印，1994年版，第217頁。

〔註168〕（臺）《臺灣總督府員警沿革志 第二篇 領臺之後之治安狀況》（上），臺灣總督府警察局，1938年，第647～650頁。

〔註169〕（臺）1896年8月，臺灣總督府訓令85號。

〔註170〕（臺）《臺灣總督府員警沿革志 第二篇 領臺以後之治安狀況》上，第661～663頁。

1897 年 3 月 19 日，臺灣總督府頒布《臺灣住民分限手續》，明確了是非日本臣民的判斷標準。規定：第一條，明治 28 年（1895 年）5 月 8 日前，在臺灣島及澎湖列島內有一定住所者，為臺灣住民。第二條，明治 30 年（1897 年）5 月 8 日前未退出臺灣總督府所管轄之外者，視為日本帝國臣民。第三條，因一時旅居而未住在臺灣總督府所管轄區域內，於明治 30 年（1897 年）5 月 8 日後欲成為日本臣民者，也同樣視為日本臣民。第四條，戶長為日本國臣民時，其家族亦是日本國臣民。戶長非日本國臣民者，其家族亦不可為日本國臣民。但明治 30 年（1897 年）5 月 8 日以前分家另立門戶者，則不在此限。第五條，非日本國臣民之臺灣住民可以除去戶籍薄之登記。第六條，非日本國臣民之臺灣住民其不動產之處分應依別項訓示。〔註 171〕

臺灣住民對於異族統治充滿迷茫，對國籍事情也是處於懵懂之中，當時真正離開臺灣的人數僅為 5460 人，按當時臺灣人口 280 萬計算，僅占總人口的 0.2%弱，大多數臺灣住民因此成為日本臣民。〔註 172〕遷出的原因大致有：1. 在中國大陸內地有財產者。2. 居所不定之季節性勞動者。3. 受謠言流言迷惑者。4. 逃避流行黑死病者。〔註 173〕日據時期福建赴臺謀生的人口數字下降了，但在這個時期出現了一種新的移民傾向，即部分在臺灣定居的福建人陸續返回福建。這主要基於二個原因，一是臺灣人士不滿日本當局的殖民統治，返回祖國大陸；二是臺灣殖民當局出於政治或經濟上目的向大陸輸出人口。一般習慣上根據《馬關條約》的規定，將日據時期移居福建的臺灣人（實際上其中相當多是祖籍福建的漢人）稱為「臺灣籍民」，僅以廈門為例，據《臺灣省通志》「政事志處事篇」說：「臺灣之僑居廈門者，光緒二十四年（1898 年）初，據稱僅五百餘人，……民國二十六年（1937 年）達 10217 人，其他未登記者，約有 15000 人。」臺灣淪陷初期及中日戰爭爆發時期，經廈門返臺或離臺經廈門入境的人數增加許多，其中 1895 年分別為 26183、17474 人；1931 年進出廈門口岸人數為 17772、12083；1934 年分別為 21639、13634 人；1935 年分別為 28193、22572 人；1939 年分別為 14529、11920 人。從歷年廈門海關登記的上述進出

〔註 171〕（臺）《臺灣總督府員警沿革志　第二篇　領臺以後之治安狀況》上，第 653 ～654 頁。

〔註 172〕（臺）《臺灣總督府員警沿革志　第二篇　領臺以後之治安狀況》上，第 667 ～668 頁。

〔註 173〕（臺）《臺灣總督府員警沿革志》上，第二篇　領臺以後之治安狀況，第 668 頁。

港臺民人數來看，割臺初期，從廈門進出港的臺民較多，每年在二萬至四萬左右。20 世紀一二十年代，人數相對減少，每年保持在一萬至二萬人左右，但從 30 年代又恢復到二萬至四萬人。〔註174〕日據時期，「臺灣籍民」大批移居福建，其類型主要有原臺灣居民、「歸化」籍民與新編入臺籍者。

臺灣被割讓，即是所謂「讓與地方」，居住在臺灣的人民兩年內可自由選擇居住地，如果在條約批准換文之日起二年後仍居住在臺灣的，即被視為「日籍臺民」。本來正常的國籍轉換在近代西方國際之間也不乏其例，本不應旁生枝節，但臺灣領土的轉讓就非正常途徑使然，加之交接過程的紛亂，中國當時管理水平的滯後，以及日本對岸政策的影響，促使籍民之間以及籍民與當地民眾之間出現了諸多的糾紛。

福建臺灣籍民即是被編入日本籍而來到福建等大陸地區遊歷、經商的臺灣本島人。由於臺灣籍民身份可以避開中國政府的管轄，獲取不菲的違反中國法制而獲利的回報，當時福州和廈門的一些人以託庇日本籍為榮，「一般心理，都不以託庇外籍為羞。上至社會聞人，下至煙蠹龜鴇，莫不以得作某國籍民為榮。且有假冒國籍，以濟其惡的。」還在門上「大書某某國籍民，好像是鄉村中懸掛匾額」。當時就有人評論道：所謂籍民，籍外人勢力欺侮國人，與人發生爭執，動不動就引領事裁判權，而就質於領事。而外國領事亦利用籍民以作惡。故廈門、福州兩地，懸掛外牌的煙廊不下千家。而殺人越貨，作奸犯科之事，都是籍民所為，這不但是中華民族的恥辱，也是地方治安的一個很大障礙。〔註175〕

臺民在臺灣處於二等公民的地位，但在中國大陸，他們同樣享受不平等條約所賦予的權利，得到日本領事館的保護，擁有一般中國人所沒有的特權，其中在兩個方面表現尤為明顯。一是可以享受免除內地稅的開港地釐金（稅務）方面的優惠，只繳納抵代稅（子口稅定額為從價的二分五釐），免去一切的苛稅和人頭稅；〔註176〕二是可以不受中國法律管轄，反倒可以得到領事裁判權的保護。1896 年 7 月 21 日，張蔭桓與林董在北京簽訂《通商行船條約》，其中第三款刪掉中國領事在日的司法管轄權，而對日本領事的此項權力卻格

〔註174〕林仁川：《閩臺文化交融史》，福建教育出版社，1997 年 4 月版，第 58 頁。
〔註175〕茅樂楠：《新興的廈門》，廈門棋軒巷萃經堂印務公司印刷，1934 年，第 83～84 頁。
〔註176〕（臺）卞鳳奎譯：《中村孝志教授論文集——日本南進政策與臺灣》，稻鄉出版社，2002 年版，第 85 頁。

外予以強調，〔註 177〕日本對華獲取了片面獨享的領事裁判權，臺灣島民國籍轉移後就可以像日本人那樣在大陸享受此項特權。這使部分福建人頗為羨慕，於是在福建便出現了一批「假冒日籍臺民」，他們大致可分為兩種類型：一是由真正的臺灣人將自己的名義借給福建當地人使用，屬於閩臺人雙方合作的產物；一是以各種非法手段獲取臺灣籍，其主要途徑為購買臺灣總督府下發的臺灣人旅券。〔註 178〕還有一種情況，即原為大陸公民但得到日本領事承認從而合法獲取臺灣籍的人，稱為「歸化」臺灣籍民，他們與「假冒日籍臺民」有所不同，憑藉日籍特殊身份，為所欲為，不受中國法律約束。

「歸化」籍民，指一些廈門人向日本駐廈門領事館申請並取得臺籍，所以也另稱為廈門籍民之特殊籍民。這些人「大部分是屬於當地政界或經濟界之有力人士，其資產以萬計者不乏其數。」〔註 179〕這些人為什麼要「歸化」為籍民，駐廈門的日本領事井上庚二郎曾如是說，「蓋在中國之外國人所享受之領事裁判權之實惠，使中國人頗感取得外國國籍之難得可貴。廈門人經常眼看著他們的親戚或鄰居，只因割臺當時因偶然因素在臺居住而獲得「臺灣籍民」之身份後，其身體與財產便可享受日本帝國政府之保護中國政府比之實有霄壤之差，於是一邊責罵地方政府之苛斂誅求、貪多無厭，另一邊則千方百計思慮計劃如何取得臺灣籍」。〔註 180〕

由此看來，「歸化」籍民是一些為私利而謀求獲得領事裁判權保護，使之不受中國法律約束的當地社會有權勢的人物、不法之徒甚至橫行鄉里的地痞

〔註 177〕 第三款規定：「大日本國大皇帝陛下酌視日本國利益相關情形，可設立總領事、領事、副領事及代理領事，往中國已開及日後約開通商各口岸城鎮，各領事等官，中國官員應以相當禮貌接待，並各員應得分位、職權、裁判管轄權及優例、豁免利益，均照現時或日後相待最優之國相等之官，一律享受。大清國大皇帝亦可設立總領事、領事、副領事及代理領事，駐紮日本國現准及日後准別國領事駐紮之處，除管轄在日本之中國人民及財產歸日本衙署審判外，各領事等官應得權利及優例，悉照通例，給予相等之官一律享受。」參見〔日〕東亞同文會調查編纂部：《增補支那關係特種條約匯纂》，東京東亞同文會調查編纂部，1922 年版，第 632 頁。
〔註 178〕 陳小沖：《檔案史料所見之清末日籍臺民問題》，《臺灣研究集刊》1991 年第 3 期。
〔註 179〕 井上庚二郎：《廈門的「臺灣籍民」問題》1926 年 9 月，見《閩臺關係檔案資料》，鷺江出版社 1993 年版。
〔註 180〕 井上庚二郎：《廈門的「臺灣籍民」問題》1926 年 9 月，見《閩臺關係檔案資料》，鷺江出版社 1993 年版。

流氓。這種人在廈門不少，在福州也有。對於這樣的人，日本駐廈門、福州領事館與臺灣總督府，為了不可告人的目的，卻樂於接納。中國方面欲加管理，但日方不容中方插手，因為利用「歸化」臺灣籍民進行擴張活動，「正是日本政府和臺灣總督府致力追求的重要目標」。〔註 181〕日本政府庇護日籍臺民的原因大致有二：（1）在對外交涉中，臺灣人是日本籍民，「日本政府擔心在日籍臺民身上失去的東西，會同樣波及並損害到日本人本身的利益」；（2）日本政府「也有意以日籍臺民的特殊身份，組織臺民集團，抗拒中國人民的排日運動，離間閩臺人民的關係」。〔註 182〕

　　還有一些假日籍臺民。有些臺灣人「將自己一度使用之旅券不繳還，而讓與他人者，或由本地廈門以書信委託在臺友人，以臺民之名義申請旅券而後轉寄廈門者，或又將旅券轉賣他者等等乏事，……因此冒充國籍日本籍者頗多」。〔註 183〕不少政府官員雖知道其內幕，卻以金錢成交旅券等事。〔註 184〕這種情況廈門、福州都有，以致臺灣人的旅券在黑市的價格不斷上漲。

　　除此還有漏籍者，〔註 185〕這些人本來是臺灣原居民，「只因在臺戶口調查時正在中國或南洋方面居住，致使改編國籍時無法證實其確屬臺籍，其後經嚴密調查之結果，確有割臺當時在臺居住之事實，於是編入臺籍」。〔註 186〕井上庚二郎認為這些人與新「歸化」情況不同，這正如人出生後報戶籍，更確切地說，與私生子認知相同。實際情況卻並非如此，而往往是一些人為加入臺籍編造的一種理由。由於 1900 年前後臺灣警察只是調查現住者，僅僅是對現住者與戶口簿相對比，戶口簿卻是居民申報上來的戶籍結果，於是就出現了外出者被忽略的情況，〔註 187〕臺灣統治者將「灼宜」「歸化」又擴展至

〔註 181〕　陳小沖：《檔案史料所見之清末「歸化」臺灣籍民》《，臺灣研究集刊》1992年第 1 期。

〔註 182〕　陳小沖：《日籍臺民與治外法權——以光緒三十一年王協林案為例》，《臺灣研究集刊》1992 年第 2 期。

〔註 183〕　《臺灣總督府外國旅行券規則及關係公文集》，梁華璜《日據時代臺民赴華之旅券制度》，《臺灣風物》第 39 卷，第 3 期。

〔註 184〕　（日）井出季和太：《臺灣治績志》，臺北臺灣日日新報社，1937 年，第 24 頁。

〔註 185〕　（臺）王學新：《日治時期臺灣的漏籍問題》，2009 年 8 月大連「臺灣殖民地史學術研討會」。

〔註 186〕　井上庚二郎：《廈門的「臺灣籍民」問題》1926 年 9 月，見《閩臺關係檔案資料》，鷺江出版社 1993 年版。

〔註 187〕　（臺）王學新：《日治時期臺灣的漏籍問題》，2009 年 8 月大連「臺灣殖民地史學術研討會」。

「特別處理」。〔註188〕由此出現一些以漏籍名義申請加入日本國籍的福建等大陸居民。許多無賴之徒，經商失敗者，畏罪潛逃至臺灣，經過數日，則以臺灣籍民身份攜帶旅券返國。這些人大都是以在決定歸屬時登記遺漏為理由而入籍的。〔註189〕

以上三種類型的籍民國籍特點，是國籍變化的主動趨向性，與正常的國籍轉移完全不同，這在一定程度上反映了他們的陰暗心理與卑鄙目的。同時也是當時的雜亂的客觀與日本政府的擴張政策密不可分。

第四節　中日間臺民國籍問題交涉

海峽兩岸間的地緣關係決定了人員交往非常便利，特別是福建在兩岸人員往來中成為主要的中轉和必經地。廈門在清朝初期的唐山進臺灣潮流中即是主要的出發地。從康熙至乾隆年間，「無照渡臺」即偷渡造成臺灣人口從十幾萬增加到一百多萬。〔註190〕偷渡來臺，廈門是其總路。〔註191〕在閩臺對渡貿易發展的過程中，往往民間私口、私航興起在先，清政府正式開港、設口在後。〔註192〕早期清政府只開放廈門和臺灣的鹿耳門對渡，其他港口不准通行。〔註193〕後來廈門附近的同安、海澄、龍溪、詔安等地的偷渡者也需要通過廈門乘小船到「大擔、帽口、白石頭、湖下等處出口下船」。〔註194〕即使指定單口對渡貿易，逐步發展到準廈門、蚶江、五虎門船隻通行臺灣三口，廈

〔註188〕1898 年 10 月 28 日總督內訓第 49 號「有關臺灣住民戶籍處理案」中，將 1897 年 5 月 8 日前離開臺灣者視為漏籍，加以特別處理。公文類纂 V00248\A039\427。

〔註189〕（臺）卞鳳奎譯：《中村孝志教授論文集——日本南進政策與臺灣》，第 82 頁。

〔註190〕陳孔立：《清代臺灣移民社會研究》增訂本，九州出版社，2003 年 8 月版，第 117 頁。

〔註191〕黃叔璥：《臺海使槎錄》卷 2，商務印書館 1936 年版，轉引自陳孔立《清代臺灣移民社會研究》增訂本，九州出版社，2003 年 8 月版，第 122 頁。

〔註192〕黃國盛：《論清代前期的閩臺對渡貿易政策》，載於福州大學學報哲學社會科學版，第 14 卷第 2 期，2000 年 4 月，第 56 頁。

〔註193〕陳孔立：《清代臺灣移民社會研究》增訂本，九州出版社，2003 年 8 月版，第 123 頁。

〔註194〕臺灣國學文獻館主編：《臺灣研究資料彙編》第一輯，第 3814 頁，轉引自陳孔立：《清代臺灣移民社會研究》增訂本，九州出版社，2003 年 8 月版，第 122 頁。

門始終是官方指定的首要赴臺港口，因此，廈門在開埠以前就成為通商大埠，廈臺間、中外間貿易發達。鴉片戰爭後，福州南臺的泛船浦和倉山出現了外國人居留地，廈門更是設立了英租界和鼓浪嶼公共租界。外國傳教士、外交官、商人紛紛進入福州和廈門，給這兩個城市帶來了華洋雜處的人口特點。

甲午戰爭後，日本人人數躍居首位，占外國人口的大多數，其中尤以臺灣籍民增加最快。日本侵略者在付出慘重代價後在臺建立了殖民統治。為防止大陸人民及物資潛入臺灣援助當地人民的反抗行動，日軍封鎖臺灣海峽，阻隔大陸人民入臺。據臺灣光復後的《臺灣省五十一年統計提要》可知，日據時期臺灣的人口增長主要是島內人口的自然增長率，作為移民的機械增長率，尤其是來自大陸的移民增長率很低。該《統計提要》顯示人口統計數字，從 1905 年至 1942 年的 38 年間，臺灣的人口由 312.3 萬人增加為 642.8 萬人，增長 205.8%，即年增長率為 5.42%。其中本地人口由 305.5 萬人，增加為 599.0 萬人，增長率為 196.1%，年均增長率為 5.16%；外地人口由 0.8 萬人增加為 5.0 萬人，增長率為 625.0%，年均增長率為 16.71%；日本人口由 6.0 萬人增加為 38.5 萬人，增長率為 646.7%，年均增長率為 17.0%。〔註 195〕就絕對數字而言，日本人口增長最快，外地人口居中，本地人口居末。上述數字可以說明三個問題，第一是出於政治和經濟上的目的，日本人加速了向臺灣的移民。第二，雖然外地人口（其中主要是福建移民）增長率居中，但是其絕對數字很小，38 年中才從 0.8 萬人增至 5 萬人，說明由於日本殖民當局的嚴厲封鎖，造成大陸遷臺人員數量急劇減少。日本人企圖從血緣上和族緣上割斷大陸與臺灣的聯繫，進一步推行所謂「皇民化」運動，以將臺灣徹底殖民地化。第三，本地人由於生活條件的低劣，死亡率上升，未成年人尤其突出。從上述數字可以看出，日據時期福建赴臺謀生的人口數字下降了，但在這個時期出現了一種新的移民傾向，即部分在臺灣定居的福建人陸續返回福建。這主要基於二個原因，一是臺灣人士不滿日本當局的殖民統治，返回祖國大陸；二是臺灣殖民當局出於政治或經濟上目的向大陸輸出人口。一般習慣上根據《馬關條約》的規定，將日據時期移居福建的臺灣人（實際上其中相當多是祖籍福建的漢人）稱為「臺灣籍民」，僅以廈門為例，據《臺灣省通志》「政事志處事篇」說：「臺灣之僑居廈門者，光緒二十四年（1898 年）初，據稱僅五百餘人，……民國二十六年（1937 年）達 10217

〔註 195〕臺灣省行政長官公署統計室編印：《臺灣省五十一年來統計提要》有關年份，1946 年臺北版。

人，其他未登記者，約有 15000 人。」〔註 196〕

　　廈門是福建外國人數量最多的城市，也是全國外僑人數最多的城市之一。抗戰前，在廈門的外國人數量僅次於上海、天津和青島。其中日本人及日籍臺民人口數僅次於上海和青島，居全國第三位。〔註 197〕據海關估計，1892 年廈門的日本人從 3 年前的 40 人增加到 200 人。1900 年廈門臺灣籍民約有 3000人。〔註 198〕進入民國後，廈門的日本籍人數有了較快增長，其中臺灣籍民又占絕大多數。據日本領事館調查，1918 年在廈門的外國人總人數為 4,023 人，而日籍就有 3,140 人，占在廈門外籍人總人數的 78%，其中日籍臺民 2,833人。〔註 199〕

　　1918 年 12 月廈門日本領事館調查，在 307 名有職業的日本人中，日本領事館、郵電局、居留民會官吏有 62 人，中國海關 13 人，臺灣銀行、新高銀行、川北、大阪商船、鈴木商店等職員 37 人，學校教師 6 人，醫生護士等19 人，傳教人員 5 人，律師及其事務員 5 人，藥商 2 人，雜貨商 44 人，機械商 5 人，古董商 1 人，玩具商 2 人，移民業 4 人，貿易業 5 人，旅舍 15 人，代書業 8 人，臺灣總督府派遣的留學生 2 人，洗衣店 4 人，鞋店 7 人，理髮9 人，工匠 6 人，機械工 1 人，傭人 16 人，苦力 5 人，廚師 3 人，潛水員 2人，記者 4 人，妾 7 人，視察者 1 人。〔註 200〕日本人和臺灣籍民在廈門大多數是從事商業，其次是手工業和娛樂業，這也從一個側面反映了廈門作為日本及臺灣人重要的商業城市和消費城市的特點。〔註 201〕由於臺灣人祖籍多在閩南，廈門的日籍人更多。據日本領事館調查，1918 年在廈門的外國人總人數為 4,023 人，而日籍就有 3,140 人，占在廈門外籍人總人數的 78%，其中日籍臺民 2,833 人。〔註 202〕1930 年，外國人 3,905 人，日籍 3,533 人，其中日

〔註 196〕林仁川：《閩臺文化交融史》，福建教育出版社，1997 年 4 月版，第 58 頁。

〔註 197〕國民政府主計處統計局編《中華民國統計提要》，1940 年版，第 27 頁。

〔註 198〕戴一峰等譯編：《近代廈門社會經濟概況》，鷺江出版社，1990 年，第 316～326 頁。

〔註 199〕〔日〕日本外務省通商局監理，東京商業會議所發行：《福建省事情》，大正十年六月（1921 年），第 3 頁。

〔註 200〕〔日〕日本外務省通商局監理，東京商業會議所發行：《福建省事情》，大正十年六月（1921 年），第 2～23 頁。

〔註 201〕廈門臺灣居留民會：1936 年《廈門臺灣居留民會報——三十週年紀念特刊》，第 164 頁。

〔註 202〕〔日〕日本外務省通商局監理，東京商業會議所發行：《福建省事情》，大正十年六月（1921 年），第 3 頁。

籍臺民 3,428 人。〔註 203〕1934 年，廈門警察局統計外國人為 10,743 人，日籍是 9,885 人，其中臺灣籍民 9,556 人。〔註 204〕又據福建省政府秘書處統計，到抗戰前夕的 1936 年 6 月，廈門有外國人 10,641 人，日籍 9,702 人，其中日籍臺民 8,874 人。〔註 205〕以上這些數字還不包括沒有登記的人數。而據 1936 年的一次調查，在廈門的臺灣籍民「4 年前約有六七千人，現在則在 2 萬人以上，其增加速度之快，實堪驚人」。〔註 206〕而廈門人口最多時的 1936 年也不過 18 萬人。〔註 207〕日本人和日籍臺民在廈門人口中佔有相當的比例。1938 年廈門淪陷後，日本人和日籍臺民的數量繼續增加。據日本人調查，廈門的日本居留會會員「事變前內地人約 400 人，1940 年會員（主要是戶主）有 690 人，數目激增到事變前的四倍，是前年（1938 年）夏季的二倍」。廈門臺灣居留民會「事變前登錄戶數是 2,400 戶，人口稱 1 萬，實際更多。1940 年 3 月臺灣人在留民戶數 3,934 戶。成年男子 4,918 人，幼年男子 875 人，成年女子 2,531 人，幼年女子 821 人，合計 9,145 人。」〔註 208〕

　　抗戰結束後，臺灣回歸，「日籍臺民」成為特有的歷史名詞。當時福州和廈門的日本人陸續回國，所謂日籍臺民紛紛申請轉回中國國籍，他們大多數回到臺灣。到 1946 年底，福州遣送一批共計 472 人，廈門遣送 4 批共 3330 人。〔註 209〕

　　日本人和臺灣籍民在福建主要是經商，其次從事醫務界、政界、教育界和宗教界等活動。1934 年，在福州的 108 名有職業的日本人中，在商業界有 50 人，醫界 22 人，新聞界 6 人，外交界 8 人，工界 1 人，軍界 1 人，

〔註 203〕廈門市檔案局，廈門市檔案館：《近代廈門涉外檔案史料》，廈門大學出版社，1997 年，第 121 頁。

〔註 204〕茅樂楠：《新興的廈門》，廈門棋軒巷萃經堂印務公司印刷，1934 年，第 9 頁。

〔註 205〕福建省政府秘書處統計室編：《福建省統計年鑒》（第一回），1937 年，第 119 頁。

〔註 206〕林傳滄：《福州廈門實習調查日記（1936 年）》，成文出版社有限公司，（美國）中文資料中心印行，1977 年，第 88461 頁。

〔註 207〕福建省政府秘書處統計室編，《福建省統計年鑒》（第一回），1937 年，第 99 頁。

〔註 208〕〔日〕別所孝二：《新廈門》，大阪每日新聞社，昭和十五年十一月（1940 年），第 27～28 頁。

〔註 209〕胡可時：《福建善救工作的回顧與展望》，福建善救月刊（第一期），1947-02。

警界 10 人，教育界 8 人，傳教 2 人。〔註 210〕1918 年 12 月廈門日本領事館調查，在 307 名有職業的日本人中，日本領事館、郵電局、居留民會官吏有 62 人，中國海關 13 人，臺灣銀行、新高銀行、川北、大阪商船、鈴木商店等職員 37 人，學校教師 6 人，醫生護士等 19 人，傳教人員 5 人，律師及其事務員 5 人，藥商 2 人，雜貨商 44 人，機械商 5 人，古董商 1 人，玩具商 2 人，移民業 4 人，貿易業 5 人，旅舍 15 人，代書業 8 人，臺灣總督府派遣的留學生 2 人，洗衣店 4 人，鞋店 7 人，理髮 9 人，工匠 6 人，機械工 1 人，傭人 16 人，苦力 5 人，廚師 3 人，潛水員 2 人，記者 4 人，妾 7 人，視察者 1 人。〔註 211〕

據 1936 年廈門臺灣居留民會的調查，在廈門的臺灣籍民有職業的人口中，大多數是從事商業，其次是手工業和娛樂業。這也從一個側面反映了廈門作為東南沿海一個重要的商業城市和消費城市的特點。見下表：

廈門日籍臺民職業一覽表（1936 年 9 月）

職　業	人　數	職　業	人　數	職　業	人　數
雜貨鋪	698	雇員	356	醫生	128
藥商	60	水果商	44	牙醫	36
助產婦	9	官吏	24	公吏	34
金融業	42	當鋪	44	縫紉業	53
貿易商	32	五金店	16	旅館業	24
飲食業	25	和服店	52	家具店	14
交通業	17	肉店	17	房地產出租業	54
茶商	29	紙商	8	酒商	15
酒煙草商	17	古董商	29	小商販	20
木材店	15	柴木炭商	21	瓷器店	7
米店	7	承包商	3	照相業	11
製餅業	18	代書業	6	洗染業	3
印刷業	8	皮革業	13	鐵匠業	22

〔註 210〕《福建省會外僑職業分類統計表，福建省會戶口統計》，福建省省會公安局編，1934 年。

〔註 211〕〔日〕日本外務省通商局監理，東京商業會議所發行：《福建省事情》，大正十年六月（1921 年），第 2～3 頁。

金銀細工	8	線香製造	5	金銀紙製造	6
石灰製造	2	米粉製造		醬油製造	10
其他製造	25	工人	6	理髮店	4
木偶戲業	3	檯球業	2	舞場	20
餐廳職員	86	陪酒女郎	110	女招待	30
樂隊員	6	農業	37	畜牧場	2
其他	2	合計	2402		

資料來源：廈門臺灣居留民會：《廈門臺灣居留民會報——三十週年紀念特刊》，1936年，第164頁。

　　日據時期，「臺灣籍民」大批移居福建，其類型主要有原臺灣居民、「歸化」籍民與新編入臺籍者。原臺灣居民，指「1895年割臺時，在臺住民依《馬關條約》之規定整體獲得日本帝國國籍者，以及其子孫」〔註212〕。

　　臺灣被割讓，即是所謂「讓與地方」，居住在臺灣的人民兩年內可自由選擇居住地，如果在條約批准換文之日起二年後仍居住在臺灣的，即被視為「日籍臺民」。本來正常的國籍轉換在近代西方國際之間也不乏其例，本不應旁生枝節，但臺灣領土的轉讓就非正常途徑使然，加之交接過程的紛亂，中國當時管理水平的滯後，以及日本對岸政策的影響，促使籍民之間以及籍民與當地民眾之間出現了諸多的糾紛。以閩浙總督許應騤向後藤新平提出抗議為肇始，〔註213〕中日兩國間屢次為此進行交涉。

　　在晚清外務部成立之前，清朝地方的交涉體制大致是由關、道和督撫來組成的。由於列強勢力侵入，很多引起交涉的活動實際是發生在地方，而清朝的督撫在自己轄區內統轄各種事務，交涉自然也包括其中，加上他們權位較高，又比較瞭解地方情況，因此很多地方交涉實際由地方督撫來進行，總署僅在督撫辦理不妥時可以「劄飭該督撫遵照施行」〔註214〕。在實際交涉中，地方督撫大事直接上奏，小事責成關道處理，只在遇到比較棘手和難以解決的問題時才諮詢總署，問題解決以後由總署審核。地方督撫還常常接受委派，

〔註212〕井上庚二郎：《廈門的「臺灣籍民」問題》（1926年9月），見《閩臺關係檔案資料》，鷺江出版社1993年版。
〔註213〕（臺）卞鳳奎譯：《中村孝志教授論文集——日本南進政策與臺灣》，第205頁。
〔註214〕賈禎等監修：《籌辦夷務始末》（咸豐朝），中華書局，1979年版，卷七十二。

代表清廷進行交涉活動，甚至簽訂條約。這樣，在很多情況下，交涉是繞過了總署這個名義上的外交中樞來進行的。

清政府外務部成立於光緒二十七年六月（1901 年 7 月），外務部時期有人主張：「宜於各省設立交涉總局，直隸外務部，而仍受節制於該管督撫」，「置一道員或司員相當之官，總轄其事」，「如有要事，得隨時由總局直察外務部」〔註215〕。這是建立直屬中央外交機關的地方交涉機構的最初構想，但還是作為地方督撫的臨時辦事機構。真正和中央外交機關聯繫比較密切、並對地方督撫外交事權有所控制的地方交涉機構，是清末建立的交涉使司。

交涉使司的人員任用由督撫決定，也沒有直接指揮下屬府道的權力，它與各司同署辦公，「凡奏諮批割稿件，廳司皆以次呈督撫核定，總督在他省時，日行公事皆呈撫核，重要事件先呈撫核，電商總督定奪」，「廳司稿件，經督撫核定後，即用省印行下」。〔註216〕清政府在 1907 年釐定外省官制，其中很重要的一項內容就是釐定中央、地方權限：「宜明定職權，劃分權限。以某項屬之各部，雖疆吏亦必奉行；以某項屬之於督撫，雖部臣不能攙越」。〔註217〕在這當中，並沒有規定地方設專門的交涉官員。由於「交涉一切，關係綦重，皆地方大吏分內應辦之事」〔註218〕，所以規定督撫總轄地方外交、軍政，總攬地方行政等事權。在隨後的幾年中，清政府有意在中外交涉較多的省份設立交涉使，藉以制衡地方交涉事權。於是，在地方的對外交涉事務中，出現了地方督撫和洋務局、外務部的交涉使司共管的複雜情況。

1898 年，後藤新平出任臺灣總督府民政長官後，提出「生物學原則的殖民地經營法則」思想。對這種所謂的「生物學原則」後藤新平作了如下比喻和闡述：「比目魚的眼睛不能改變成赤鬃魚的眼睛，赤鬃魚的眼睛對稱地長在頭的兩邊；而比目魚的眼睛則雙雙長在頭的一側，不能因其形狀的古怪，就要把他的眼睛像赤鬃魚那樣改裝在頭的兩邊。比目魚的兩隻眼睛長在一邊，這在生物學上是因為有其必要，才會這樣。……政治上這一點也很重要，……所以本人在統治臺灣時，首先把該島的舊貫制度好好地做了一番科學調查，然後順應民情施政……。不瞭解這個道理，而想把日本國內的法制輸入到臺

〔註215〕《東方雜誌》，第三卷，第十一期，外交，第八十七頁。
〔註216〕《大清光緒新法令》，第四冊，第三四頁。
〔註217〕故宮博物院明清檔案部編：《清末籌備立憲檔案史料》，中華書局，1979 年版，第 370 頁。
〔註218〕《清季外交史料》（光緒朝），卷一四七，第三頁。

灣實施的那些傢伙，也就等於要把比目魚的眼睛突然改變成赤鬆魚的眼睛根本是不懂真正政治的傢伙……」。事實上後藤新平為了能夠把日本政府對外擴張的殖民統治政策迅速地融入到臺灣當地及民眾之中，便急不可耐地開展對臺灣的舊制、土地資源、人口構成狀況和民俗風情進行大規模細緻的調查，並在調查研究的基礎上制定了對臺灣的統治政策和法律制度。顯然，此種政策的實質即是將臺灣人民視為野蠻人，對其統治不能沿用人類社會科學的方式，只能按照生物的進化規律進行漸進式的轉變。

　　明治三十三年（1900 年）4 月 1 日，臺灣總督府民政長官後藤新平從淡水港出發，翌日抵達廈門港，八點入住廈門日本領事館。4 月 4 日，後藤新平開始拜訪中國福建地方官員，他首先來到楊提督衙門，表明此行目的在於「增進與貴地諸官的交誼」。[註 219] 但當後藤新平返回領事館途中拜訪的廈門道臺延年時初次遇到了「入籍問題」纏繞。當時，在延年的道臺衙門裏，延年舉例性地向後藤新平提出了：「在本地犯罪後，逃往臺灣，奸詐地利用入籍手段，我們對於此種貴國籍的犯罪人無法追查的情況，對於雙方交往上不無障礙」的外交照會，實際上即是要求日本及臺灣總督府對於此種國籍問題予以相應的措施。[註 220] 對於此種要求，後藤新平只是輕描淡寫地將其歸因於「兩國官吏疏於往來之緣故」，[註 221]「雙方政府官員如能像人民一樣親密，此類事情絕對無需深慮」，而且高傲地建議：「你們這樣的官員，如果能來臺灣，考察一下我們的制度與設施，不僅可以作為你們官員行政的參考，還可以對國際事務處理大有裨益」。[註 222] 4 月 7 日，後藤新平拜訪福州的閩浙總督許應騤時，再次聽到臺灣人入籍問題質詢，[註 223] 而且，就在此次拜訪歸途，後藤順便前往了福建洋務局，後藤又一次受到張布政使關於臺灣人入籍問題的叮問。[註 224]

　　後藤此次來閩本並未將此事視作要事，在中國地方洋務官員的一再申訴下，儘管極不情願，但最終只好無奈地以回頭和豐島領事協商來回應他

〔註 219〕（日）鶴見佑輔：《正傳　後藤新平》3，臺灣時代，1898～1906，株式會社
　　　　　 藤原書店發行，2005 年，第 517 頁。
〔註 220〕（日）鶴見佑輔：《正傳　後藤新平》3，第 519 頁。
〔註 221〕（日）鶴見佑輔：《正傳　後藤新平》3，第 519 頁。
〔註 222〕（日）鶴見佑輔：《正傳　後藤新平》3，第 519 頁。
〔註 223〕（日）鶴見佑輔：《正傳　後藤新平》3，第 522 頁。
〔註 224〕（日）鶴見佑輔：《正傳　後藤新平》3，第 523 頁。

們。〔註225〕當時日本駐福州的領事是豐島舍松，在其後他對此事所提出的意見書中明確的認識到這個問題的嚴重性。他說：「他們毫無忠君愛國思想，現在歸化日本籍，不久後即歸化其他國籍，甚至會一人擁有數個國籍」。〔註226〕當時正值中國政府新定國籍條例，唯恐對臺灣籍民形成衝擊，於是開始著手調查臺灣籍民情況，研究採取對策。日本外務省要求駐紮福建的領事等外交人員，以及臺灣總督府派出的人員相繼對福建的臺灣籍民問題進行調查，據總督府派遣廈門人澤村繁太郎所言：1897年5月8日後的來廈籍民「多半包藏野心，當涉及金錢借貸、房屋買賣、盜難訴訟等案件時，有時會向領事館申訴一些虛構詐偽之事件，企圖籍著日商之威勢，向中國人謀取暴利。造成領事館的極大麻煩。」〔註227〕因此日本外務省及其臺灣總督府曾試圖對假冒國籍及其因臺民國籍而出現的問題進行處理。駐廈門日本領事上野專一建議總督府發給旅券時，應要求附上照片，〔註228〕但總督府以照片尚未普及為由，而在旅券上附上「人相書」（描述持券人五官特徵的紙片），但由於它仍不能將持券人完全描述清楚，常常有轉讓、假冒、買賣旅券情況發生，且程度相當嚴重。〔註229〕1900年2月，總督府申請外務大臣訓令福州、廈門等日本領事對逃犯實施逮捕或禁止其居留。但外務大臣顯得很為難地說：「僅是臺灣逃亡者或犯法者之緣故，而與該地安寧風俗無關時，實難以如擬處置。」〔註230〕1907年3月，臺灣完成戶口調查，10月份，臺灣府令第86號頒布臺灣「外國旅券規則」，規定不攜帶依此規則旅券不能出境。但實際上臺灣的外國旅券規則僅適用於臺灣，日本本土無此規定，故臺灣人如果繞到日本前往大陸時，則不需要旅券，因之沿用此法在福建者不在少數，更擋不住黑幫籍民的腳步。〔註231〕在臺灣犯下罪行逃亡廈門者，為了躲避懲罰，不可能到廈門領事館登記，領事館當然也不可能掌握他們的詳細情況，這類人數量不菲，大概在1910

〔註225〕（日）鶴見佑輔：《正傳 後藤新平》3，第524頁。

〔註226〕《後藤臺灣民政長官清國廈門及福州地方へ出張一件》，外務省外交史料館藏，檔號：B16080747300。

〔註227〕（臺）《公文類纂》v04556＼A006。

〔註228〕（臺）《公文類纂》v00132＼A025。

〔註229〕（臺）《公文類纂》v00132＼A029，032。

〔註230〕（臺）《公文類纂》V11117＼A031。

〔註231〕（臺）黃呈聰，（支那渡航旅券制度の廃止を望む）《臺湾》第三年第九号，1922年12月東方文化書局復刊，19～29。

年估計約有二百人。〔註232〕

　　1903年，福建洋務局照會日本駐福州領事，要求其先行停發日籍臺民護照，等待彼此間商定章程之後，再行辦理，但遭到拒絕。〔註233〕無奈的福建洋務總局只好總結歷年日籍臺民在閩活動及與日本領事交涉經驗教訓，提出了對待臺灣籍民國籍問題的主張。在徵詢過閩浙總督意見後，藉由閩浙總督上報外務部。其大致內容如下：查西人入內地遊歷，原因語言服飾顯有不同，是以請給護照，以便保護。嗣中國人改隸洋籍，由廈門到內地遊歷，經英領事請給護照，聲明如不改裝，護照即作廢紙有案。現在日本臺灣屬民，原籍多隸漳泉，由臺回籍，本應照華民論，不能請給護照，日領事請給，廈道通融辦理，間有發給，該商往往籍照攬運貨物，不完稅釐。第給照保護，原因中外籍貫不同，服飾互異，臺民與中國百姓，籍貫服飾，一切皆同，往來內地，無從辨別，易啟影射攬運貨物之弊，應請商明嗣後臺灣人民已隸日籍，貿易來華，服飾或改西服、或改東洋服式，不能仍照華民服色，如仍穿華服，即視作華民論，不能給照保護，以示區別，而免弊混。〔註234〕

　　閩浙總督在呈文中也提出了自己不同的看法，他認為：臺民即隸日本，照約應得保護，未便以是否改易服色，強為區分，如果該民籍照攬運貨物，不完釐稅，自可隨時執約禁阻。且臺地外屬，本非得已，若如局員所擬，既入洋籍，即應改服式，……似非朝廷愛護僑氓，一視同仁之意。惟其中作奸犯科之徒，恃洋籍為護符，藐法抗官，亦實為地方隱患，自應分別辦理。〔註235〕他請求外務部諮行赴日商約大臣，與日本政府商議對日籍臺民來華，「分別良莠、酌定限制」，並載入商約，以便有法可依。

　　外務部對福建洋務總局的報告和閩浙總督的意見，分別給予了回應。在給閩浙總督的覆文中，同意其不必「改易服色、強為區分」的主張，認為日籍臺民如有違犯清廷法令和中外章約精神，盡可隨時執約照請日本領事禁止，強調「勿於約外苛求」。對於假冒日籍臺民問題，外務部的意見是：該領事（指

〔註232〕（臺）《公文類纂》V06203＼A005。

〔註233〕外務部檔、開埠通商，福建全省洋務總局記名特用道，盡先特用道謹將商請日本領事印給遊歷護照如非真正臺籍暫行停發照會並奉行原文照錄清摺呈送察鑒，光緒貳拾玖年伍月。

〔註234〕外務部檔，開埠通商，福建全省洋務總局記名特用道、盡先特用道謹將原擬日本人在閩貿易遊歷傳教應商各節抄錄清摺呈送察鑒，光緒貳拾玖年伍月。

〔註235〕外務部檔、開埠通商，署閩督文一件，光緒二十九年十一月二十九日。

日本駐福州領事）照覆所稱臺民遊歷通商出口，由臺灣督撫給照為憑，到地時領事署驗明存案，再給與入內地護照，如有中國人攜帶護照，查係確實冒混，自應由中國按律究辦等語。彼已切實聲明，即應憑此設法稽察，此等交涉細事洋務，各省分所常有，領事有商辦交涉之責，應由局員或地方官逕向領事持平商結，未便概由本部照會使臣，轉多爭執，如果使臣來部曉曉，再當辯駁。〔註236〕

　　以上材料可知，對於日籍臺民國籍問題，福建全省洋務總局的認識不免局促。儘管出於事務人員的職業對規章制度的自然偏愛，有利於加強對外僑的規範管理，但是其思路還是讓人有種食古不化之感，似乎與時代及內在要求實在相去甚遠。所謂的給照亦即發給護照，按照近代國際法對國際與護照的規定，護照是一國居民前往他國攜帶的身份證件，以此即可判明旅客之國籍與身份，海關人員及其外僑管理部門，完全可以藉此對外僑實施有效管轄。至於憑藉服飾辨別旅客國籍與身份的思維與方法，鮮明地暴露出清朝涉外官員傳統滯後的外交觀念，同時，該報告也讓我們感受到領事裁判權對清朝涉外人員的無形壓力，將外僑的護照直接等同於在華特權。外務部和閩浙總督部堂的意見則是不設定規範的做法，而是針對所發生的糾紛及問題，分別由涉及的主管單位依個案方式處理。對於福建洋務總局的改變服飾之建議，自然是不予恩准了。其理由一方面是站在道德高地，即所謂「愛護僑氓，一視同仁」另一方面，也是顧忌日本的「約外苛求」〔註237〕的反對，中央政府及決策人員對半殖民地的外交性質早已領會之深，無法獨立作出明智之舉。

　　面對福建臺灣籍民的國籍問題，中日間雖有交涉，但是，難以見到日本外務省及其臺灣總督府積極地應對，自然就會效果不彰。福建全省洋務總局提出的臺灣籍民國籍處理方案，最後固然沒有得到清廷的批准，但從中可以窺出福建地方官、閩浙總督和清朝中央政府三方存在不同的看法。對外管理體系內部尚未達成一致，而且根本未曾出現進步意義的處理方法，更加難以抵抗領事特權的擴張。

〔註236〕外務部檔、開埠通商，諮覆閩督洋務局所擬節略應分別辦理由，光緒二十九年六月。
〔註237〕外務部檔、開埠通商，諮覆閩督洋務局所擬節略應分別辦理由，光緒二十九年六月。

小結

　　地緣相連可以成為友好交往的便利條件，但是，當地緣鄰國的一方片面誇大國家利益，甚至將國家的獨立與排他相等同之時，地緣鄰國成為擴張目標的可能性就會增大，特別是接受了國際法中的實在法理論前提下，地緣政治學極易成為處理地緣關係的直接指導。日本基於東亞國際體系轉型時期的特點，及其地緣和現實可能性，確定了借用國際關係理論的工具性、向中國擴張的國際關係戰略。

　　乙未割臺後，臺民國籍問題並未因馬關條約及其交接而結束，因為，紛亂的臺灣交接，無法面對島民的國籍意願，單方面的國籍轉移，反倒製造出更多問題，雙方相悖的思維及方法，更難以解決複雜的國籍問題。日本既不遵守國際法對國籍轉移的規定，又排斥讓與國對國籍轉移的參與，不得不在無奈的狀況下重新與讓與國進行國籍問題的交涉。

　　可見，近代中日間國際法的實用狀況，既不能忽略國民的意願，也無法機械地套用國際法的國籍規定，因為這是國際體系及其規則轉換過程中的國籍問題，必須經由當事雙方共同應對，尋求通過共同努力達到問題的真正解決。國際體系轉型中的規則不是預先設置或是移植而來的，非經由雙方共同建構無以達成，故此，單純借用其他國際地域的規則，難以順暢地開展地域外交，外交主體間的實踐活動可以形成共有觀念，共有觀念可以產生共有規則，共有規則決定了行為體的身份、利益和行為。只有雙方共同構築的體系及其規則方能成為雙方的行為準則和共同行為規範。

第三章　領事裁判制度建立

　　領事裁判制度是歐洲中世紀向東方擴張過程中誕生的，在十字軍東征期間，「其所征服之地歐人均享有一種受本國法律支配之特權」。歐人享有特權之地方遂仿此制設領事裁判官，掌本國人之審判，是為領事裁判權之萌芽。「……歐洲各國與土國屢次締約結果此制更日趨確定。十五世紀歐洲諸國亦嘗仿領事裁判制……。」〔註1〕

　　清朝末期，伴隨西力東漸歐美日等國僑民也來到華夏大地，歐美日等地區和國家通過不平等條約在中國攫取了領事裁判權。英國於1843年通過《虎門條約》，開啟了外國在華領事裁判權的先例。1871年9月13日，清政府與日本訂立《修好條規》，通過第八條條款，日本在中國取得了領事裁判權。1896年7月21日，張蔭桓與林董在北京簽訂《通商行船條約》，《通商行船條約》「改變了1871年《日清修好條規》所規定的互有領事裁判權的體制」，〔註2〕日本獲取了片面獨惠的領事裁判權。

第一節　領判制度創設的政治色彩

　　清朝末期，列強通過不平等條約在中國攫取了領事裁判權，為了行使這一特權，遂在中國建立了領事裁判權行使機構及相關制度。此制度各國有所

〔註1〕法權討論委員會秘書處編纂：《列國在華領事裁判權志要》，法權討論委員會事務處發行，1923年，第3頁。

〔註2〕（日）信夫清三郎編、天津社科院日本問題研究所譯：《日本外交史》上冊，商務印書館，1980年版，第281頁。

不同，大致可分為四類，〔註3〕其中較為普遍、影響較大的當屬各國在派駐領事的地方設立的領事法庭，〔註4〕它們主要集中在各個通商口岸，如：上海、天津、廣州、重慶、廈門、煙臺、南京、九江、漢口等地。「各個國家在華設立的領事法庭數量不一，如瑞典、挪威、丹麥僅在上海設有 1 個領事法庭，而意大利則在全國設有 5 個，美國則設有 18 個、法國設有 17 個、日本設有

〔註3〕 其中第二類是在中國設立領事法庭，重案或不服判決在鄰近中國的殖民地法院審理或上訴，再不服者則上訴到國內法院，這一類有法、葡、荷等國。法在華各地的領事法庭，由領事和 2 名會審員擔任審判，有權審理在華法僑和被保護國人的任何民事案件和輕微刑事案件。重罪或不服判決者則移送或上訴到越南西貢或河內上訴法院。仍不服者，可向巴黎最高法院上訴。葡萄牙則是領事法庭無管轄權之案件，先解送澳門法院審判，不服判決可向葡屬印度果阿高等法院上訴。仍不服可上訴到葡首都里斯本最高法院。荷蘭在華領事法庭無權管轄的案件以及上訴案件。先是由荷屬印尼巴達維亞（今雅加達）審理。不服判決則上訴到荷印高等法院。第四類最為複雜，只有日本一國。在某些方面，它與第二類相似，即在中國設立領事法庭，審理任何民事案件和刑事輕罪案件，鄰近的殖民地法院和國內法院受理重罪案件和上訴案件。此外，這些法院又分區管轄重罪案件和上訴案件，不同區域的此類案件歸不同法院管轄。例如，中國中部的刑事重罪案件歸長崎地方法院初審，不服判決者以及該地區領事法庭的上訴案件，可上訴到長崎上訴法院，還可再上訴到日本大理院。中國南部的刑事重罪由臺北地方法院初審，上訴機構則為臺灣高等法院和臺灣最高上告庭。參見孫曉樓、趙頤年：《領事裁判權問題》，商務印書館，1936 年；梁敬錞：《在華領事裁判權論》，商務印書館，1930 年；（美）威羅伟著、王紹坊譯：《外人在華特權和利益》，三聯書店版，1957 年；李育民：《近代中國的領事裁判權制度》，載於《湖南師範大學社會科學學報》1995 年第 4 期。

〔註4〕 迄今為止，領事裁判權的宏觀研究可謂汗牛充棟，但關於近代各國在華領事法庭的考察可謂是鳳毛麟角，只有潘家德在 2001 年 3 月《近代外國在華法庭論述》，四川師範學院學報（哲學社會科學版）上，專門對各國領事法庭問題做過闡述，日本在華領事法庭並未成為其關注重點與核心。除此之外，個別專家的論著中雖有涉及，但並未將此作為專門性的問題進行研究，更無對日本領事法庭的針對性研究。曹大臣先生的《近代日本在華領事制度》，在國際法視野下，深入探討了日本在華領事制度的運行機制。內容包括：華中居留民的人口與職業構成、日本在華領事裁判權體系、領事的情報機構等內容，且以華中地區為中心。2008 年 7 月，曹大臣發表在《江海學刊》上的「臺灣總督府的外事政策——以領事關係為中心的考察」，對臺灣總督府的外事政策及其機構進行了探討，並認為 1931 年九一八事變後，總督府逐步強化外事機構，並將經略華南和南洋對策作為活動重點。1937 年日本發動全面侵華戰爭以後，總督府一面利用汪偽政府的駐臺領事館強化對臺灣人民的控制，一面與日本駐華南領事館密切聯絡，加強對華南地區的侵略擴張。但並未對領事法庭的審判制度進行深入考察。

35 個。」〔註 5〕各國領事法庭有的由領事充任法官，有的則設有法官來處理民事、刑事案件，英美兩國為行使領事裁判權而在上海專設法院。英國的在華高等法院和美國的在華法院，都是領事裁判權的產物，與領事法庭一樣同屬於列強在華行使領事裁判權的司法機構。英國是最早在中國獲得領事裁判權的國家，而美國則是緊跟英國的腳步，把在華領事裁判權制度加以完善。所以，英美兩國在華領事裁判制度最為發達。但日本在華的領事法庭數量最多，並指派受過專門訓練的領事官員在天津、奉天、上海和廈門等地任領事法官，馬關割臺後發展尤為迅猛，特別是廈門與臺灣的歷史與地緣等因素，形成了日本及臺灣的日本籍民往來廈門甚為活躍，日本廈門領事法庭及其審判活動相對頻繁，對中國法權損害巨大，曾經是中國撤廢領事裁判權的頑疾，同時也給閩臺社會管理方面帶來了諸多問題，因此，對日據臺灣時期廈門日本領事法庭的深入考察不僅具有學術意義而且也不乏現實價值。

　　領事裁判權，「即一國通過駐外領事等對處於另一國領土內的本國國民根據其本國法律行使司法管轄權的制度」。〔註 6〕近代領事裁判權是西方國家通過不平等條約使其駐外領事及領事機關單方面在駐在國享有包括對本國國民行使司法管轄權在內的特權。這是領事管轄權的一種變態，治外法權原則的延伸和濫用。這一特權制度的存在和施行，構成對駐在國屬地管轄權的例外和侵犯。從領事裁判權本身的性質和含義來看，這是外國在華僑民脫離中國司法管轄的一種特權。然而這並非是指他們可以不遵守中國的法律，清政府曾提出領事裁判權只是一種根據外國在華僑民本國的法律，由他們各自本國的駐華官員按照他們本國所准許的司法程序來確定他們的權利和義務的特權。總理衙門也曾明確表示外國人應和中國人一樣遵守中國的法律，如果違反應按照他們本國對類似案件所規定的法律予以懲罰。

　　然而實際上近代帝國主義列強在中國建立的領事裁判權制度恰恰相反，它「乃是外國侵略者強迫中國締結的不平等條約中所規定的一種非法特權，它的主要內容是：凡在中國享有領事裁判權的國家，其在中國的僑民不受中國法律的管轄，不論其發生任何違背中國法律的違法犯罪行為，或成為民事

〔註 5〕潘家德：《近代外國在華法庭論述》，四川師範學院學報（哲學社會科學版），
　　　　2001 年 3 月，第 15 頁。
〔註 6〕武樹臣主編：《中國傳統法律文化辭典》，北京大學出版社，1999 年 10 月第 1
　　　　版，第 228 頁。

訴訟或刑事訴訟的當事人時，中國司法機關無權裁判，只能由該國的領事等人員或設在中國的司法機構據其本國法律裁判」。〔註7〕據此，列強在領事區內或租界內成立行政管理機構，建立領事法院或領事法庭，派駐警察和軍隊，以充分行使對本國居民的管轄權。領事不僅審理本國國民之間的訴訟，而且依據被告主義原則審判當事人一方為駐在國國民的案件，同時對涉訴的領事館雇傭的住在國國民也要求進行保護，嚴重干涉中國的司法主權。這種非法特權，是對一個主權國家屬地優越權的侵犯，更是對一國獨立司法主權的剝奪，是公然違背國家主權和國家之間權利對等的國際法基本準則的。

鴉片戰爭以後，帝國主義國家將這種領事裁判權制度強加給中國。英國於 1843 年通過《虎門條約》，美國於 1844 年通過《望廈條約》，沙俄於 1858 年通過《天津條約》，先後在中國取得領事裁判權。其後，德、法、日等帝國主義國家也通過不平等條約在中國取得這種特權。按照這些不平等條約的規定，外國在中國享有的領事裁判權的主要內容有：

（1）中外混合案件按照所謂「被告主義」原則處理。即在中國享有領事裁判權的國家的國民和中國人之間的訴訟案件，如果外國人為民事訴訟的原告，中國人為被告，由中國法庭按照中國法律審判；反之，如果外國人為被告，中國人為原告，則由被告人所屬國的領事法庭按照其本國法律審判。

（2）外國人單純案件，即在中國享有領事裁判權的國家的本國國民之間的訴訟案件，由該國的領事法庭審理，中國官員無權過問。

（3）外國人混合案件，一般也適用「被告主義」原則，但是情況比較複雜。如果原告和被告雙方所屬的國家在中國都享有領事裁判權，則歸被告所屬國家的領事審判；如果被告所屬的國家在中國不享有領事裁判權，則由中國法庭審理。與領事裁判權制度相關聯的，還有外國領事派員觀審和會審制度。

領事裁判權是近代列強對華法權的嚴重侵略與傷害，是超越於「治外法權」的特殊權力。「治外法權者，外國人之駐在或遊歷內國者，超出內國法治之外也。領事裁判者，外國人居留在內國者，不從內國之法律，而從其本國領事之裁判也。申言之，外國元首、公使等或因本國之招請或經本國之允許

〔註7〕趙曉耕編著：《中國法制史》，中國人民大學出版社，2004 年 5 月第 1 版，第 366 頁。

或常駐於內國或暫留於內國，本國為圖邦交之輯和、國際之便利、國家之尊嚴，超出內國法治之外，不受其支配的權利，謂之治外法權或曰超治法權。外國人或因傳教或因通商或因遊歷，而在內國之境內本國為保護外國人之生命財產計，外國領事審理外國人與外國人或外國人為被告內國人為原告之訴訟事件，並依外國人本國之法律判決之權利，謂之領事裁判權」。〔註8〕「治外法權依國際公法為終始者也」，〔註9〕「至領事裁判，非特別條約，無由發生」。〔註10〕「又治外法權為平等之權利，以國無論強弱，化無論文野，皆得享之。領事裁判權為不平等之權利，以強國對於弱國，先進國對於落後國始有之」。〔註11〕

　　公元前 6、7 世紀，在古希臘氏族社會瓦解後出現的一些奴隸制城市國家中，存在一種「外國代表人」（Proxeni）制度。「外國代表人」，是指由居留在希臘城市國家中的外國僑民推舉的、為其所代表的外國僑民服務的外國僑民或當地居民。公元 15 世紀，隨著領事制度從西方傳入東方，土耳其成為西方基督教國家在東方建立領事裁判權（Consular Jurisdi Ction）制度的第一個國家。由於伊斯蘭教國家法律規定「不允許異教徒與本教徒享受同等特權」，一些西歐基督教國家便以「其僑民不習慣伊斯蘭教國家的法律」為藉口，先後與土耳其等伊斯蘭教國家訂立了領事裁判權條約。據此，西方國家在伊斯蘭教國家的領事官員，獲得了在接受國對其本國僑民行使民事和刑事管轄權的所謂「領事裁判權」。

　　1648 年，交戰雙方締結了《威斯特伐利亞和約》。和約的簽訂，建立了國家之間相互關係的新秩序。從此，一方面，由於外交使團制度在歐洲的普遍建立和實行，領事制度受到冷落；另一方面，反對領事裁判權制度的民族情緒日益高漲，外國商人被置於接受國民法、刑法和商法的管轄之下，領事的權力受到限制甚至不受歡迎。如，1739 年，荷蘭和法國簽訂的《凡爾賽條約》規定：今後雙方都不再互派領事。可見，領事制度在西歐國家一度衰落。

〔註8〕賀其圖：《鴉片戰爭前的中西司法衝突與領事裁判權的確立》內蒙古民族師院學報（哲社版），1994 年第 2 期，第 53～54 頁。

〔註9〕賀其圖：《鴉片戰爭前的中西司法衝突與領事裁判權的確立》內蒙古民族師院學報（哲社版），1994 年第 2 期，第 53～54 頁。

〔註10〕賀其圖：《鴉片戰爭前的中西司法衝突與領事裁判權的確立》，內蒙古民族師院學報（哲社版），1994 年第 2 期，第 53～54 頁。

〔註11〕賀其圖：《鴉片戰爭前的中西司法衝突與領事裁判權的確立》，內蒙古民族師院學報（哲社版），1994 年第 2 期，第 53～54 頁。

1769 年 3 月 13 日，法蘭西駐西班牙特命全權大使多森侯爵和西班牙王國首相德格里馬爾迪侯爵，在西班牙帕多宮簽署了《帕多條約》（Franeo - Spanish Convention of Pardo），這是世界上第一個雙邊領事條約。該條約首次對領事職務和領事特權與豁免做出規定，領事的時代又回來了。

19 世紀中葉，西方國家在向遠東進行殖民擴張的同時，通過不平等條約，把領事裁判權制度推行到遠東一些國家，在中國表現得尤為突出。英、法、美、俄等國通過不平等條約，在中國、暹羅（泰國）、日本等國取得了領事裁判權，並據此在中國等亞洲國家對其本國國民行使民事、刑事、商務和行政的管轄權。1895 年，原為領事裁判權制度受害國的日本，通過《馬關條約》也在中國取得了片面領事裁判權。

世界歷史進入近代後，國際交往日益增多，由於地緣關係，中日兩國不僅官方交往成為必然，而且民間往來日益增加。人類社會內部各種角色基於利益分化而發生的衝突與對抗貫穿於人類社會發展的整個過程，現代社會乃是一個結構高度分化、角色眾多的社會，利益關係多元複雜構成現代社會的普遍現象，近代以來中日兩國的民間一切往來亦概莫能外。因應上述情形，中日兩國之間必然應建構並運作一個民間糾紛解決體系。

1871 年 9 月 13 日，清政府與日本訂立《修好條規》，其中第八條是「兩國指定各口，彼此均可設理事官，約束己國商民，凡交涉、財產詞訟案件、皆歸審理，各按己國律例辦。兩國商民彼此互相控訴，俱用『稟呈』，理事官應先勸息使不成訴，如或不能，則照會地方官會同公平訊斷。」〔註 12〕通過這個條款，日本在中國取得了領事裁判權。條款雖然侵犯了中國主權，但並不是對中國的不平等，因為條款的規定是對等的，清政府在日本也具有同樣的權利。如果中國人在日本的口岸牽涉詞訟案件，日本官員不能單獨審訊，必須會同清政府理事官共同斷訴。1872 年 1 月 29 日，近代首個駐華日本領事館——駐上海日本總領事館正式設立。〔註 13〕此後，在中國各個重要開港城市相繼設立了日本領事館。1888 年，日本政府公布《駐紮清國及朝鮮領事裁判規則》，規定了日本駐清領事刑事裁判權的一般規則。〔註 14〕1890 年，日本

〔註 12〕 王鐵崖編：《中外舊約章彙編》，第一冊，第 318 頁。
〔註 13〕 （日）《外務省百年》上卷，原書房，1969 年版，第 97 頁。
〔註 14〕 （日）《外務省警察史·警察關係條約及諸法歸類（滿洲及支那）等》，日本東京不二出版社，2001 年，第 199 頁。

政府又公布了《日本帝國領事規則》，規定了領事職務的一般範圍，即在接受國內保護日本政府和商民的利益、依約行使領事裁判權和向外務大臣報告所在地情事等。〔註 15〕

　　1895 年 12 月，日本代表林董與中國代表李鴻章（後改為張蔭桓）開始談判。日方提出約稿草案，欲取得與歐美諸國在華一樣的權益，清政府的出發點是「不令於泰西各國成約以外別有要求」，雙方並無根本分歧，所以談判時雖有爭辯，最後還是在日方約稿的範圍內定議。1896 年 7 月 21 日，張蔭桓與林董在北京簽訂《通商行船條約》，其中第三款規定：「大日本國大皇帝陛下酌視日本國利益相關情形，可設立總領事、領事、副領事及代理領事，往中國已開及日後約開通商各口岸城鎮，各領事等官，中國官員應以相當禮貌接待，並各員應得分位、職權、裁判管轄權及優例、豁免利益，均照現時或日後相待最優之國相等之官，一律享受。大清國大皇帝亦可設立總領事、領事、副領事及代理領事，駐紮日本國現准及日後准別國領事駐紮之處，除管轄在日本之中國人民及財產歸日本衙署審判外，各領事等官應得權利及優例，悉照通例，給予相等之官一律享受。」〔註 16〕按此款「最惠國待遇」之規定，日本在華仍享有領事裁判權，而中國駐日領事卻失去「管轄在日本之中國人民及財產」之權利，在日本的中國人若與日人發生訴訟，即「歸日本衙署審判」。《通商行船條約》「改變了 1871 年《日清修好條規》所規定的互有領事裁判權的體制」，〔註 17〕日本獲取了片面獨惠的領事裁判權。〔註 18〕

　　日本在華行使領事裁判權按照《中日通商行船條約》，以被告主義為原則，主要表現在：

　　　　一、以日本人為原告和被告的民事事件的管轄，專屬日本方面。

　　依據第二十條。

　　　　二、以第三國人為原告，以日本人為被告的民事事件的管轄，

〔註 15〕（日）外務省百年史編纂委員會編：《外務省百年》，東京原書房，1969 年，第 178～182 頁。

〔註 16〕〔日〕東亞同文會調查編纂部：《增補支那關係特種條約匯纂》，東京東亞同文會調查編纂部，1922 年版，第 632 頁。

〔註 17〕〔日〕信夫清三郎編、天津社科院日本問題研究所譯：《日本外交史》上冊，商務印書館，1980 年版，第 281 頁。

〔註 18〕《通商行船條約》第六、第二十、第二十一、第二十二、第二十三、第二十四條。參見〔日〕東亞同文會調查編纂部：《增補支那關係特種條約匯纂》，東京東亞同文會調查編纂部，1922 年版，第 632～636 頁。

專屬日本。依據第二十條。

三、以中國人為原告以日本人為被告的民事事件的管轄，專屬日本方面。依據第二十一條第一項。

四、以日本人為原告，以中國人為被告的民事事件的管轄，專屬中國方面。依據第二十一條第二項。

五、以日本人為被告的刑事事件，被害人為中國人或第三國人之場合，其管轄歸日本人方面。依據第二十二條第一項。

六、以中國人為被告的刑事事件，被害者為日本人的場合，其管轄歸中國方面。依據第二十二條第二項。

七、以日本人為原告、以第三國認為被告的民事事件；以第三國人為被告，被害人為日本人的刑事事件，條約上沒有明確規定，但一般以被告主義原則。在中國海關、郵務、鹽務等官署服務的日本人，也按領事裁判權之關係處理，與其他日本人的地位並無不同。

八、領事裁判權中包含司法警察權，即領事裁判權行使之際，司法警察有搜索、逮捕及追蹤權，換言之，日本人作為被告人或犯罪人，逃亡至中國內地，或隱匿於中國人的住居、船舶等處，日本的司法警察可以行使追蹤權。依據第二十四條第一項。

九、日本臣民有持正當旅券到中國內地旅行權。若旅行者未持旅券或違反法律規定時，須將其引渡給最近的領事官，中國地方官拘禁時，不得有虐待的處分。依據第六條。

十、關於日本行使領事裁判權的地域，以中國全土為原則。領事裁判權的機關、組織及權限、適用法規等，條約並無特別規定，由日本國自由決定。〔註19〕

1899 年日本政府制訂《領事官之職務》，〔註20〕規定駐華領事官對於在華日本人為被告的民事刑事商事案件，以及關於日本人的非訟案件，得為當然法官，行使裁判權。同年頒布《領事官職務規

〔註19〕〔日〕第六調查委員會學術部委員會編：《關於治外法權慣行調查報告書》，東京東亞研究所，1941 年，第 25～27 頁。

〔註20〕（日）國立公文書館，御署名原本・明治三十二年・法律第七十號・領事官ノ職務二關スル件制定清國並朝鮮國駐在領事裁判規則廢止，檔案號：A03020376599。

程》，規定領事職務的一般範圍。〔註21〕據 1921 年 2 月 10 日發表的日本在外公使館調查，日本駐中國總領事館有 16 個（其中包含 4 個分館），領事館 24 個（其中包含 4 個分館）。〔註22〕此後還不斷有增加，於是，日本得到了隨意開設領事法庭的機會。

第二節 廈門領事法庭的運作實狀

1899 年 3 月 20 日，日本政府以法律第七十號頒布《關於領事官職務之法律》，〔註23〕次年 4 月 19 日又以敕令第一百五十三號頒布《領事官職務規則》。〔註24〕標誌日本在華領事法庭建設邁出實質一步，自此日本領事法庭人事步入正軌。

一、人事與隸屬關係

日本駐廈門領事館於 1875 年建館，地址設在鼓浪嶼協和禮拜堂附近，1896 年 3 月 7 日，開始在該館附近興建新館，1897 年竣工。樓下為辦公室，樓上為領事公館和會客廳。1915 年，復又在該館內附設警所、監獄和拘留所。1916 年 11 月 5 日，另在廈門梧桐埕分設警部。1928 年，在該館右側增建兩棟大樓，其中一棟樓是警察署，內有刑訊室、監獄，另一棟兩層樓作為領事館和警察署人員宿舍。1938 年 5 月 11 日，日本佔領廈門，27 日重新在廈門鷺江道大樓復館並設警察總署，原鼓浪嶼警察署改為分屬。太平洋戰爭發生後，該館遷往廈門深田路。

1895 年臺灣總督府於民政局設置外務部，1896 年改於總務部設置外事課，1897～1898 年復於民政局設置外事課，直到 1907 年才改設官房外事課，成為獨立部門。1923 年（一說 1924 年）又廢外事課，改於文書課內設置外事

〔註21〕曹大臣《近代日本在華領事制度》，社科出版社，2009 年，第 83 頁。
〔註22〕《通商公報》，大正時期日本領事報告，1997 年不二出版社影印版，第 805 號，第 12 頁。公使館：北京。總領事館：哈爾濱、吉林、間島、頭道溝分館、局子街分館、琿春分館、奉天、新民府分館、天津、濟南、上海、漢口、成都、福州、廣東、香港。領事館：齊齊哈爾、長春、農安分館、安東、通化分館、鐵嶺、掏鹿分館、海龍分館、鄭家屯、遼陽、牛莊、赤峰、芝罘、杭州、蘇州、南京、九江、宜昌、沙市、長沙、重慶、廈門、汕頭、雲南。
〔註23〕〔日〕外務大臣官房人事課編：《外務省年鑒（大正 15 年）》，クレス出版社，1999 年影印版，第 17～18 頁。
〔註24〕〔日〕外務大臣官房人事課編：《外務省年鑒（大正 15 年）》，第 22～23 頁。

系。〔註25〕1934 年 7 月 18～22 日，臺灣總督府在臺北召開「華南領事會議」。〔註26〕。會議最後達成「臺灣總督府恢復設立外事課」的協議。1935 年 9 月 2 日，臺灣總督府正式恢復設立官房外事課，〔註 27〕外務省派遣的阪本龍起擔任課長。1936 年小林躋造上臺後，1938 年 8 月將外事課升格為外務部，下設 5 個系，即庶務系、涉外系、南支系、南洋系和通信系。〔註28〕華南及南洋各地日本領事館與總督府外事部門的聯繫加強，關係領事館由 1924 年的 13 個擴充到 1935 年的 16 個，1938 年外務部設置後則達到 18 個。各領事館的領事官兼任總督府的事務官或囑託，分擔總督府事務，活動頻繁，為日軍的華南、南洋作戰及戰後資源掠奪奠定了基礎。

　　1942 年 12 月 27 日即太平洋戰事一年後，臺灣總督府依訓令第 170 號發布《臺灣總督府事務分掌規程》，對外事機構進行改革。該規程第 50 條規定，總督府外事部實行「一系兩課」制，設置庶務系、管理課及調查課。第 52 條規定，「管理課」執掌（1）南支那及南洋帝國施策協力之事項；（2）南支那及南洋行政事務關係各廳聯絡折衝之事項；（3）有關臺灣海外發展指導助成之事項；（4）南支那及南洋、臺灣總督府及臺灣關係者文化經濟設施之事項；（5）臺灣拓殖株式會社及其他臺灣關係企業的南支那及南洋業務指導助成之事項；（6）南支那及南洋通商振興之事項；（7）臺灣南方協會及其他南方關係團體指導監督之事項；（8）南支那及南洋關係設施事務統轄之事項；（9）關於外國人之事項；（10）外國旅券及渡航證明之事項；（11）外國語通譯之事項。〔註 29〕

　　籍由以上材料，臺灣總督府的外事部門雖幾經演變，但是福建及廈門領事法庭的行政歸屬於臺灣總督府外事部門的情況，基本未曾變化，廈門等福建的領事法庭行政上歸屬於臺灣總督府，是其下屬，因此在執行總督府政策

〔註25〕〔日〕「官房外務部官制之沿革」，參見アジア歷史資料センター，公文類・第五十九編・昭和十年・官制十一（臺灣總督府一），畫像第 33。

〔註26〕〔日〕《對岸領事打合會議議事錄》，第 12 頁，外務省外交史料館藏：M.2.3.0-1-4。

〔註27〕〔日〕「1935 年臺灣總督府官制中改正之件」，參見アジア歷史資料センター，公文類・第五十九編・昭和十年・官制十一（臺灣總督府一），畫像第 12。

〔註28〕〔日〕「官房外務部現在定員分掌事務」，參見アジア歷史資料センター公文類・第六十四編・昭和十五年・官制四十（臺灣總督府三），畫像第 28。

〔註29〕〔日〕臺灣總督府：《臺灣總督府事務成績提要》（1942 年版），臺灣成文出版社影印版，1985 年，第 621～622 頁。

及其人員管理組織上必須服從於總督府的支配。

　　廈門日本總領館下分本館與警察署兩大部分。本館除總領事外，還有副領事二名，下面又分政務、監理、經濟、司法、庶務、會計、文書、電信等八個系；警察署設署長一人（受總領事節制），下分警務、高等、保安、司法四個系和鼓浪嶼警察分署，以及各區派出所，全署警官幾十人。該館不雇用華人職員。〔註30〕

　　檢察官由領事館主事代理，檢察官的職務由領事館主事或警察官執行。1884 年，日本外務省開始在上海領事館設置警察署，派駐警察官。是年 9 月12 日，井上外務卿致電三條太政大臣，提出向中國派遣領事官警察及其工資旅費支出方案，建議：「自中法戰爭爆發以來，上海等衝要之地，我國居留民甚多，為便於取締管理，該地安藤領事電請速派二名巡查，本省擬自長崎縣選派二名巡查至該地。至巡查職務、俸祿及旅費等支給標準，參酌一般外事官員額度支付。」〔註31〕1896 年 4 月 16 日，外務大臣密訓天津、煙臺、蘇州、杭州、沙市、重慶及廈門各領事館，要求：「為保護及管束清國各地之日本居留民，將在各領事館設置警察署，分派警部一名，以執行警察事務」。〔註32〕1896 年 7 月，中日《通商行船條約》簽訂後，日本獲得片面領事裁判權。1899 年 3 月，外務省以法令第七十號發布《領事館之職務》，擴大了警察官（分為警視、警部、警部補、巡查等級別）的職務範圍，規定警察官除保護居留民和負責領事館警戒外，還兼具司法官性質。其中的第十三條規定：領事官可使警察官擔當檢察官或裁判所書記之職；十四條還規定，領事官可使警察官行使執達吏（送達訴訟文書）之職。〔註33〕1904 年 10 月，外務省發布《關於設置在外警察署長之通知》，宣稱：「鑒於清國及韓國有關居留民之事務日漸繁多，警部、巡查之派遣勢必增加，此前警部監督部下之機制已不適應形勢發展。現決定凡有 2 名警部以上之警察署，均設署長。關於署長、署員及警察事務，悉照從前，由駐在該國總領事、領事及副領事或代

理者指揮監督」。〔註34〕此後外務省藉口領事裁判權的延長，分別向各地派遣警察官，1899年，向福州；1900年，向北京；1901年，向南京；1904年向汕頭；1904年，向長沙；1906年，向廣東。〔註35〕

日俄戰爭之際，日本開始在東北領事館設置警察署。1904年8月24日，牛莊日本領事瀨川淺之進向外務省大臣建議設立領事館警察。〔註36〕隨即外務省即派出2名巡查，在9月8日自東京出發赴任。〔註37〕日俄戰爭後，日本在東北警察署設置更為普遍。1906年5月30日，奉天警察署開設；1906年6月6日，安東警察署開設；1906年8月3日，鐵嶺警察署，1906年8月7日，遼陽警察署；1906年10月1日，新民警察署；1906年11月5日，長春警察署；1907年3月8日，哈爾濱警察署；1907年3月9日，吉林警察署；1908年1月10日，齊齊哈爾警察署成立。〔註38〕

1909年中日「間島」交涉中，日本雖然承認了中國對此地的領土權，但駐華公使伊集院彥吉表示：「日本為保護韓民起見，萬不能自棄其裁判權」。〔註39〕並稱：「我們設立警察，係行司法之事，絕不侵害中國行政權」，〔註40〕這種狡辯，雖然牽強的摘出對中國行政權的侵害，但卻道出了控制中國司法權，實施領事館審判行徑的實質。8月17日，中國外務部致電伊集院，其中的「領事館內可附設司法警察，專司傳訊該國居留人民」，〔註41〕領事裁判權被日本擴大。1909年9月4日，中日簽署《圖們江中韓界務條款》，同年11月2日，日本在「間島」開設總領事館及局子街、頭道溝分館。〔註42〕在這

〔註34〕（日）外務省百年史編纂委員會編：《外務省百年》，東京原書房，1969年，第1393頁。

〔註35〕（日）外務省百年史編纂委員會編：《外務省百年》，東京原書房，1969年，第1393頁。

〔註36〕（日）外務省百年史編纂委員會編：《外務省百年》，東京原書房，1969年，第1381～1382頁。

〔註37〕（日）外務省百年史編纂委員會編：《外務省百年》，東京原書房，1969年，第1382頁。

〔註38〕（日）外務省百年史編纂委員會編：《外務省百年》，東京原書房，1969年，第1382～1383頁。

〔註39〕王芸生：《六十年來中國與日本》第五卷，三聯書店，1980年，第186頁。

〔註40〕王芸生：《六十年來中國與日本》第五卷，三聯書店，1980年，第190頁。

〔註41〕王芸生：《六十年來中國與日本》第五卷，三聯書店，1980年，第210頁。

〔註42〕（日）外務省外交史料館、日本外交史辭典編纂委員會：《日本外交史辭典》，日本大藏省印刷局，1979年，第374頁。

些領事館內配備了 46 名警察。〔註 43〕

1914 年，日本駐廈門總領事「為便於監督取締居住於廈門的日本人」，在領事館之外設置「廈門日本總領事館警察署分署」，並且辯稱：「日本領事館警察署乃至分署，為日本總領事館之一部分，而非他物。既然中日之間已經認定日本領事可以在廈門執行職務，領事館警察署之存在及領事館警察分署之設置，則無何等非法之處」。〔註 44〕鑒於對廈門等華南日本領事館管轄內的臺灣黑幫勢力的治理，1916 年 9 月 25 日起 3 天間在臺灣總督府，由廈門領事菊池義郎、福州領事齋藤良衛與臺灣總督府之間商議領事館警察事務，總督府決定：第一為加強對岸警察之配置，該府決定派遣警部補 2 名、巡查 15 名至華南，配置於對岸 4 領事館。並將一切有關指揮、監督警察官之事宜委任於領事。且若總督府擬命令警察官調查某事項時，應照會領事，由領事下令調查。〔註 45〕

1921 年 11 月 29 日，華盛頓會議上，面對中國要求日本撤出在華警察的聲音，日本全權代表辯稱：「因日支兩國地理接近，日本非法之徒難免在支那有不法行為，對此等非法之徒，支那警察官難以逮捕處罰，而若將是等犯人盡速引渡日本官憲，解決則頗為簡單。反之，犯罪人一旦逃脫現場，則犯罪原因及事實實難查清，特別是支那官憲，無權搜查享有治外法權之外國人家宅，難以得到相應證詞。若非與日本警察充分協力，最終則不能施行犯罪處罰，此等傾向已於滿洲出現。現該地方居住十數萬日本人，較之有日本警察官駐紮之地方，無警察官駐紮地之日本人犯罪較多。加之，撇開理論方面不論，日本在支那內地設置警察，於防止日本在支居留民犯罪方面，在實際上有相當價值。因目下支那人對其他外國人行為不能進行何等干涉，故從另一方面說，日本警察則可協助支那警察保護支那」。〔註 46〕日本的辯稱雖然目的在於維持在華的警察權，但也一定程度上闡釋了當時領事館警察的主要職責。從其狡辯文字中，隱約可見警察官在司法事務中的檢查身份及職能。

〔註 43〕邱祖銘：《中外訂約失權論》（1940 年 1 月，上海商務印書館）載於林泉編《抗戰期間廢除不平等條約史料》，臺灣中正書局，1983 年，第 41 頁。
〔註 44〕（日）古賀元吉：《支那及滿洲的治外法權和領事裁判權》，東京日支問題研究會，1933 年，第 121 頁。
〔註 45〕JACAR：B03041652400。
〔註 46〕（日）植田捷雄：《在支列國權益概說》，東京岩松堂書店，1939 年，第 107 頁。

日本在廈領事館職員表

姓　名	職　別	到任日期	學歷及出身
福島九成	領事	明治八年（1875 年）四月八日	
吳碩	事務代理	明治九年（1876 年）八月十一日	
福島九成	領事	明治十年（1877 年）一月九日	
富山清明	館務代理	明治十三年（1880 年）三月五日	
外國人	名譽領事	明治十七年（1884 年）四月三十日	
外國人	領事代理	明治十七年（1884 年）七月五日	
上野專一	二等領事	明治二十九年（1896）三月七日	
上野專一	一等領事	明治二十九年（1896）十一月八日	
芳澤謙吉	事務代理	明治三十三年（1900）八月三十日	東京帝國大學英文科、外交官及領事官考試合格
上野專一	領事	明治三十三年（1900）九月十九日	
芳澤謙吉	事務代理	明治三十四年（1901）十月一日	東京帝國大學英文科、外交官及領事官考試合格
上野專一	領事	明治三十四年（1901）十一月十一日	
山田盛一	事務代理	明治三十六年（1903）十一月十八日	
上野專一	領事	明治三十九年（1906）十一月九日	
吉田美利	事務代理	明治三十九年（1906）八月十四日	
瀨川淺之進	領事	明治四十年（1907）五月二十七日	

大杉正之	事務代理	明治四十一年（1908）五月二十二日	
森安三郎	事務代理	明治四十一年（1908）六月三十日	東京帝國大學法學部政治科、外交官及領事官考試合格
菊池義郎	領事	明治四十三年（1910）三月十五日	
矢野正雄	事務代理	明治四十四年（1911）四月四日	
菊池義郎	領事	明治四十四年（1911）十月十五日	
船津文雄	事務代理	大正二年（1913）二月四日	
菊池義郎	領事	大正二年（1913）四月十四日	
秋洲旭三郎	事務代理	大正六年（1917）一月十日	
矢田部保吉	領事	大正六年（1917）四月三日	
市川信也	事務代理	大正七年（1918）十二月二十四日	東亞同文書院、外務省留學生考試合格
藤田榮介	領事	大正八年（1919）七月十四日	東京帝國大學法學部法律科、外交官及領事官考試合格
鈴木連三	事務代理	大正九年（1920）十月十一日	
藤井啟之助	領事	大正十年（1921）四月二十日	東京帝國大學法學部政治科、外交官及領事官考試合格
河野清	領事代理	大正十一年（1922）十二月十二日	東亞同文書院
佐佐木勝二郎	領事	大正十二年（1923）五月二十六日	神戶高等商業學校、高等行政科考試合格
井上庚二郎	領事	大正十三年（1924）八月二十八日	東京帝國大學法學部政治科、外交官及領事官考試合格
高井末彥	領事代理	昭和二年（1927）一月十一日	

阪本龍起	領事	昭和二年（1927）七月二十六日	
寺島廣文	領事	昭和四年（1929）二月二十五日	
增尾儀四郎	事務代理	昭和五年（1930）二月一日	
寺島廣文	領事	昭和五年（1930）三月三日	
三浦義秋	領事	昭和六年（1931）九月七日	東京帝國大學法學部政治科、高等考試外交科考試合格
冢本毅	領事	昭和八年（1933）四月一日	
武藤貞喜	事務代理	昭和九年（1934）四月十日	東京外國語學校支那語科
冢本毅	領事	昭和九年（1934）六月十日	
山田芳太郎	領事	昭和十年（1935）八月六日	
山田芳太郎	總領事代理	昭和十一年（1936）十一月一日	
高橋茂	總領事代理	昭和十二年（1937）七月二十日	高崎中學校、外務省書記生考試合格
內田五郎	總領事	昭和十三年（1938）五月二十七日	遞信官吏練習所外國郵政科、外務省書記生考試合格、高等考試外交科考試合格
石川實	總領事	昭和十六年（1941）一月十五日	
今城登	總領事代理	昭和十七年（1942）四月七日	
小澤成一	總領事	昭和十七年（1942）四月二十二日	
赤土屈鐵吉	總領事	昭和十七年（1942）十一月一日	

資料來源：參考廈門市檔案局、廈門市檔案館編《近代廈門涉外檔案史料》，1997 年廈門大學出版社，第 97～99 頁；曹大臣《近代日本在華領事制度》，2009 年社會科學出版社，第 325～344 頁等資料作成。

　　從表中可見，廈門領事官員學歷水平逐漸提高，而且逐漸外交專業化，其中還出現了法律專業人士，從事領事法庭審判人員的專業化程度較高。日

本領事們大多來自當時日本的著名高等學府，即使鮮有出身平凡者，也是經過高等試驗的合格者。1918 年 1 月，日本政府頒布《高等試驗令》，將奏任文官的任用資格考試、外交官、領事官及法官的任用資格考試統稱為「高等試驗」。考試分為「預備試驗」和「本試驗」兩種，「預備試驗」合格後方可參加「本試驗」。「預備試驗」受驗者須為中等學校畢業者或同等學歷，高等學校大學預科或由文部大臣認定的同等以上的學校畢業者可免除「預備試驗」。「本試驗」每年在東京舉行一次，分為行政科、外交科及司法科等三科。外交科必考科目有憲法、國際公法、國際私法、經濟學、外交史、外國語，選考科目有行政法、民法、商法、刑法、財政學、商業學、商業史等（七選一）。司法科必考科目有憲法、民法、商法、刑法、民事訴訟法、刑事訴訟法、國際私法，選考科目有行政法、國際公法、經濟學（三選一）。〔註 47〕

　　上海東亞同文書院為日本在華開設的精通中國事情的特殊學校，領事官員中也不乏出身於此者，但他們皆是經過相關考試方才進入領事隊伍中的。該書院自從三四十年代開始，課程從最初的中國事情為主的基礎上，開始增加「支那經濟事情」、「支那時事問題研究」、「支那史」、「支那文化概論」、「國際法」、「戰時國際法」等科目。〔註 48〕藉此可知，領事官員們經過如許的專業課程教育，具備了紮實的外交、法律理論功底，只要稍作實習，積累一些實際經驗，便足可以應付外交及法律問題。

　　汪精衛政府建立後，臺灣總督府為「提高華南領事館書記官以下職員的法律知識，增進其法律事務能力」，於 1941 年 4 月在華南領事館舉辦法律講習所，講授民刑事訴訟法、法院組織法、執行法、登記條例、司法統計等內容。同時，「為提高領事館司法職員素質，疏通日華兩國人之意見並聯絡提攜」，總督府還開辦日語短期講習所。1942 年 4 月第 1 期，12 人，同年 10 月，又有廈門法院 30 名、鼓浪嶼會審公堂 6 名參加學習。〔註 49〕此間，總督府還派法官到華南相關部門（參見下表），繼續掌控華南的司法事務，以便籠絡籍民。

〔註 47〕（日）外務省大臣官房人事課編：《外务省年鉴》（大正 15 年），クレス株式会社，1999 年影印版，第 182～184 頁。

〔註 48〕（日）薄井由著：《東亞同文書院大旅行研究》，上海書店出版社，2001 年，第 27 頁。

〔註 49〕〔日〕臺灣總督府外事部：《南支方面司法事務視察報告書》，臺灣總督府外事部調查第一百三十六（政治門第七），第 178～179 頁。

總督府在廈歷年司法指導官情況（1944 年 2 月）

職　別	姓　名	本　籍	摘　要
指導官	水元恒八	熊本	廈門司法領事
顧問官	堀田繁勝	熊本	臺灣總督府行刑課長、原臺灣法院判官
顧問官	小幡勇二郎	東京	檢視、原臺灣法院檢察官
顧問官	丸尾美義	鹿兒島	大使館一等書記官、原臺灣法院判官
輔佐官	吉武元海	福岡	法院檢察署事務輔佐
輔佐官	松偎秀幹	福岡	監獄、看守所事務輔佐

資料來源：〔日〕臺灣總督府外事部《南支方面司法事務視察報告書》，臺灣總督府外事部調查第一百三十六（政治門第七），第 187 頁。

二、領事法庭的審級及管轄範圍

　　民、刑劃分理論，實為移植自西法所承襲的六法體系，即將法律按照若干部門進行劃分，由此構成法律體系。其淵源於羅馬法，確立於近代的歐洲大陸國家，流行於大陸法系，〔註 50〕主要特點是將法律區隔為公法與私法，強調實體法和程序法之分，並按照法律的調整對象（即法律調整的社會關係及其性質）和法律的調整方法來區分刑、民及其他法律制度。

　　清代則未有現代體系化的部門法劃分理論，而是以「重情」與「細故」這兩個較為模糊的概念來區分案件種類並設計審級的。〔註 51〕按照清律規定，「州縣自行審理一切戶婚、田土等項」，〔註 52〕《清史稿·刑法志》也云：「戶婚、田土及笞杖輕罪由州縣官完結，例稱自理。」即州縣可自行審理戶籍、繼承、婚姻、土地、水利、債務案件，以及鬥毆、輕傷、偷竊等處刑為「笞杖」的案件。這些自理案件州縣即可定讞，因不涉及命盜重情，稱為「細故」。除此之外，處「徒」刑以上的案件，州縣則只有初審權而無權作最後決斷。由於這部分案件通常涉及人命奸盜等重大情節，稱為「重情」。在管轄問題上，清代法律中州縣的管轄權是以細故與重情來確定的。常例而論，清代州縣對其

〔註 50〕大陸法系的六法體系就是由憲法為根本法，民法為支柱，刑法、商法、民事訴訟法和刑事訴訟法為基本法律的成文法體系。

〔註 51〕重情與細故並未形成明文的制度規範。在《大清律例》中有「重情」和「細事」概念，在大量的官箴書中，對重情和細故的區分較為常見。本文界定重情和細故不在於說明清代有著兩類完全不同的法律體系（事實上二者的區分往往在州縣的自我把握之中），而是為了與現代民刑之分進行比較研究。

〔註 52〕《大清律例》，「告狀不受理」。

管轄境內所有糾紛俱有管轄權，其中，細故糾紛即「自理詞訟」，州縣衙門但可自行審結，州縣對其轄區內的「自理詞訟」有終審判決權。對於人命、強盜（搶劫）、邪教、光棍、逃人等嚴重犯罪案件和其他應處徒刑以上的案件，如強姦、拐騙、窩賭、私鹽、衙蠹等，州縣雖無權作出最終判決，但仍需行使偵查、緝捕、採取強制措施、初審並作出判決（時稱「看語」或「擬律」，即法律意見）。

在州縣審理過程中，並無重情與細故的程序性的嚴格區分，即沒有如許多學者所謂「刑事訴訟」和「民事訴訟」之別。重情案件和細故案件均由州縣全權自理，對於重情案件，清代州縣的初審同樣是正式的審斷，並且州縣要根據《大清律例》的條款提出判決意見，即「看語」，亦稱「擬律」，這是州縣針對重情案件所作書面裁斷。州縣初審完畢，應將包括「看語」在內的全部案卷報送上司，所謂「牧令為執法之官，用法至枷杖而止，枷杖之外，不得自專。」〔註53〕

清代的民事案件由基層審判機關州縣審理、判決，俗稱「自理詞訟」。自理詞訟的範圍包括戶役、土地、田租、賦稅、婚姻、繼承、錢債、水利等糾紛，以及鬥毆、輕傷等案件。自理詞訟中既有民事案件，也有輕微的刑事案件。根據清律，「官非正印者，不得受民詞」，所以州縣官才有對民事案件的審判權。如未經特別授權者審理民事案件，州縣官負連帶責任。可見，州縣之下不得成為一審級。「清代的民事訴訟組織」。清代法律訴訟的一個重要特徵是訴訟結構的二元性，即國家法訴訟與家族法訴訟並存。這種訴訟景觀，在民事訴訟中有著尤其鮮明的體現。清代州縣之內存在著一個官府於鄉里相通，血緣與地緣、族權與鄉權相結合的嚴密的訴訟組織，清代民事糾紛的解決就是在這樣一套組織結構內進行的。

日本領事法庭審判的依據是日本國內的法律，與臺灣法制的日本化如影隨形，廈門領事法庭擁有民事訴訟與刑事訴訟的預審權。日本據臺第二年的 1896 年，正式將職司審判的近代型法院引進臺灣，〔註54〕至 1899 年

〔註53〕劉衡：《州縣須知一卷》（附居官一卷），宜海指南本。

〔註54〕1895 年 6 月 17 日日本政府在臺北城宣布「始政」，隨即有臺灣人向日本官衙提出「民事訴狀」，以致臺北縣知事認為有制定「民事訴訟處理規則」的必要。參見臺灣總督府檔案，明治 28 年，永久保存，第十六門司法，民事，四十三、「臺北縣民事訴訟取扱規則」。然而從同年 8 月 6 日起，日本政府在臺實施「軍政」，所以同年 11 月間所設置的「臺灣總督府法院」，雖有審檢之別，使

則正式實施立基於控訴制的日本民事訴訟及刑事訴訟程序。但是,自 1904年之後,又減緩與原本清治時期法制相「異」的程度,而酌採「舊慣」。按此後地方行政機關,得借著「民事爭訟調停」制度,實質上進行某程度的民事司法裁斷甚至執行,屬行政部門的警察官署,更可藉「犯罪即決」制度,就涉嫌輕罪者逕為斷罪,以致混淆行政與司法的分際,倒較接近清治時期的實務運作。〔註55〕

先採由法院主導的「習慣法」方式,再進入到由立法機關主導的「制定法」階段,是另一種調和新舊法制的策略。日本當局如上所述,先由法院透過判決確立臺灣人的「習慣」,亦即固有民事法律關係的內涵為何,但於1910年代曾擬參考這些法院判決制定出成文法典,惟可能因該等草案之頒行將不利於臺灣與日本帝國的政治統合,故終未被實行。〔註56〕有趣的是,戰後中華民國法制亦對於無從納入西方式民法上類型,原屬臺灣社會固有的某些財產交易方式,例如「合會」,由法院依習慣法方式認定其規範內容。直到1990年代,民主化之後較關切人民需求的立法機關,終於依西方法概念,以成文法條,來規範這些固有的財產交易類型。〔註57〕由於該交易類型自舊時代即有之,故似乎可稱此為「新瓶裝舊酒」;不過,臺灣在經過約一個世紀的歲月後,西方法概念已不「新」了,而現今一般人的交易型態,由於受到國家依西方法概念所認定之習慣法的影響,也不再是「舊」的。

「州縣」是清代地方司法機關的第一審級,對民事案件有判決權。民事

用近代型法院的令狀(如召喚狀、勾引狀、勾禁狀、呼出狀、送達狀、呼出狀等),但因審判權屬於擁有軍令權的總督,故繫「軍事法庭」,而非一般的法院,直到1896年3月31日軍政才結束。進入民政時期後,依1896年5月1日律令第一號所組成的臺灣總督府法院,則已是擁有司法審判權的近代型法院了。關於令狀,參見臺灣總督府檔案,明治28年,永久保存,第四門文書,公文規程,一一、「法院令狀其他書式」。

〔註55〕參見王泰升:《臺灣法律史概論》,第223~227、263~266、323~324、330~333頁。按地方政府調停課官員於糾問出案件事實後所做的「裁斷」,法律上仍須被糾問的紛爭當事人同意,始成立和解,而做成可強制執行的調停筆錄。由高階警察擔任的即決官,於糾問出案件事實後即為斷罪,在法律程序上還是需要受即決人同意,蓋其若不服,得向法院請求為正式審判。故不論經由民事爭訟調停或犯罪即決,皆非透過嚴格意義的「審判」程序。

〔註56〕參見王泰升,《臺灣日治時期的法律改革》,頁315~317。

〔註57〕參見王泰升,《臺灣法律史概論》,頁331~332。1999年公布,自2000年施行的中華民國民法債編修正,增列第十九節之一「合會」,從第七百零九條之一到第七百零九條之九。

訴訟在州縣審理完結後，雖可即時發生法律效力，但必須報上司查覆，接受上司的司法監督。中國古代，包括清代，民事案件一般由基層審判機關自行審理、判決及執行，故多為一審終審。而刑事案件，除輕微的，一般採取逐級審轉制，下級審理後，作出處理意見（不是判決），連同案件逐級上報，由有終審權的審判機關作出生效的判決。法律一般都規定當事人對判決不服的，可以上訴。但是，就現代上訴制度來看，中國古代法律中的上訴並非現代意義上的上訴，而是現代法律制度的申請再審，屬審判監督的範疇。因此，清代乃至中國古代的「上訴」準確的說應稱為「上控」。可見，嚴格地說現代意義上的上訴制度在中國古代法律中並不存在，卻存在審判監督制度。

《領事官之職務》規定，駐華領事官對於在華日人為被告的民刑商事案件，得為當然法官，行使裁判權。日本在中國共有領事法庭達 35 處之多，日本駐華總領事或領事為領事法庭的當然法官，天津、奉天、上海、青島總領事館及其他案件繁多的領事館，另設領事或副領事一人專掌司法事務，此種領事或副領事在日本現任司法官中選任，單獨審理判決案件。在 20 世紀初期，日本更公開在清王朝的祖宗發祥地東北設立法院。〔註58〕

如上所述，由於廈門與臺灣的特殊關係，以及領事審判的主要訴訟多為民商案件，故日本駐廈門領事法庭的管轄範圍較為廣泛，是當時日本設在中國，特別是華南地區領事法庭的典型代表，是領事法庭研究的重要內容之一。

1925 年日本在華司法領事及管轄區域

司法領事官勤務地	司法事務職員數		管轄（依領事館管轄區域）	
	領　事	書記生	直　轄	共同管轄
奉天	2	2	奉天	長春、鐵嶺、鄭家屯、遼陽、安東、牛莊、吉林
天津	1	1	天津	張家口、赤峰、芝罘
青島	1	1	青島	濟南、芝罘
上海	1	1	上海	南京、蘇州、杭州、蕪湖、九江、漢口、宜昌、長沙
哈爾濱	1	1	哈爾濱	齊齊哈爾、滿洲里

〔註58〕 李貴連：《沈家本傳》，第 176～177 頁；袁燮銘：《晚清上海公共租界政權運作機制述論》，《史林》1999 年第 3 期；程道德主編：《近代中國外交與國際法》第一章，現代出版社，1993 年。

間島	1	1	間島（各分館管轄區域除外）	間島各分館管轄區域
廈門	1	1	廈門	福州、汕頭、廣東
合計	8	8		
備考	芝罘由天津及青島共同管轄，具體事件，由芝罘領事館視便利自行決定			

參見（日）日本外務省外交史料館藏：《司法領事關係事務雜件》，檔案號：M-2-1-0-32

三、審判程序

關於日本在華領事裁判權問題，南京大學的曹大臣教授曾進行過宏觀性的研究，[註59]他認為，一般情況下，凡關於民事訴訟，領事皆可獨斷行之，至刑事訴訟，惟有輕罪歸其裁判，重罪則不得為公判，只能預審。近代各國在華領事裁判權的範圍，只限於部分案件，非如普通審判機關，無論一切案件，都可以審判。當時各國審判，多取四級三審制，就中國而論，最高者為大理院，次為高等審判廳，三為地方審判廳，四為初審判庭。領事之兼司審判，不過在地方、初級兩廳之間而已。

日本在華行使領事裁判權的官員，多以領事館員及警察官吏充任。如上所述，1899 年 3 月 20 日，日本政府以法律第七十號頒布《關於領事官職務之法律》，次年 4 月 19 日又以敕令第一百五十三號頒布《領事官職務規則》。按以上律令，日本駐華領事官得以初審法院的資格，審理判決一切民事案件、破產案件、非訴事件及非重罪之刑事案件。領事官對於重罪刑事案件，如依法得處死刑，或無期監禁，或無期懲役，或一年以上的有期徒刑者，不得判決之。但領事對於此種刑事案件，得行偵查。訴訟案件經領事人員判決後，上訴或最終上告程序與日本各法庭判決後的訴訟程序相同。

廈門領事法庭的一審及其刑事案件的預審，與其他領事法庭相同，在附設於領事館的監獄執行，其受徒刑或懲役處罰刑期較長的犯人，則送往日本監獄監禁。按相關律令，如被告有犯罪嫌疑，須將被告分別押送管轄法庭審理，即駐中國中部及南部領事官所偵查之案，送長崎地方審判廳；駐東北領事官所偵查之案，送關東地方審判廳；駐間島領事官所偵查之案，送朝鮮清津地方審判廳。日本對臺灣的殖民統治進入民政時期後，臺灣總督府鑒於華南和臺灣地理上的聯繫以及社會歷史上的密切關係，參照滿、鮮、關東州等

〔註59〕曹大臣：《近代日本在華領事裁判權述論》，《抗日戰爭研究》2008 年第一期。

先例，認為福州、廈門兩領事館的福建的領事裁判權，汕頭、廣東兩領事館的廣東的領事裁判權，應歸總督府法院管轄。日本政府征諸華南領事的意見，於 1921 年 3 月 29 日以法律第二十五號公布，《關於南部支那領事官之裁判》（1925 年改正），該律令規定：（一）南部支那係指中國福建、廣東、雲南三省。（二）由駐南部支那帝國領事官預審之公判罪，屬臺灣總督府臺北地方法院管轄之。（三）對於駐南部支那帝國領事官裁判之控訴及抗告，屬臺灣總督府高等法院複審部管轄之。〔註 60〕將華南的領事裁判管轄權由長崎轉移到了臺北，〔註 61〕由此廈門的領事法庭在審判管轄上開始從屬於臺灣總督府及其法院體系。

日本在華領事法庭的司法組織及程序

領事館駐地及名稱	初　審	二　審	三　審
華中及華北地區：上海、漢口、天津、濟南、青島等總領館；張家口、南京、蘇州、杭州、蕪湖、九江、重慶、鄭州等領事館	重罪刑事案件 長崎地方裁判所	長崎控訴院	日本大理院
東三省：哈爾濱、吉林、奉天總領館；滿洲里、齊齊哈爾、長春、鐵嶺、鄭家屯、遼陽、安東、牛莊領事館	重罪刑事案件 關東地方裁判所	關東高等法院	關東高等法院最終上告庭
間島總領館	重罪刑事案件 朝鮮清津地方裁判所	京城複審法院	朝鮮大理院
南部：福州、廣東總領館；廈門、汕頭、雲南領事館	重罪刑事案件 臺北地方裁判所	臺灣高等法院	臺灣最高上告庭

參見（日）日本外務省外交史料館藏：《在支帝國領事裁判關係雜件》（含滿洲國），檔案號：D-1-2-0-2

　　1921 年法律第二十五號公布後，若臺灣籍民犯有刑事案件，則被送往臺北地方法院審判。籍民若不服裁判，可向臺灣高等法院提起控訴和抗告。但事實上此類案件並不多見，即使有，也多不了了之，致使彼等逍遙法外（參見下表），嚴重破壞了中國司法主權。

〔註 60〕〔日〕井出季和太編：《臺灣治績志》，臺灣成文出版社，1985 年版，第 641 頁。
〔註 61〕〔日〕井出季和太編：《臺灣治績志》，臺灣成文出版社，1985 年版，第 641 頁。

向臺灣高等法院提起之控訴抗告事件表（1921～1924 年）

年度別	民　事					刑　事		
	控訴件數	棄　卻	廢　棄	和　解	未　完	控訴件數	取　消	未　完
1921 年	1				1	1	1	
1922 年	2				3			
1923 年			1		2			
1924 年	3	1	1	2	1			

備註：四年間抗告民事刑事均無。
資料來源：（日）《在支帝國領事裁判關係雜件・北支領事裁判上訴審移管關係》，外務省外交史料館藏：D.1.2. 0-2-4。

今日臺北地方法院的前身可追溯至日據時期，1895 年日本領有臺灣，其後不久開始著手將西方司法制度引入，臺灣總督府於同年 10 月 7 日，以軍事命令發布「臺灣總督府法院職制」，設臺灣總督府法院一座於臺北，並於臺灣各地置支部共 11 個，由於依該職制，臺灣的審判層級一審即為終審，因此管轄當時臺北縣直轄地及基隆、淡水各支廳之民刑事案件的臺灣總督府法院或可視為臺北地方法院的濫觴。

1896 年，總督桂太郎廢止軍政，改行民政，發布律令第一號「臺灣總督府法院條例」，採三級三審制，於臺灣各地普設地方法院 13 座，本院是其一，臺北地方法院即於該年 7 月 15 日依該條例成立，因當時無適當之辦公處所，故以臺北縣廳內的一棟做為院舍。

本院當時亦兼理基隆、淡水二地之司法事務，因此管轄區似與軍政時期的臺灣總督府法院同。其時又規定，除管轄上開約當今大臺北地區的司法案件外，亦有權管轄當時三縣一廳中的臺北縣及臺中縣（總合約當今臺灣西部彰化縣以北及宜蘭縣）內的涉外事件。

值得一提的是，由於日本統治之初實行軍政，不願以「裁判所」此一日本本土審判機關之名稱呼軍事法庭，因此上開命令創設「法院」一詞代之，並沿用至日據終了，因此臺灣審判機關意外的早就以「法院」為名。

1898 年 7 月 19 日總督府改正「臺灣總督府法院條例」後，廢止高等法院，改採二級二審制，全臺地方法院僅餘本院及臺中地方法院、臺南地方法院三座，原依「臺灣總督府法院條例」成立的宜蘭地方法院及新竹地方法院縮併入本院為出張所。1904 年 3 月後一度亦將臺中地方法院併入本院為出張

所，惟旋於 1909 年 10 月恢復該院。同一時間花蓮港廳（今花蓮縣）及臺東廳（今臺東縣）亦自臺南地方法院改歸本院管轄。

　　1921 年 3 月，於田健治郎總督在任時，日本政府以本院就在中國南部福建省、廣東省及雲南省之日本領事裁判案件有公判之特權，亦即當時本院相當於該等領事裁判之上級審法院。

　　日本帝國在原本並無西方式法院的臺灣殖民地，建立了較一般西方法制更為強調「行政權優越」的法院體系。日據第二年的 1896 年，臺灣總督府即按照「臺灣總督府法院條例」正式設立專職司法審判、多審級、審檢分立的「臺灣總督府法院」，〔註62〕於是「條例」成為規範臺灣司法制度的基本法律。該法院的「司法行政監督權」歸屬於臺灣在地最高行政首長，即臺灣總督，此與戰前日本之由司法大臣擁有司法行政監督權，在本質上尚無太大差別。但是，作為殖民地法院，其法官僅有不得任意免官、轉官的兩項身份保障，少於日本內地法官的五項保障。臺灣的檢察官則沒任何特殊的身份保障，且總督在某些情況下得指揮檢察系統辦案，可知檢察官具有強烈的行政官色彩。且因行政訴訟制度未施行於臺灣，法院對於在臺行政機關的行政處分，完全不能進行違法與否的審查。復以戰前日本憲法並無司法違憲審查制度，司法機關無從以「法」（憲法）監督國家立法行為。〔註63〕

　　殖民地政府因此願意支持這樣一個對其不構成威脅、有助於建立社會秩序的法院體系。日據前期雖曾改三審制為二審制、少數情形下由高階警官或書記官代行檢察官職務，〔註64〕以節省法院人事成本，但已不惜鉅資，建造

〔註62〕關於此法院原始檔案之介紹，參見王泰升，〈舊臺灣總督府法院司法文書の保存と利用〉，松平德仁譯為日文，載於林屋禮二、石井紫郎、青山善充編，《明治前期の法と裁判》（東京：信山社，2003 年 3 月），第 426～441 頁。1895 年 10 月 7 日依「日令」（即軍事命令）發布「臺灣總督府法院職制」，同年 11 月 20 日開始運營，但自此至 1896 年 3 月 31 日「軍政時期」結束為止，臺灣總督府法院乃是執行總督司法審判權的一個軍事審判機關，之後進入「民政時期」，才是一般意義的、屬於司法審判機關的法院，其法律依據為 1896 年 5 月 1 日依「律令」（具有與「法律」同等效力）發布的「臺灣總督府法院條例」，當時全文及其後修正，見條約局，《律令總覽（「外地法制志」第三部の二）》（東京：自刊，昭和 35 年；重刊版，東京：文生書院，平成 2 年），第 130～137 頁。

〔註63〕其詳情，見王泰升，《臺灣日治時期的法律改革》，頁 144～145、149～155、158。

〔註64〕參見日本內閣統計局編，《日本帝國統計年鑑》，大正六年度，頁 731，表 733，註。

雄偉的西方式法院，〔註65〕彰顯「國家法律」的威嚴。至日據後期，全臺已形成一個分布頗為均勻的法院網絡，並在總督府旁起造一棟與總督府同樣具有威嚴的高等法院，司法官則在官僚體系內享有高階厚俸。〔註66〕

1896 年的「臺灣總督府法院條例」採用歐陸法式三級三審制，設置地方法院、複審法院及高等法院。日本內地法院雖然在明治初期也採用三級三審制，但在 1890 年代均已改為四級三審制，設有大審院、控訴院、地方裁判所、區裁判所。〔註67〕1898 年，兒玉總督政府改革殖民地法院制度，臺灣被定位為西方式的殖民地，但並未設置被殖民民族專用的特別法院，臺灣人和在臺的日本人皆適用殖民地化的日本西方式法院制度。〔註68〕是年 7 月 19 日，臺灣總督府通過律令修改了法院條例，其中重大之變化是廢除了高等法院，僅保留地方法院及其派出所、複審法院兩級法院，由三級三審制變為二級二審制。〔註69〕改正後的條例中對於控訴者，作出了收取費用的規定。根據罪行輕重，要求事先繳納重罪 30 元、輕罪 15 元的控訴費，以此作為控訴予納金制度。經過法院改革，臺灣總督府法院對臺灣地域內的民刑案件，具有了終審裁判權，與日本內地裁判所成為相互獨立的司法體系。〔註70〕1919 年 8 月 8 日，臺灣總督府以律令第 4 號再次修改法院條例。總督府法院仍直屬總督，再次設立高等法院，在高等法院內設置兩部，即由五位判官和議審判的上告部，以及由三位判官和議審判的複審部。上告部相當於終審法院，複審部相當於日本內地的控訴院。〔註71〕1927 年臺灣的法院條例又設置了「單獨部」、「和議部」，將原由地方法院獨任判官裁判之案件，劃歸單獨部管轄，原由法

〔註65〕某位法官回憶其在 1903 年來臺灣任職時，高等法院、地方法院及臺灣銀行，乃臺北市內最富偉觀的建築物。參見陳銘雄，《日治時期的臺灣法曹──以國家為中心的歷史考察》，臺大法研所碩士論文，1996，頁 175。興建於 1912 年的臺南地方法院，宏偉壯麗，係西方巴洛克風格的建築；作為臺灣最高行政機關的臺灣總督府，至 1919 年才擁有同樣華麗威儀的英國維多利亞式建築。參見李乾朗、俞怡萍：《古蹟入門》（臺北：遠流，1999），頁 124～125、148～149。

〔註66〕參見王泰升，《臺灣日治時期的法律改革》，頁 160～161、186。

〔註67〕（日）細川龜市：《日本近代法制史》，1961 年東京，第 97～101 頁。

〔註68〕泉哲：《殖民地統治論》，1924 年東京，第 230～231 頁。

〔註69〕1898 年 7 月 19 日律令第 16 號「臺灣總督府法院條例改正之件」，第 2 條，《律令縱覽》，第 131 頁。

〔註70〕參見王泰升，《臺灣日治時期的法律改革》，第 137 頁。

〔註71〕參見王泰升，《臺灣日治時期的法律改革》，第 140 頁。

院三位判官和議裁判的案件劃歸和議部管轄。臺灣地方法院單獨部相當於日本內地的第一級裁判機構——區裁判所，地方法院和議部相當於地方裁判所，可成為單獨部裁判之「控訴審」法院。〔註72〕

　　經過一系列演變，臺灣法院制度發展成為「二級（四部）三審」制。臺灣的四部，即高等法院上告部、複審部以及地方法院和議部、單獨部，等同於日本內地的四級—大審院、控訴院、地方裁判所、區裁判所。1927年起，臺灣法院以跟日本內地同採「四級三審」制，直至1943年戰時體制前。1933年法院條例中，仿傚日本內地法院制度，設置預備判官和預備檢察官，置於地方法院及其支部或其檢察局。〔註73〕

四、在廈領事館的法權

　　臺灣學者黃靜嘉以1922年1月1日為界，將日本殖民統治下的臺灣歷史劃分為兩個時期：1895年～1921年為殖民統治前期。這是在武官總督專制統治下，立法上採取以總督律令立法為原則的時期；1922年～1945年為殖民統治後期。自1919年起，臺灣實行文官總督制，並於1922年1月1日起日在臺實行「內地延長主義」，以日本帝國法律延長適用於臺灣的敕令立法為原則。該分類並不是單純以臺灣殖民地時期的法制發展狀況為背景來劃分的，而是綜合考慮了殖民地政治、經濟、社會發展的各方面因素。臺灣學者王泰升根據該時期法制發展狀況，也劃分了兩個時期，即1895年～1922年特別統治法制時期；1923年～1945年內地延長法制時期。主要分歧在兩個時期分界時間的界定。大正10年（即1921年）第3號《有關施行於臺灣之法令之法律》，其第1條為：「法律之全部或一部，如有施行於臺灣之必要者，以敕令定之。」其附則規定：「本法自大正11年1月1日施行之。」自1937年開始，日本臺灣總督重新開始軍人擔任，所以，臺灣文官總督時期的法制繼受日本色彩鮮明，但是，武官總督前期與日本本土相伴隨，臺灣業已開始繼受日本國內的法制，特別是涉及臺灣日本籍民在華的領事管轄的初審階段。

　　1895年9月10日，由民政局內務部擬定陳請總督樺山資紀裁定民政局長水野遵提出的意見書。該意見書當中列出可供選用的三種方針：一、將「土

〔註72〕1927年律令第4號，《律令總覽》，第135頁。
〔註73〕王泰升：《臺灣日治時期的法律改革》，第143頁。

人」全部放逐島外。二、對「土人」強制施行日本帝國法律，並破壞「土人」的風俗習慣，俾使徹底地化為日本人。三、「土人」的風俗習慣任其自然改良，政府不予干預，法律亦按「土人」的狀況制定。水野的意見並不為當時的總督府參謀副長角田秀松所贊同。角田主張採用第二項方針並加以折衷，希望至遲在十二年後，使「土人」成為「純然的帝國臣民」。或許是因為內部意見不一，樺山總督並未對水野遵的提案作最後的裁定。

日本在取得了臺灣及澎湖列島這塊殖民地後，聘請兩位外國法律顧問來研究對臺法制問題，一位是來自於法國的 Michel Joseph Revon，一位是來自於英國的 William Montague Hammett Kirkwood。日本政府內部比較重視 Kirkwood 的治理臺灣政策。Kirkwood 曾經在 1895 年 7 月 24 日，向司法大臣提出了《臺灣制度、天皇的大權及帝國議會相關意見書》，就臺灣問題，以極大的篇幅介紹「擁護天皇大權」的各項憲法見解意見：

一、臺灣一經割讓給日本天皇后，即歸天皇的立法權統治。

二、天皇的立法權除受主權的限制外，天皇得依其大權施行之。

三、天皇的立法權就目前的情形而言，僅受憲法第五條及第三十七條（按：議會的立法協贊權）的限制，其他則不可對之加以限制。

四、前項限制並不及於割讓地區或征服地區的相關立法。這些地區只是「屬國」而已，既未併入「母國」內，當然不受前項限制。

五、如若依其他的憲法解釋，則必將出現「除第五條及第三十七條外，其他條款皆得施行於割讓地區或征服地區」的見解。

六、若如此，則臺灣的統治將難獲得成果，其財政也將無望獲得完全整治，司法方面，終至無可施行。

七、天皇對臺灣擁有絕對的行政權及司法權，只要不向帝國國庫請求其費用之支出，一切都不必詢問帝國議會，而得專斷決行。

日本政府在制定臺灣條例案時，積極地吸收了 Kirkwood 的意見，確定了殖民地立法採取「委任立法」的制度，授權臺灣總督得於轄區內發布代法律之命令。同時，在「六三法」制定之時，臺灣總督府全心致力於抵抗運動的鎮壓工作，總督也由武官來擔任。臺灣總督府為了島內鎮壓的便利，主張伊藤內閣應給予總督以統治臺灣的最大權力，俾能有效統治近三百萬與日本人習俗不同，且對日本帝國忠誠度可疑的臺灣住民。伊藤內閣也因臺灣早期的鎮

壓事業及對所隨軍隊支配的思慮，接受了總督府的意見。所以，政府在「六三法」中給予了「臺灣總督得發布在其管轄區域內具有法律效力之命令。」的特別律令制定權。

從法理學上講，日本帝國議會將其對臺灣的立法權力委任給臺灣總督行使，故稱之為「委任立法」。承認其對臺灣事務擁有立法權，但卻把它「委任」給了臺灣總督，實際上總督得到了真正的權力。除了六三法的律令制定權外，按臺灣總督府條例（敕令）的規定，臺灣總督還掌有在臺行政權（包括對司法機關的行政監督權），及在臺駐軍的指揮權。這樣就使得臺灣這塊地域成為日本帝國領域內的一個特別法域。臺灣總督府於日本中央政府及其殖民地統治政策的監督下，可在臺灣地域自行制定法律並督促其被執行，不受日本帝國議會或任何設置在臺灣之議會的牽制。

1906 年 10 月，日本政府以法律第 31 號對其進行了修改，也就是世稱的「三一法」。「三一法」對「六三法」中有關總督享有律令制定權力之規定並未改變，僅就法令的效力做了補充性的規定，即律令不得違背根據「施行敕令」而施行於臺灣的日本法律（指由帝國議會所制定者），及特別以施行於臺灣為目的而制定的日本法律及敕令。但事實上在「三一法」發布後，日本的法律或敕令施行於臺灣者依舊不多，特別是「法的成立形式」仍然以「六三法」規定的律令定之為原則，故「三一法」實質上仍是「六三法」的延續。

明治 39 年（1906 年）日本政府公布法律第三十一號，名稱為「關於應該在臺灣施行的法令之法律」，簡稱為「三一法」。明治 40 年（1907 年）1 月 1 日起實施，與「六三法」差別不大，但是，明定總督之律令不得牴觸本國或在臺灣施行的法律，不過之前根據「六三法」所頒布的律令仍然有效，本法效期為 5 年，在明治 44 年（1911 年）及大正 5 年（1916 年）各延長一次，於大正 11 年（1922 年）被「法三號」取代而失效。

「三一法」亦附有 5 年的有效期，不過仍然一再延長，直到 1921 年底「法三號」的出臺。「法三號」實施後，臺灣區域內法的成立依據，開始轉變為以「敕令」定之。所謂敕令就是指依天皇大權或法律的委任，經敕裁所發布的命令。在「敕令立法」時期，日本內地的法律大量引入臺灣。

日據時期司法官的操守，向來被肯定，但其司法裁判質量如何呢？由於絕大多數司法官來自日本內地，不諳臺灣本地語言文化，雖有通譯的協助，但在認定事實方面，恐未必精準。至於在個案中的解釋適用法律，除受當時

學說影響外，刑事案件較易有來自行政部門的干涉，民事案件則幾無外力干預，整個日治五十年，人民使用法院解決民事紛爭的比率，漸次增高。〔註74〕根據臺灣總督府法院的統計，日據時期臺灣人使用近代型法院，而非行政機關之調停，來解決民事紛爭的比例，逐漸升高；按從 1910 年代後期起，使用法院的案件已逐漸超過使用行政爭訟調停者，1930 年代後期之後，前者在數量上已經常比後者多一倍。〔註75〕但是，相對於民事紛爭當事人之得以主動地選擇是否使用法院，在刑事案件究竟是使用法院的審判程序抑或警察機關即決程序，人民沒太多選擇的餘地，〔註76〕通常只能被動地聽從殖民地統治當局的裁決。其結果，以法院而非以警察審斷刑事案件的比例，在日據初期相當低，平均若有一件刑案是由法院檢察官或法院處理，竟已有六件繫由警察官屬徑為裁決，於日治中期刑事法院的使用率雖已升高，然晚期竟又下降至如初期一般。〔註77〕不過整體而言，日據下臺灣人主動使用法院的意願，還是逐漸提高的。

五、審判依據

　　套用西方法理產生領事審判制度的原因，儘管主要是列強武力威脅的直接結果，但中國傳統司法審判制度與西方列強的審判制度在內容與形式方面出入巨大，於是，在列強眼裏，接受中國的司法審判彷彿即是無法容忍之事，便在華設計出了領事審判的特殊司法制度。吳松皋認為列強的理由大致有三：宗教的歧視；文明先進的成見；國勢的衰弱。〔註78〕梁敬錞更為明確透徹的

〔註74〕參見王泰升，《臺灣日治時期的法律改革》，頁 181～189、199～204。

〔註75〕參見王泰升：《臺灣日治時期法律改革》，第 199～203 頁，表 3-7。這一點為向來討論日治時期法院訴訟與調解者所忽略，例如林端，儒家倫理與法律文化：社會學觀點的探索，第 227 頁，1994 年。又，美國學者 M. Moser 曾注意到在日治晚期，第一審民事訴訟案件量比行政爭訟調停案件還大，但其未將至法院依督促程序解決紛爭者算入「使用法院」，故仍低估使用法院之案件。見 Michael Moser, Law and Social Change in A Chinese Community: A Case Study from Rural Taiwan, 28~29 (1982)。

〔註76〕不服警察機關的即決宣告者，依法得向法院請求為正式審判，但事實上在警察威嚇下，一般人民很少據此請求法院審判，不過本文稍後仍舉出一則請求法院審判之例（即後述「小孩放尿的裁判」）。參見王泰升：《臺灣日治時期法律改革》，第 221 頁。

〔註77〕參見王泰升：《臺灣日治時期法律改革》，第 217～220 頁。

〔註78〕吳淞皋：《治外法權》，第 179～189 頁。

分析到：1. 中國法制不完備，審判案件恒以肉刑榜掠，如犯罪人也已死亡或業已遁逃者，每有連作制度，濫殺無辜，2. 中國裁判官無法律知識，道義之心甚薄，甚至以賄賂為案情之出入。3. 中國視外人為夷狄，謂須以夷狄之法治之。〔註79〕這些情況在當時是存在的。

　　清代社會，在州縣以下還存在一個非官方性質的、在事實上發揮重大作用並被國家法承認的基層民事訴訟機構——宗族組織。清代宗族組織擔負著宗族內部絕大多數民事案件的法律調整任務。清代家法族規的制定以「皇帝聖諭」為指導思想，宗族法是一種「合法」的司法依據。清代統治者充分利用宗族組織調整民事糾紛的功能。宗族組織通過宗族法對族人訴權加以干涉。宗族內部處理民事糾紛的組織結構和程序。清代宗族組織一般分三級設置：族、房、和家（宗族組織審理訴訟案件不設專職機構，宗族組織本身就是訴訟機關）。清代州縣以下，依行政系統還設有牌、甲、保。鄉保由鄉里各族「公舉」，握有一定的司法權力。根據清律，民事訴訟由「事犯地方」的州縣衙門受理。州縣民事訴訟的基本程序，可以分為起訴與受理、審前準備、審理、判決幾個階段。清代民事審判所適用的最首要的依據是「大清律例」，其次才是情理或者習慣。「律例」是清代民事審判適用的最為重要、最為基本的法律依據。「依律斷案」是解決民事糾紛最基本的形式，從筆者接觸到的清代各類文獻來看，在民事審判中適用律例或者其原則的為數很多。清代社會大量存在的民事習慣法也是民事審判適用的重要的法律淵源。在現存的史料中，清代民事訴訟援引習慣斷案或者法律與習慣並用的判例還是隨處可見的。

　　「情理」也是民事審判依據的重要標準。中國古代歷來主張「原情定罪」、「法本原情」、「情法允諧」。表現在清代的民事審判中，有很多案件的審理夾雜著「情理」的因素。「調處息訟」貫穿於清代民事糾紛處理的全過程，統治者對其非常重視。依據調處主持者的身份區別，可把清代的調處息訟分為民間自行調處、宗族調處、鄉保調處和州縣官府調處幾種形式。清代的民事法律條文和訴訟程序中都貫穿著一個共同的精神—綱常禮教的精神。這個精神在州縣官處理民事糾紛的過程中更是起著指導性的作用。

　　習慣法是現代民法中的重要部分，古代法典或略而不載，或僅具大綱，

〔註79〕梁敬錞：《在華領事裁判權論》，第3頁。

恰是民間法中的習慣法補其不足，而使民間社會生活（尤其是經濟生活）成為可能，這是中國法律史上最可注意的一種現象，這種情形在明清兩代（尤其是清代）獲得了最充分的發展和表現。〔註80〕習慣法不具有「公共性」，習慣法由一些含蓄的行為標準非公式化的行為規則構成，缺乏「實在性」。法律進至官僚法階段時，兩種要素方才具備。在此階段，國家與社會已經分離，法律開始由政府所制定和強制實施的明確規則所構成。雖然各主要文明都經歷過「官僚法」階段，但是只有歐洲文明才創造出「法律秩序」。〔註81〕清代社會生活的急速變遷遠不曾在國家法尤其是法典上充分反映出來，這意味著國家法本身不大可能為地方官處斷民間詞訟案件提供全面和詳盡的指導。提交官府的訴訟只是民間同類糾紛中極小的一部分，不僅如此，提交官府的詞訟案件，最後又只有一少部分由官府裁判，多數仍發回民間，根據民間習慣解決。〔註82〕習慣並非即是法律，也不可能自動上升為法律，上升為法的習慣須經由某個中介環節——法院等法律設施。霍貝爾認為法庭可以只是「公眾輿論的制裁」的場所。〔註83〕習慣法既非人定，也沒有相應的組織保障。在一般社會生活中，鄉民對習慣法的遵從主要是靠當地公眾輿論。西方法以真實任何人都不知道為前提，認為審判乃是由人來從事神的工作，必須遵循一套經理性精密設計的程序，謀求最接近真實的裁判。

黃宗智認為，「公共領域」和「市民社會」概念在被應用於中國時已經預先假定有國家與社會的對立，但應該超越「國家／社會」的二元模式採用「國家／第三領域／社會」的三元模式。他認為第三領域既非在社會之內，也非在國家之內，而是在此之間，由二者共同參與所形成。他指出，在清代提交官斷的糾紛有相當數量是在訴狀已呈之後和庭審判決之前了結，方式是通過正式司法制度的互動。此種特殊的訴訟解決方式，可以被看作是衙門同社群或氏族之間的制度性對話：一方面，社群或氏族會在訴狀呈遞衙門後更加主動的爭取糾紛的庭外解決；另一方面，通過對縣官對兩造訴狀所做的公開批擬，衙門的初步意見也會直接影響到社群中正在進行的調解。由此產生的「和

〔註80〕梁治平：《清代習慣法：社會與國家》，中國政法大學出版社版，1996 年 1 月，第 37 頁。

〔註81〕昂格爾著、吳玉章、周漢華譯：《現代社會中的法律》，1994 年中國政法大學出版社，第 42～46 頁。

〔註82〕梁治平：《清代習慣法：社會與國家》，第 172～173 頁。

〔註83〕梁治平：《清代習慣法：社會與國家》，第 144 頁。

息」，既不同於衙門的正式裁判，也不同於社群或氏族的非正式調解，而是正式與非正式兩種司法制度的某種折衷。縣官的意見依循朝廷律例，民間調解則以息事和妥協為主要目標。二者的互動及其半制度化的保障，構成清代司法制度的「第三領域」的主要內容。〔註84〕

　　按日本在臺行政或司法機關，自始就運用原不存在於臺灣之以「權利」概念為核心的歐陸法學，來解釋臺灣人固有的法律關係，只是儘量保持其原有名稱和實質內涵，故承認所謂的「業主權」、「典權」、「胎權」、「佃權」、「永佃權」、「贌耕權」、「贌權」、「地基權」等等。接著，日本在臺政府即進行一連串的實質改造工作。於1900年規定，原無法定期間限制的永佃權、贌耕權、贌權、地基權等之存續期間不得超過一百年，佃權則不得超過二十年。1904年以消滅「大租權」的方式，使原屬「一田兩業主」者，從被解釋為「一業主權人、一大租權人」，到轉變為「一田一業主權人」，此後的業主權已等同於歐陸民法上「所有權」的概念。1905年再規定，某些土地的業主權、典權、胎權以及某些類型的贌耕權的得喪變更，須經登記始生效，且具有典權或胎權的債權於未受清償時，得拍賣出典或供胎借之土地而優先受償，亦即使典權和胎權分別具有日本歐陸式民法上「不動產質權」和「抵當權」的特質，這些特質是臺灣人固有出典或胎借關係所無。此一法制轉換方式，可謂之為「舊瓶裝新酒」。〔註85〕

　　施行上述經「修剪」過的西方式法制二十餘年之後，自1923年起，日本民法典內財產法部分才完全適用於臺灣人。但其實日本民法上關於所有權、不動產質權、抵當權等的實質內涵，臺灣人於前一階段就已逐漸熟悉，此後只是改用日本民法上的用語，再就登記之效力改依日本內地的「對抗主義」耳。換言之，僅是以「新瓶」裝載已釀成的「新酒」罷了。〔註86〕

〔註84〕Philip C.C.Huang, "Between Informal Mediation and Formal Adjudication:The Third Realm of Qing Civil Justice"，載於 Modern China,Vol, 19 No.3 July1993, 251~298。
〔註85〕詳見王泰升，《臺灣日治時期的法律改革》，頁319～332。
〔註86〕詳見王泰升，《臺灣日治時期的法律改革》，頁332～335。自1923年起，之前已發生的佃權、永佃權、贌耕權、贌權、地基權等等，亦均改成日本民法典上的各種權利。

第三節　廈門臺灣公會調停部調解

調解是解決各類社會糾紛的一種重要機制，在近代法制轉型的過程中頗受青睞，甚至現當代社會仍然被廣為利用，西方社會還將其推崇為美麗的「東方之花」。近代日本殖民者借由領事裁判權及其中國傳統的調解習慣，來處理並掌控廈門的臺灣人訴訟管轄權，並建立了廈門臺灣公會的調停制度。關於廈門臺灣公會及其調停問題曾有學者有所陳述，林星先生的《日據時期臺灣籍民社團初探——以廈門臺灣公會為例》，從民間組織角度對廈門臺灣公會進行了歷史梳理，廈門網的《80 年前調停「臺吳火並」始末》，介紹了一個閩臺民眾間糾紛解決的個案，主要在於揭露臺灣殖民政府領事裁判權及臺灣黑幫的危害，蔣宗偉先生的《廈門臺灣公會組織的成立及其發展》，主要是描述臺灣公會的歷史存在。〔註 87〕但是，以上三篇文章尚未將廈門臺灣公會調停及籍民的訴訟活動系統地進行研究，尚無法滿足學術研究的學理要求，更談不上現實狀況下對此問題的理論需求。

一、廈門臺灣公會調停部的成立

廈臺間的地緣關係決定了人員交往非常便利，廈門在清朝初期的唐山進臺灣潮流中即是主要的出發地。鴉片戰爭後，福州南臺的泛船浦和倉山出現了外國人居留地，廈門更是設立了英租界和鼓浪嶼公共租界。外國傳教士、外交官、商人紛紛進入福州和廈門，給這兩個城市帶來了華洋雜處的人口特點。甲午戰爭後，日本人人數躍居首位，占外國人口的大多數，其中尤以臺灣籍民增加最快。

1844 年美國駐華領事就指出：「按照歐美奉行的國際法，每一外國人居住或暫留在任何基督教國家內部應服從該國的法律，倘在該國範圍內犯罪被控，應順從該國地方官的審判。這裡，公使或領事不能保護他的國人。當地法律是必須奉行的。」〔註 88〕但是，西方列強在這片土地上卻堅持：「不

〔註87〕林星：〈日據時期臺灣籍民社團初探——以廈門臺灣公會為例〉《福建論壇》（人文社會科學版）2008 年第 9 期。廈門網〔原海峽網〕：《80 年前調停「臺吳火並」始末》，2007-12-24。蔣宗偉：《廈門臺灣公會組織的成立及其發展》，2007 年福建史志。

〔註88〕〔美〕馬士著、張匯文等譯：《中華帝國對外關係史》，北京三聯書店，1957年版，第 370 頁。

必遵守中國法律，也不必把中國當作與西方平等的國家來對待」〔註89〕。通過 1871 年中日《通商章程》及 1896 年《通商行船條約》，日本獲得了在華領事裁判權。

1896 年 7 月 21 日，張蔭桓與林董在北京簽訂《通商行船條約》，其中第三款規定：「大日本國大皇帝陛下酌視日本國利益相關情形，可設立總領事、領事、副領事及代理領事，往中國已開及日後約開通商各口岸城鎮，各領事等官，中國官員應以相當禮貌接待，並各員應得分位、職權、裁判管轄權及優例、豁免利益，均照現時或日後相待最優之國相等之官，一律享受。」〔註90〕日本在華行使領事裁判權按照《中日通商行船條約》，以被告主義為原則，日本臣民有持正當旅券到中國內地旅行權。若旅行者未持旅券或違反法律規定時，須將其引渡給最近的領事官。領事裁判權的機關、組織及權限、適用法規等，條約並無特別規定，由日本國自由決定。〔註91〕割臺後的臺民法律上成為日籍國民，來廈臺民訴訟問題隸屬於日本在廈領事管轄。

1906 年 9 月，臺灣籍民商人施範其、殷雪圃、莊有才等人發起組織廈門臺灣公會，在布袋街芳記洋行設立臨時辦事處，呈報駐廈日本領事館立案。次年春，新任日本駐廈門領事瀨川淺之進到任後，修訂公會規則，選舉職員，廣招會員。5 月在天仙茶園召開成立大會，以施範其為首任會長，殷雪圃為副會長，議員 12 名，會員不滿百人。1910 年，領事菊池義郎到任，訪查公會內部，延期選舉，「有欲改良會務之計劃」。公會投票選舉時領事到場，當場任命江保生及曾厚坤為公會督察。當時廈門的臺灣籍民約有 3000人，會員 500 多名。〔註92〕1918 年秋，廈門部分臺灣籍民向領事館提出申請，設立臺灣同鄉會。1922 年 1 月，藤井領事取消同鄉會，同鄉會所有事務均歸臺灣公會繼承。兩個組織合併後，會員一下子增加到千餘名。1928年，臺灣公會集資 4 萬餘元，在民國路建築公會堂，次年 11 月竣工。1934

〔註89〕〔美〕石約翰著、王國良譯：《中國革命的歷史透視》，上海東方出版中心，1998 年版，第 114 頁。

〔註90〕〔日〕東亞同文會調查編纂部：《增補支那關係特種條約匯纂》，東京東亞同文會調查編纂部，1922 年版，第 632 頁。

〔註91〕〔日〕第六調查委員會學術部委員會編：《關於治外法權慣行調查報告書》，東京東亞研究所，1941 年，第 25～27 頁。

〔註92〕〔日〕廈門臺灣居留民會：《廈門臺灣居留民會報──三十週年紀念特刊》，1936 年 9 月，第 2 頁、第 29～32 頁。

年，領事冢本毅參考在華各埠日本居留民團、居留民會及臺灣市街莊制度，對公會進行大幅度的改組，「以期實現僑胞唯一自治團體之質」。改革臺灣公會規則，撤銷會員制度，規定「旅廈僑胞執有獨立生計者，俱要負擔本會課金」。課金分為所得、資產、營業、公安補助費等。設庶務、財政、學務、調停、資產部，各部均設委員長 1 名。事務上也分為 5 課，各課設課長 1 名。並且特派領事館外務主事豐島中兼任臺灣公會理事長，指揮監督事務之進行。〔註 93〕1936 年，領事山田芳太郎繼續實行改革，將「臺灣公會」改為「臺灣居留民會」。頒布「廈門臺灣居留民會規則」，將原來的議員 25 名減為 20 名，其中半數定為官選，半數定為民選，議員任期為 1 年。規定「年齡滿 25 歲以上之僑民，具有獨立生計，僑居達 3 個月以上，並經完納本會課金者有選舉權」。公會設庶務部、財政部、學務部、產業部、調停部委員會。〔註 94〕1937 年抗戰爆發後，臺灣居留民會撤退臺灣，在臺北市設事務所，並得到臺灣當局和日本外務省的資助。1938 年 5 月，廈門淪陷。6 月 7 日，臺灣居留民會恢復開張。8 月，領事館發布告示，直接指令 25 名特別委員，林熊祥為特別委員長，副委員長簡士元，顧問為王子堅、莊司德太郎、澤重信等。9 月，再開旭瀛書院，整理共同墓地，辦理居留民的復歸、申請復興資金等會務。1939 年 1 月，恢復議員制，舉行選舉，官選和民選各 10 名，設庶務、產業、調停、學務各部。1940 年 12 月 10 日，乾脆把廈門臺灣居留民會與日本居留民會合併，改稱為「廈門日本居留民會第二部」。1941 年 1 月改選，楠本三九兒擔任第二部會長。太平洋戰爭爆發後不久，1942 年 4 月 1 日，廈門日本居留民團成立，取代廈門日本居留民會。〔註 95〕臺灣公會設有調停部，創設的目的「實為調和僑胞間之感情，解除臺廈間之誤會，敦睦日華兩國間之邦交」。〔註 96〕自此，廈門臺灣籍民的訴訟活動與臺灣公會的調停部形影相隨。

〔註 93〕（日）廈門臺灣居留民會：《廈門臺灣居留民會報——三十週年紀念特刊》，1936 年 9 月，第 3 頁。

〔註 94〕（日）廈門臺灣居留民會：《廈門臺灣居留民會報——三十週年紀念特刊》，1936 年 9 月，第 29～32 頁。

〔註 95〕（日）臺灣居留民會三十五週年志編輯：《廈門臺灣居留民會報》，廈門居留民團發行，1942 年 8 月，第 4 頁。

〔註 96〕（日）臺灣居留民會三十五週年志編輯：《廈門臺灣居留民會報》，廈門居留民團發行，1942 年 8 月，第 167 頁。

二、廈門臺灣公會的調停活動

　　1899 年日本政府制訂《領事官之職務》，〔註97〕規定駐華領事官對於在華日本人為被告的民事刑事商事案件，以及關於日本人的非訟案件，得為當然法官，行使裁判權。同年頒布《領事官職務規程》，規定領事職務的一般範圍。〔註98〕日本對臺灣的殖民統治進入民政時期後，臺灣總督府認為福州、廈門兩領事館的福建的領事裁判權，應歸總督府法院管轄。日本政府征諸華南領事的意見，1921 年 3 月 29 日，以法律第二十五號頒布《關於南部支那領事官之裁判》（1925 年改正），該律令規定：（一）南部支那係指中國福建、廣東、雲南三省。（二）由駐南部支那帝國領事官預審之公判罪，屬臺灣總督府臺北地方法院管轄之。（三）對於駐南部支那帝國領事官裁判之控訴及抗告，屬臺灣總督府高等法院複審部管轄之。〔註99〕按此規定，廈門領事館的領事裁判權歸總督府法院管轄，領事官裁判之控訴及抗告，屬臺灣總督府高等法院複審部管轄之。

　　1938 年 8 月，臺灣總督府將外事課升格為外務部，下設 5 個系，即庶務系、涉外系、南支系、南洋系和通信系。〔註100〕華南及南洋各地日本領事館與總督府外事部門的聯繫加強，關係領事館由 1924 年的 13 個擴充到 1935 年的 16 個，1938 年外務部設置後則達到 18 個。各領事館的領事官兼任總督府的事務官或囑託，分擔總督府事務，活動頻繁，為日軍的華南、南洋作戰及戰後資源掠奪奠定了基礎。

　　1942 年 12 月 27 日即太平洋戰事一年後，臺灣總督府依訓令第 170 號發布《臺灣總督府事務分掌規程》，對外事機構進行改革。該規程第 50 條規定，總督府外事部實行「一系兩課」制，設置庶務系、管理課及調查課。第 52 條規定，管理課執掌（1）南支那及南洋帝國施策協力之事項；（2）南支那及南洋行政事務關係各廳聯絡折衝之事項；（3）有關臺灣海外發展指導助成之事項；（4）南支那及南洋、臺灣總督府及臺灣關係者文化經濟設施之事項；（5）臺灣拓殖株式會社及其他臺灣關係企業的南支那及南洋業務指導助成之事

〔註97〕（日）國立公文書館，御署名原本・明治三十二年・法律第七十号・領事官ノ職務ニ関スル件制定清国並朝鮮国駐在領事裁判規則廃止，檔案號：A03020376599。

〔註98〕轉引自曹大臣《近代日本在華領事制度》，社科出版社，2009 年，第 83 頁。

〔註99〕（日）井出季和太編：《臺灣治績志》，成文出版社，1985 年版，第 641 頁。

〔註100〕（日）「官房外務部現在定員分掌事務」，參見アジア歴史資料センター―公文类・第六十四編・昭和十五年・官制四十（臺湾総督府三），画像第 28。

項；（6）南支那及南洋通商振興之事項；（7）臺灣南方協會及其他南方關係團體指導監督之事項；（8）南支那及南洋關係設施事務統轄之事項；（9）關於外國人之事項；（10）外國旅券及渡航證明之事項；（11）外國語通譯之事項。總督府外事部負責廈門等所謂「南支那」的事務，由此廈門領事館在總督府外事部指導下，成為廈門事務的直接參與者。

筆者於 2011 年 11 月前往臺灣仔細查找臺灣高等法院複審法院的判例，翻遍十二冊的系列叢書，關於廈門領事館審判的民事控訴事件只有三處記載，且有兩處是同一案件，〔註101〕由此不難看出，臺灣總督府法院對民事控訴的層級控制，也證實了臺灣公會調停部的調解功傚之大。日本駐廈門領事井上庚二郎指出：臺灣籍民相互間之民事糾紛，或臺民與中國人之間的民事糾紛，在當事人之希望下可進行仲裁和解。「此事雖無法律之效力，但據於中國人之舊慣，頗有良好之效果。」「領事館所受理之簡單民事糾紛，有時亦先利用此一調解方式。又目前本館法庭受理之案件中，往往係由此一調解，無法成立者。」〔註102〕1925 年 4 月，在議員會上，副會長何戊癸提出改革調停部的意見，如凡僑胞間發生事件時，須先經公會之調停，不得已時，然後提出領事館裁判；廈人間發生事件，無論何方皆可請本會調停；可以以本會團體名義直接交涉；請領事官付與本會與中國官廳以直接交涉之權嗣。經議員會議決，得到領事官之認可進行。1934 年 12 月 1 日，臺灣公會公布調停條例。〔註103〕

臺灣公會下設的調停部的職責大體上有三：一是調停臺民之間的糾紛事件；二是調停臺民與當地居民或外國人之間的爭執事件；三是協助參與有關糾紛事件的調查工作。〔註104〕臺灣公會及其調停部屬於廈門領事館司法活動之前的調解程序。臺民相互間之民事糾紛，或臺民與中國人之間的民事糾

〔註101〕臺灣總督府複審，高等法院編纂：《複審．高等法院判例》，昭和 14 年，臺法月報初發行；小森惠編：平成 7 年復刻，文生書院株式會社復刻發行。第 3 卷第 317 頁、第 7 卷第 177 頁、第 11 卷第 68 頁。

〔註102〕福建省檔案館等編：《閩臺關係檔案資料》，鷺江出版社，1993 年，第 16 頁。

〔註103〕（日）廈門市臺灣居留民會：《廈門臺灣居留民會創立三十五週年紀念志》，臺灣中央研究院臺灣史研究所古籍資料庫，1942 年，第 167 頁。陳支平：《臺灣文獻匯刊》第七輯，第八冊，九州出版社、廈門大學出版社，2004 年版，第 251 頁。

〔註104〕廈門市臺灣居留民會：《廈門臺灣居留民會創立三十五週年紀念志》，臺灣中央研究院臺灣史研究所古籍資料庫，第 30～31 頁；陳支平：《臺灣文獻匯刊》第七輯，第八冊，九州出版社、廈門大學出版社，2004 年版，第 250 頁。

紛，據於中國人之舊慣，在當事人之希望下進行仲裁和解。據憑史料可知，領事館所受理之簡單民事糾紛，先利用臺灣公會調解方式，臺灣公會調停活動成為臺民司法案件的首要程序，按照民事調解種類當屬於訴前調解的範疇。訴前調解是指，在當事人將糾紛交付法院解決之前，由法院安排專門的調解員進行調解，若調解成功，當事人可以請求法院出具民事調解書；若調解不成功，則由法院予以立案進入訴訟程序進行解決。〔註105〕臺灣公會調停部在協調處理廈臺民間糾紛方面發揮了一定的作用，在一定程度上緩解了與當地居民間的矛盾和衝突，也相當大程度上減少了廈門領事館民事訴訟的案件數量。

　　臺灣籍民來到廈門，不可避免地和廈門的「地頭蛇」利益衝突，也和地方軍警出現過矛盾，繼而演化成互相毆打、槍擊事件。這些糾紛的解決有一個不用忽視的力量就是臺灣公會及其調停活動。1923年的「臺吳事件」和1924年的「臺探事件」，皆是以調停為終，廈門臺灣公會調停部是調解的主要參與者。

　　「臺吳事件」的調停，廈門臺灣公會發揮了很重要的作用。「石潯吳」是廈門三大姓中最有實力的，他們一向佔據著磁街、打鐵、提督（現開元路口）、史港、港仔口（現鎮邦路、升平路交叉處）、水仙宮（現公安局水上分局前）、媽祖宮（現晨光路）等碼頭。1923年，橫竹街是廈門商業薈萃的地區，屬於吳姓勢力範圍之內。當時，由於日籍浪人強搶財物、公然行兇，商界要求三大姓組織保衛團維持秩序；日籍浪人也以「十八大哥」為主組織了「自衛團」。雙方自此劍拔弩張，大有一觸即發之勢。

　　9月18日午後5時，日籍浪人林汝材到大井腳向婦女林罔索討「日仔利」，剛好保衛團團員吳森、吳香桂也在她家裏，雙方大打出手，當他們打到大井腳另一日籍浪人加善的門口時，加善在樓上拔槍開了兩槍，吳香桂當場被擊斃。吳姓保衛團聞訊當即馳援，日本警署及「自衛團」也率領大批日籍浪人增援。兩邊在石埕街（現大同路中段）遭遇，一時槍聲大作。直到警察到現場勸解，槍擊才停止。在衝突過程中，吳方常於夜間偷襲賴厝埕，將日籍浪人抓住裝在麻袋內，加上石頭沉入海中，用這個方法處死者有三四人；而日籍浪人見到姓吳的就抓去五崎臺灣公會禁閉、毒打，後來見到同安人也抓。日籍浪人與「地頭蛇」爭地盤引發的惡鬥殃及無辜百姓，廈門人民激於愛國

〔註105〕裴欣：《訴前調解制度在我國的應用》，載於《法制與社會》，2009年第25期。

義憤，對「保衛團」紛紛支持，臧致平部隊的下層士兵也暗中武力支持，就是臺灣同胞，也有人支持吳姓，如：臺灣舉人黃幼垣（鳳翔）就為吳姓草擬對外交涉函電。但也有一些敗類為虎作倀，戕害自己同胞，如當時剛好有一批安海土匪到「十八大哥」的店內「避難」，就充當了日籍浪人的「狙擊手」。「臺吳事件」發生後，日本海軍將 4 艘驅逐艦開到第七碼頭停泊，並派遣海軍陸戰隊於 9 月 20 日登陸示威，還把陸戰隊 3 隊（每隊 10 餘名）分別駐紮於老葉街吳蘊甫的鼎美行、賴厝埕的陳長福店內、思明北路阮順永樓上（現公共汽車公司），在屋頂架機關槍，如臨大敵。日本兵經常在街上巡邏，耀武揚威。英國也趕忙從香港調來 2 艘戰艦，停泊在電燈廠海面，以防止日本乘機獨佔廈門。「臺吳事件」在最緊張的幾天中，商業停頓，港口幾乎成為「死港」。

　　同年 10 月 21 日，「臺吳事件」在廈門市商會二樓由雙方會商解決，廈門方面有廈門市政府聯繫廈門商會出面，臺灣方面由日本駐廈領事館聯繫臺灣公會出面。廈門出席的有：駐軍司令臧致平、警察廳長陳為銚、廈門大學校長林文慶、思明縣知事邢藍田等人。日方出席的有：領事佐佐木，副領事河野、警察署長境田、海軍陸戰隊司令高橋、警察分署長下田、臺灣公會會長曾厚坤、副會長廖啟埔，以及陳鏡山、阮順水、李啟芳、王昌盛、鍾耀煌等。此次會議，決定先成立「調查委員會」，對事件真相進行調查，由廈門方陳延庭、蔡維馨、潘雨峰、傅式說，日方陳長福、陳春木、陳鏡山、莊火爐等組成。在調解過程中，鼓浪嶼五個牌海邊，曾發現浮屍一具，日本領事館硬說是被暗殺的籍民，但又提不出確切的證據來證明他是被「保衛團」擊殺的，以後還硬要商會賠償人命，最後由商會蔡雨村負責捐募 1100 元給日本領事了事。此後雙方還成立了「臺吳事件解決委員會」，廈門由蔡雨村、林文慶、吳純波、吳錫煌，日方由右田吉人、岡本要八郎、曾厚坤、廖啟埔、阮順水組成。「臺吳事件」一直拖到 1924 年初，由雙方在商會設宴四席（各負擔兩席）聚餐，雙方還在商會門口攝影留念，照片上寫明「臺吳事件」和平解決紀念攝影。〔註106〕「臺吳事件」的解決由「調查委員會」進行事件真相的調查，由解決委員會進行調解處理，臺灣公會的會長曾厚坤等全程

〔註106〕廈門市政協文史和學習宣傳委員會編：《鷺江春秋—廈門文史資料選萃》，中央文獻出版社版，2003 年 12 月，第 38～41 頁；廈門市政法志編委會編：《廈門政法史實（晚清民國部分）》，鷺江出版社版，1989 年 12 月，第 263～264 頁。

參與，可見，臺灣公會的調停活動對於「臺吳事件」的最終解決發揮了重大作用。

「臺探事件」是日籍（臺灣）浪人與廈門地方政府警察為爭奪鴉片、賭場、妓院的稅收而發生的。1922 年 5、6 月間，自封閩軍總司令的臧致平來廈，以地方流氓頭子組織「護大營」稽查隊，警察廳也組織偵探隊，雙方配合稽查浪人所開的黑店而引起衝突。1924 年 2 月 5 日，臧致平獲得消息，說日籍浪人聯絡駐在嵩嶼的另一軍閥王獻臣，要襲擊臧的司令部。他立即下令警察沒收日籍浪人槍械，臺、探雙方發生武力衝突，各有死傷，日本領事出面與臧致平交涉，並派軍艦來廈示威，於 4 月 2 日派海軍佔領廈門。後來，軍閥林國賡佔據廈門，仍然沿用臧志平留下的偵探隊稽查日籍浪人。1924 年五六月間，日籍浪人陳蹺全帶人到九條巷偵探李有銘開的妓館尋釁，用扁鑽刺死李有銘等二人。林國賡部下馬坤貞團長立即下令偵探隊全體出動，包圍麥仔埕陳糞掃的公館。陳糞掃居高臨下，開槍抵抗。偵探遂用煤油淋屋，放火焚燒。日籍浪人從屋頂潛逃，偵探從樓下射擊，當場擊斃三四人。

事件發生以後，日本海軍陸戰隊立即登陸示威，日本領事向林國賡提出嚴重抗議。林國賡見事態擴大，速即派遣海軍禾山辦事處參謀林振成去見日本海軍司令和領事。雙方交涉的結果是由廈門警備司令部參謀長林國賡與日本領事秘密訂立協約：日方把陳糞掃等 20 多個浪人遣回臺灣，中方則槍決「護大營」營長李某，撤銷警察廳廳長陳某職務，並將偵探隊長李清波槍斃。此案方告了結。而根據當年 9 月 11 日廈門《江聲報》的報導：「此次某方（日方）匪徒（陳糞掃等 20 餘人）係臺灣公會出面調停，配遣回籍，而所有資遣各匪之經費，俱由該公會出面向各大商賈捐資棄用者。」〔註 107〕藉此可知，臺灣公會積極參與了「臺探事件」的調解活動。「臺吳事件」和「臺探事件」的性質應該屬於臺灣籍民與當地居民間的爭執事件，協助參與糾紛的調查調解活動是其所定職責的一部分。

廈門臺灣公會調停部對於籍民糾紛相關的調停成績卓著，從 1917 年到 1935 年，受理的調停事件共 478 件，已調解 451 件。〔註 108〕其中大正十四年 41 件；大正十五年 35 件；昭和二年 18 件；昭和三年 10 件；昭和四年

〔註 107〕 蔣宗偉：《廈門臺灣公會組織的成立及其發展》，2007 年福建史志。
〔註 108〕 （日）廈門臺灣居留民會：《廈門臺灣居留民會報——三十週年紀念特刊》，1936 年 9 月，第 38～40 頁。

25 件。〔註 109〕而日本駐廈門領事館處理的調解案件卻並不多見，1934～1937 年間廈門日領館調解的非訟案件有 1935 年 2 件戶籍案、1936 年 5 件戶籍案。〔註 110〕1936 年臺灣公會改名為臺灣居留民會，仍設有調停部，負責居留民之間以及居留民與當地人之間紛爭事件的調停。民間調解符合中國人的傳統習慣，對於減少族群矛盾，防止社會矛盾激化發揮了一定作用。

調解作為一種解決糾紛的方式，在我國具有悠久的歷史，曾對我國古代社會的穩定與發展起了重要的積極作用。由於調解不需要昂貴的訴訟費用，加上方法靈活，程序簡便，因而深受民間歡迎，成為我國古代社會應用最為廣泛的一種解決糾紛的方式。根據調解主體的不同，古代調解可分為民間調解、官府調解與官批民調等形式。

民間調解，是指雙方當事人為解決糾紛而邀請中間人出面調停，使爭端得以解決的一種活動。民間調解是一種訴訟外調解，主要包括宗族調解、鄰里調解。宗族調解是古代解決民間糾紛中最普遍的一種方式。在這種調解方式中，宗族首領是調解的主要主體，家法族規是族內成員必須遵守的行為規則，它是宗族首領用來調處、裁判族內民事糾紛的法律依據。當家族成員之間發生糾紛時，一般先由族長進行說服教育，然後再以事情本身的是非曲直進行調處。對違反家法族規的族人，族長有權處罰。處罰的方式很廣泛，小到叱責、警告，大到出族、拘禁，甚至還可以處死。對於宗族調解的調解結果及處罰決定，官府一般予以認可。如《唐律疏議》中規定：「刑罰不可弛於國，笞捶不得廢於家。」《大清會典事例》則明確指出：「……族長及宗族內頭面人物對於勸道風化戶婚田土競爭之事有調處的權力。」鄰里調解，是指糾紛發生以後，由親友、鄰居、有威望的長輩或賢良人士等出面說合、勸導的調解方式。鄰里調解方式靈活，沒有時間、地點、調解形式的限制，調解中大體遵循自願的原則，調解人由當事人自願選定。鄰里調解雖然沒有強制約束力，但是由於調解人在當事人雙方享有極高威信，所以調解方案往往都能得到落實。如漢時洛陽有兩族人互相仇殺且歷時有年，其間官府幾經干預都未能徹底解決問題，後由俠客之大首領郭解出面勸說調停，雙方皆服，問題得以徹底解決。

〔註 109〕 アジア歷史資料センター：臺灣人關係雜件、在外臺灣人事情關係、單 A530
　　　　　 3-2.6 臺灣籍民關係事項調查方二關スル件 4，djvu2jpeg.jpg 4.jpg。
〔註 110〕 （日）英修道著：《列國在中華民國的條約權益》，東京丸善株式會社版，1939
　　　　　 年，第 94～96 頁。

　　官府調解，又稱司法調解，它是指在官府長官的主持下對民事案件或輕微刑事案件的調解。中國古代社會是儒家思想占統治地位的社會，按照儒家的理論，訴訟是惡行，是禍首，只有無訴，社會才能和諧，因此孔子說「聽訟，吾猶人也，必也使無訟乎。」在孔子無訟思想的影響下，訟清獄結被作為考核地方官的重要標誌。因此，在訴訟過程中，調解勸和是司法官吏的普遍做法。宋人梁陸襄在任陽內史時，有彭、李兩家因糾紛訴至官府。梁陸襄受理後，將二人引入內室，並不斥責他們，而是和顏悅色的反覆勸解。在梁陸襄的勸解下，「二人感思，深自咎悔。」隨後梁陸襄又為他們「設置酒食，令其盡歡」。梁陸襄的做法收到了良好的社會效果：「酒罷，（彭李二人）同載而歸，因相親厚」。

　　與民間調解相比較，官府調解帶有一定的強制性。官府的調解並不是當事人完全的自願，當事人的意願要服從官府的意願。達成調解後，雙方都必須具結保證接受官府的調解，日後不再滋事。官批民調，是指官府接到訴狀後認為，情節輕微或事關親族倫理關係及當地風俗習慣，不便公開傳訊，便將訴狀交與族長、鄉保進行解決的一種調解制度。族長、鄉保接到訴狀後，應立即召集原、被告雙方進行調解。調解成功，則應上呈說明案件事實及處理意見，請求官府銷案；調解不成，則需說明理由，然後交與官府處理。官批民調是一種具有半官方性質的調解，也是一種常見的有效解決問題的方式。《樊山判牘》就曾記載了一則老師與東家之間因老師曠課時間太長而起糾紛鬧到官府的案例。受理該案的縣官認為，師生之間的糾紛有傷師生之誼、為人師表之斯文體面，不便官府公開審理，於是令鄉紳朱子勳及差役共同來處理。這樣，民間糾紛與官府糾紛緊密配合，形成一種良性互動關係，既較好地平息了糾紛，又有效地維護了社會的穩定。

　　臺灣公會的調停部，創設的目的「實為調和僑胞間之感情，解除臺廈間之誤會，敦睦日華兩國間之邦交」。1925 年 4 月，在議員會上，副會長何戊癸提出改革調停部的意見，如凡僑胞間發生事件時，須先經公會之調停，不得已時，然後提出領事館裁判；廈人間發生事件，無論何方皆可請本會調停；可以以本會團體名義直接交涉；請領事官付與本會與中國官廳以直接交涉之權嗣。經議員會議決，得到領事官之認可進行。1934 年 12 月 1 日，臺灣公會公布調停條例。從 1917 年到 1935 年，受理的調停事件共 478 件，

已調解 451 件。〔註 111〕

1936 年臺灣公會改名為臺灣居留民會，仍設有調停部，負責居留民之間以及居留民與當地人之間紛爭事件的調停。民間調解符合中國人的傳統習慣，對於減少族群矛盾，防止社會矛盾激化發揮了一定作用。日本駐廈門領事井上庚二郎指出：臺灣籍民相互間之民事糾紛，或臺民與中國人之間的民事糾紛，在當事人之希望下可進行仲裁和解。「此事雖無法律之效力，但據於中國人之舊慣，頗有良好之效果。」「領事館所受理之簡單民事糾紛，有時亦先利用此一調解方式。又目前本館法庭受理之案件中，往往係由此一調解，無法成立者。」〔註 112〕

在社會科學中，一定組織或體系所發揮的作用，以及為發揮作用而應完成的一整套任務、活動與職責，即所謂的功能，是一個廣泛運用於社會學、政治學和法學等領域的概念。任何法院制度無論傳統還是現代法院，都以解決糾紛為直接功能，這一點可謂學者之共識。日本法學家棚瀨孝雄曾經說過，審判制度的首要任務就是糾紛的解決。〔註 113〕盧埃林更深刻指出，解決爭端是法院最為重要的職能，並始終為其他功能的實施創造條件。〔註 114〕因此，解決糾紛是法院審判制度的普遍特徵，它構成法院制度產生的基礎、運作的主要內容和直接任務，亦是其他功能發揮的先決條件。領事法庭這個特殊的審判機構，誕生的目的即是為保護本國商民為目的，加之中國當地並不存在與之均衡的審判機構，當時的廈門領事法庭偏離了公正解決糾紛的基本功能和內在要求，出於侵略政策的目的和自利的動機，轉而成為庇護籍民和縱容犯罪的機構，導致籍民與當地民眾的糾紛迭出，黑惡勢力橫行鄉里的極端後果。

廈門日本領事法庭對於籍民的民事案件，基本按照日本及臺灣總督府法院的審判原則進行處理。1934～1937 年間廈門日領館調解的非訟案件有 1935 年 2 件戶籍案、1936 年 5 件戶籍案。〔註 115〕

〔註 111〕 〔日〕廈門臺灣居留民會：《廈門臺灣居留民會報——三十週年紀念特刊》，1936 年 9 月，第 38～40 頁。

〔註 112〕 福建省檔案館等編：《閩臺關係檔案資料》，鷺江出版社，1993 年，第 16 頁。

〔註 113〕 〔日〕棚瀨孝雄：《糾紛的解決與審判制度》，中國政法大學出版社，1994 年，第 1 頁。

〔註 114〕 〔英〕羅傑·科特威爾：《法律社會學導論》，華夏出版社，1989 年，第 89～91 頁。

〔註 115〕 （日）英修道著：《列國在中華民國的條約權益》，東京丸善株式會社版，1939 年，第 94～96 頁。

1934～1937 年間日領館審理的民事案件

單位：件

領事館		天　津	青　島	上　海	福　州	廈　門	汕　頭
1934 年	人事	1	1	1	0	2	0
	土地	0	0	0	0	0	0
	建築	5	18	54	0	9	0
	金錢	14	78	57	1	27	2
	物品	0	1	1	0	1	0
	其他	61	181	177	1	52	1
1935 年	人事	0	0	0	0	0	0
	土地	0	0	1	0	1	0
	建築	7	11	59	0	15	0
	金錢	7	59	64	1	35	2
	物品	1	1	0	0	0	0
	其他	40	157	204	0	52	0
1936 年	人事	0	4	0	0	0	0
	土地	1	2	0	0	4	0
	建築	10	5	53	0	23	1
	金錢	10	68	39	1	49	2
	物品	0	1	3	0	1	0
	其他	29	79	133	0	55	3
1937 年	人事	0	5	0		0	
	土地	1	2	2		3	
	建築	7	3	17		15	
	金錢	12	49	29		37	
	物品	0	1	3		1	
	其他	122	5	65		44	

參照（日）英修道著：《列國在中華民國的條約權益》，1939 年東京丸善株式會社版 91～94 頁表製成，空格為統計缺失。

第四節　藉由領判權侵犯大陸法權

一、領事法庭的治安與偵察及檢查職能的發揮

日本在 1871 年與中國訂約，規定締約國雙方均享有領事裁判權，但在 1896 年雙方締結《中日通商條約》以後，中國在日僑民已受日本法院管轄，而日本在華僑民仍由領事管轄。《領事官之職務》規定，駐華領事官對於在華日人為被告的民刑商事案件，得為當然法官，行使裁判權。日本在中國共有領事法庭達 35 處之多，日本駐華總領事或領事為領事法庭的當然法官，天津、奉天、上海、青島總領事館及其他案件繁多的領事館，另設領事或副領事一人專掌司法事務，此種領事或副領事在日本現任司法官中選任，單獨審理判決案件。在 20 世紀初期，日本更公開在清王朝的祖宗發祥地東北設立法院。〔註116〕

檢察官由領事館主事代理，檢察官的職務由領事館主事或警察官執行。1884 年，日本外務省開始在上海領事館設置警察署，派駐警察官。是年 9 月 12 日，井上外務卿致電三條太政大臣，提出向中國派遣領事官警察及其工資旅費支出方案，建議：「自中法戰爭爆發以來，上海等衝要之地，我國居留民甚多，為便於取締管理，該地安藤領事電請速派二名巡查，本省擬自長崎縣選派二名巡查至該地。至巡查職務、俸祿及旅費等支給標準，參酌一般外事官員額度支付。」〔註117〕1896 年 4 月 16 日，外務大臣密訓天津、煙臺、蘇州、杭州、沙市、重慶及廈門各領事館，要求：「為保護及管束清國各地之日本居留民，將在各領事館設置警察署，分派警部一名，以執行警察事務」。〔註118〕1896 年 7 月，中日《通商行船條約》簽訂後，日本獲得片面領事裁判權。1899 年 3 月，外務省以法令第七十號發布《領事館之職務》，擴大了警察官（分為警視、警部、警部補、巡查等級別）的職務範圍，規定警察官除保護居留民和負責領事館警戒外，還兼具司法官性質。其中的第十

〔註116〕李貴連：《沈家本傳》，第 176～177 頁；袁燮銘：《晚清上海公共租界政權運作機制述論》，《史林》1999 年第 3 期；程道德主編：《近代中國外交與國際法》第一章，現代出版社，1993 年。

〔註117〕（日）外務省百年史編纂委員會編：《外務省百年》，東京原書房，1969 年，第 1392 頁。

〔註118〕（日）外務省百年史編纂委員會編：《外務省百年》，東京原書房，1969 年，第 1392 頁。

三條規定：領事官可使警察官擔當檢察官或裁判所書記之職；十四條還規定，領事官可使警察官行使執達吏（送達訴訟文書）之職。〔註 119〕1904 年 10 月，外務省發布《關於設置在外警察署長之通知》，宣稱：「鑒於清國及韓國有關居留民之事務日漸繁多，警部、巡查之派遣勢必增加，此前警部監督部下之機制已不適應形勢發展。現決定凡有 2 名警部以上之警察署，均設署長。關於署長、署員及警察事務，悉照從前，由駐在該國總領事、領事及副領事或代理者指揮監督」。〔註 120〕此後外務省藉口領事裁判權的延長，分別向各地派遣警察官，1899 年，向福州；1900 年，向北京；1901 年，向南京；1904 年向汕頭；1904 年，向長沙；1906 年，向廣東。〔註 121〕

　　日俄戰爭之際，日本開始在東北領事館設置警察署。1904 年 8 月 24 日，牛莊日本領事瀨川淺之進向外務省大臣建議設立領事館警察。〔註 122〕隨即外務省即派出 2 名巡查，在 9 月 8 日自東京出發赴任。〔註 123〕日俄戰爭後，日本在東北警察署設置更為普遍。1906 年 5 月 30 日，奉天警察署開設；1906 年 6 月 6 日，安東警察署開設；1906 年 8 月 3 日，鐵嶺警察署，1906 年 8 月 7 日，遼陽警察署；1906 年 10 月 1 日，新民警察署；1906 年 11 月 5 日，長春警察署；1907 年 3 月 8 日，哈爾濱警察署；1907 年 3 月 9 日，吉林警察署；1908 年 1 月 10 日，齊齊哈爾警察署成立。〔註 124〕

　　1909 年中日「間島」交涉中，日本雖然承認了中國對此地的領土權，但駐華公使伊集院彥吉表示：「日本為保護韓民起見，萬不能自棄其裁判權」。〔註 125〕並稱：「我們設立警察，係行司法之事，絕不侵害中國行政權」，〔註 126〕這種狡

〔註 119〕（日）外務省百年史編纂委員會編：《外務省百年》，東京原書房，1969 年，第 1395 頁。

〔註 120〕（日）外務省百年史編纂委員會編：《外務省百年》，東京原書房，1969 年，第 1393 頁。

〔註 121〕（日）外務省百年史編纂委員會編：《外務省百年》，東京原書房，1969 年，第 1393 頁。

〔註 122〕（日）外務省百年史編纂委員會編：《外務省百年》，東京原書房，1969 年，第 1381～1382 頁。

〔註 123〕（日）外務省百年史編纂委員會編：《外務省百年》，東京原書房，1969 年，第 1382 頁。

〔註 124〕（日）外務省百年史編纂委員會編：《外務省百年》，東京原書房，1969 年，第 1382～1383 頁。

〔註 125〕王芸生：《六十年來中國與日本》第五卷，三聯書店，1980 年，第 186 頁。

〔註 126〕王芸生：《六十年來中國與日本》第五卷，三聯書店，1980 年，第 190 頁。

辯，雖然牽強的摘出對中國行政權的侵害，但卻道出了控制中國司法權，實施領事館審判行徑的實質。8月17日，中國外務部致電伊集院，其中的「領事館內可附設司法警察，專司傳訊該國居留人民」，〔註 127〕被日本擴大。1909 年 9月4日，中日簽署《圖們江中韓界務條款》，同年 11 月 2 日，日本在「間島」開設總領事館及局子街、頭道溝分館。〔註 128〕在這些領事館內配備了 46 名警察。〔註 129〕

1914 年，日本駐廈門總領事「為便於監督取締居住於廈門的日本人」，在領事館之外設置「廈門日本總領事館警察署分署」，並且辯稱：「日本領事館警察署乃至分署，為日本總領事館之一部分，而非他物。既然中日之間已經認定日本領事可以在廈門執行職務，領事館警察署之存在及領事館警察分署之設置，則無何等非法之處」。〔註 130〕鑒於對廈門等華南日本領事館管轄內的臺灣黑幫勢力的治理，1916 年 9 月 25 日起 3 天間在臺灣總督府，由廈門領事菊池義郎、福州領事齋藤良衛與臺灣總督府之間商議領事館警察事務，總督府決定：第一為加強對岸警察之配置，該府決定派遣警部補 2 名、巡查 15 名至華南，配置於對岸 4 領事館。並將一切有關指揮、監督警察官之事宜委任於領事。且若總督府擬命令警察官調查某事項時，應照會領事，由領事下令調查。〔註 131〕

1921 年 11 月 29 日，華盛頓會議上，面對中國要求日本撤出在華警察的聲音，日本全權代表辯稱：「因日支兩國地理接近，日本非法之徒難免在支那有不法行為，對此等非法之徒，支那警察官難以逮捕處罰，而若將是等犯人盡速引渡日本官憲，解決則頗為簡單。反之，犯罪人一旦逃脫現場，則犯罪原因及事實實難查清，特別是支那官憲，無權搜查享有治外法權之外國人家宅，難以得到相應證詞。若非與日本警察充分協力，最終則不能施行犯罪處罰，此等傾向已於滿洲出現。現該地方居住十數萬日本人，較之有日本警察官駐紮之地方，無警察官駐紮地之日本人犯罪較多。加之，撇開理論方面不論，日本在支那內地設置警察，於防止日本在支居留民犯罪方面，在實際上

〔註 127〕王芸生：《六十年來中國與日本》第五卷，三聯書店，1980 年，第 210 頁。
〔註 128〕（日）外務省外交史料館、日本外交史辭典編纂委員會：《日本外交史辭典》，日本大藏省印刷局，1979 年，第 374 頁。
〔註 129〕邱祖銘：《中外訂約失權論》，上海商務印書館，1940 年 1 月，載於林泉編《抗戰期間廢除不平等條約史料》，臺灣中正書局，1983 年，第 41 頁。
〔註 130〕（日）古賀元吉：《支那及滿洲的治外法權和領事裁判權》，東京日支問題研究會，1933 年，第 121 頁。
〔註 131〕JACAR：B03041652400。

有相當價值。因目下支那人對其他外國人行為不能進行何等干涉，故從另一方面說，日本警察則可協助支那警察保護支那」。〔註132〕日本的辯稱雖然目的在於維持在華的警察權，但也一定程度上闡釋了當時領事館警察的主要職責。從其狡辯文字中，隱約可見警察官在司法事務中的檢查身份及職能。

日偽時期的警察署中設置司法系，1938年5月25日，南京領事館的勤務規程中，對司法警察勤務制定了詳細的規定，包括：搜查和檢舉犯罪事務；行刑和押送犯人事務；拘留及監獄事務；對奇異死傷者進行醫學檢查驗證事務；處理罪犯沒收物等食物；檢察官事務；司法文件的收發、整理、編纂、保存等事務；管理流浪者事務；製作警察事務統計表。〔註133〕

二、領事法庭的司法互助問題

日據時期，臺灣總督府對臺灣籍民中的黑幫勢力呈現出治理與操縱的矛盾措施，而且據研究，對其操縱表現在與反日運動有密切關係，〔註134〕在司法領域也並非未曾對其進行司法治理，而且也曾經與大陸地方政府有過司法互助的舉動。

中國官吏、廈門商務總會、甚至革命黨人向廈門日本菊池領事屢次請求取締黑幫籍民，菊池對此事多次與臺灣總督府協議，臺灣總督府對於取締的困難進行了實際分析：

（1）臺灣黑幫分子與廈門黑幫分子的語言、風俗習慣相同，由表面上無法判別國籍。（2）他們為無旅券者，且在臺灣已有前科累犯的記錄，但在領事館並無記錄，且未預先接到任何情報，而毫無所知。（3）籍民各自有二、三個名字，作為中國人的姓名與作為日本人的姓名，會分開來使用。以致對照、調查困難。（4）無照片可確定身份。（5）臺匪會與中國黑幫混合橫行，且中國黑幫亦會假冒臺灣籍民，以籍民之名義作為護身符（最顯著的手段是以日本籍民之門牌卷懸掛在房門上）。〔註135〕（6）廈門水路可短時間直接通往漳州、

〔註132〕（日）植田捷雄：《在支列國權益概說》，東京岩松堂書店，1939年，第107頁。
〔註133〕（日）外務省外交史料館藏：《外務省警察史・支那之部（中支）：在南京總領事館》第48卷，日本不二出版社，2001年，第233頁。
〔註134〕王學新：《廈門黑幫籍民的形成與發展》，（臺灣）民國96年12月漢學研究第25卷第2期，第296頁。
〔註135〕當領事館員進入籍民家中檢查時，籍民逃走，卻有中國人出來責罵不應由日本警察來管。而當中國官吏臨檢時，就由臺潛籍民出面拒絕。JACAR：BO3041647300。

泉州、同安、石碼各地。這些地方的黑幫互通聲息。尤其是廈門與石碼、同安距離最近，巢穴相連，經常互通有無。故若領事館進行搜索時，他們會立即逃往石碼、同安等非開港地，日警難以進入。（7）一般人民非常害怕他們復仇，並絲毫不信賴官府的保護，而很少會向官府告密（8）領事館人員不足，以及密探操守不佳，難以信任。〔註 136〕

臺灣總督府面對現實條件難以處理籍民中的黑幫犯罪問題，1914 年指令廈門領事館：「於該地因犯罪而被告者之國籍未能判別，由中國官員照會是否為臺灣籍民時，由於無旅券或於貴館無登記之故，遂立即任由中國官員處置，則認為關係到擁有領事裁判權之帝國威信。」〔註 137〕由於對領事裁判權的眷戀，臺灣總督府還是要求廈門領事館克服條件限制，擔負處理籍民中黑幫犯罪問題的處理責任。由於菊池屢次向外務省彙報臺灣籍民破壞對岸治安之嚴重性，為克服日警人手不足的困難，菊池認為中日會同檢舉為上策，並請外務大臣向總督府交涉派遣警察官以作為援助。其建議最終被採納，日本外務省決定大舉取締。經過外務大臣電請，總督府派遣臺北廳警部大戶外次郎及巡查 5 名赴廈門取締臺灣無賴漢。〔註 138〕1916 年 5 月 30 日大戶一行與中國方面仔細磋商，31 日黎明進行檢舉，他們在當地設置 8 處檢舉點。中國方面派出巡警 30 名，日方大戶警部一行 6 名，及領事館警部、巡查 3 名外，另有通譯 2 名，分為二隊，進行逮捕。最終合計逮捕 60 餘名，其中有臺灣人 10 名。殺掉黑幫籍民大哥烏面瑞，逮捕周卻等人。其餘黑幫則鼠至福州。〔註 139〕

在廈門大檢舉後，接著福州開始進行中日大檢舉。大戶警部事前視察福州古山湧泉禪寺，該地被稱為臺灣黑幫的根據地。〔註 140〕接著於 7 月 16 日、20 日中日警察合作進行兩次搜索，成果斐然。7 月 16 日下午 5 點，大戶警部與福建省交涉署委員魏子瀾、禁煙局調查科長李雲翼、警察廳保安分隊長劉廣勝與福州日本領事森浩見面，協定組成兩支搜查隊。每對 30 名，有中國警察 23 名、日本巡查 7 名。第一隊由大戶警部指揮，第二隊由德山領事館警部補指揮。搜查場所第一隊為馬路打鐵街、塢尾、水部，第二隊為妙邊、白龍庵、城內。當晚九點開始，至凌晨二點結束。結果第一對在南通洋行逮捕 5 名

〔註 136〕（日）《公文類纂》V06203A005。
〔註 137〕（日）《公文類纂》V06203A005。
〔註 138〕JACAR：B03041647400。
〔註 139〕JACAR：B03041647400。
〔註 140〕JACAR：B03041648600。

臺灣流氓及 3 名中國人，並搜出鴉片煙膏約一公斤、吸食器具 3 組。在水部方面逮捕籍民 5 名、中國人 6 名，搜出生鴉片約半公斤。第二隊逮捕籍民 5 名、中國人 4 名，在日進洋行押收鴉片土約一公斤多，吸食器具一組。〔註 141〕1916 年 7 月 20 日上午 4 點又進行第二次大搜查。搜查分為兩隊，每隊有中國警察 15 名，6、7 名日本巡查，皆由日本警官指揮。搜查場所第一隊為後州、橫街、水部、倉房街、城內，第二隊為夏醴泉、上杭街、中州等黑幫聚集之民宅。結果第一隊逮捕籍民 5 名、中國人 6 名。第二對逮捕籍民 3 名、中國人 4 名。〔註 142〕此次大搜捕行動後，8 月 13 日福州領事館對 7 名籍民發布離華命令，並對其他 13 名於領事裁判所內進行公審。〔註 143〕

1934～1937 年間各地領事館辦理的涉外事件　　　　　　　　　　單位：件

領事館	受　　理	1934 年	1935 年	1936 年	1937 年
廈門	原受	5	6	7	19
	新受	21	32	47	23
	審結	20	29	36	33
	未結	6	9	18	9
	計	26	38	54	42

參照（日）英修道著：《列國在中華民國的條約權益》，1939 年東京丸善株式會社版 99 頁表製成。

小結

日據臺灣島後，臺灣總督府憑藉著日本對中國的領事裁判特權，也對來到大陸的臺灣島民實施此種特殊的司法管轄。但是，由於此種管轄是建立在政治因素之上，相當大的程度上違背了客觀現實的要求，因此，雖然這種制度包含有些許文明的成分，然而，由於它忽視了客體及其現實中的內在特徵，制度運行上不可避免地出現了頗多的矛盾。

〔註 141〕JACAR：B03041648400。
〔註 142〕JACAR：B03041648600。
〔註 143〕JACAR：B03041649300：4。

第四章　解紛止爭留待他日

　　本國對其國民在外國時的外交保護是屬人管轄權，此類管轄權的行使必須具備若干前提條件。第一，任何個人在外國，都須持有本國政府簽發的有效護照，加蓋某外國政府簽發的有效簽證，二者缺一不可。第二，受到非法侵害時，在用盡當地救濟後，可請求本國政府外交保護。〔註1〕外交保護與領事保護除是否關乎求償差別外，別無二致。領事裁判權屬於領事保護範疇，因此，領事裁判權需要滿足外交保護的基本要件。同時，領事裁判權包含著政治因素及時代特徵，並非息訟解紛的良藥妙方。

第一節　外籍僑民息訟解紛問題

　　民國第一外交家顧維鈞在其著作《外人在華之地位》中，回顧了中國近代以來在華外人的客觀存在及其司法地位以及特殊待遇。他精闢地講道：由隆古而歷中世，外人之來往於中國者，幾不絕跡。於是問題起焉。問題者何？即外人所受諸中國政府者是何等待遇。據外人在華之事錄及其所著遊華筆記，則其飽享特權，渥蒙保護，固屬顯而易見。當此時期，中國顯無閉關獨處之思，無論邊地海岸，罔不門戶洞開，延接願來之遠人。其遊客之中，自海道來者，如佛利亞・奧多利克（一二八六年至一三三一年）及伊勃・巴土泰；自陸地來者，如嘉賓尼（Carbini）於其款關入塞之際，毫未遇有留難，且亦無限制外人周流國內之現行法律。故殊方異俗之倫，遊於中國者，輒遍歷城邑，未

〔註 1〕梁淑英：《論外交保護的條件》，載於《國際法律問題研究》，中國政法大學出版社，1999 年，第 221〜262 頁。

嘗見官吏之阻攔焉。大抵遊歷中國之人，固須有一種護照，如以下所述者，然只為遊客利其遄行、防護意外，而非阻遏限制之也。若夫外商，亦必任其自由入境。即此一端，所以粵浙閩三省商務，當時業已暢旺。中外通商，既似此啟發甚早，故即在西曆紀元前九九〇年，亦未嘗不可徵收進口貨稅。粵稽有唐之時，廣州已開通常互市場，派往官吏一人，徵收售貨之國稅。當時，除教皇使臣約翰·馬利諾里（John de Marignolli）為教皇貝納狄克第十二（Pope Benedict XII）之代表，自西曆一三三八年居北京四年外，並無常駐中國之外交官，故保護外人之事，全屬中國皇帝。凡往中國之人，得容其遊歷居住者，並非出自權利，而由於寬典，故即有限制區別，亦易使服從，而無正當抗議之餘地。顧當時外國之商賈行旅，深信皇帝必能保全其境內外人之生命財產。由今言之，昔日外人信服之心，殊不誣也，朝廷之視外人與其臣民，實屬一體，既開其登庸之路，復廣其保護之方。阿羅班（Olopum）者，景教徒也。唐時來華，高宗擢為大僧正及國師之職。至於馬可·波羅，其家世屬籍，雖為弗匿斯人，亦曾知揚州府事三年。又有天主教士約翰·柯維諾者，獲覲天子，雖在京師，亦准其建立尖塔鳴鐘之大禮拜堂，宣揚天主教之福音，施行洗禮。中外人士之自某地往某地者，一律頒給護照，責成地方官保護。試考伊勃·懷海（Ibn Wahat）《中國遊歷記》內之一則，即可立見唐朝保護行旅之良法，與對於外人一視同仁之深意。茲錄天方國行客伊勃·懷海之言如下：凡自此州至彼州遊歷者，必須攜帶兩種護照：一發自刺史，二發自宦官。刺史之照准其啟行，內具旅客及同伴之名號、年齡與其所屬之宗族，蓋凡在華之旅客，無論為本國人為天方國人，均不能不隨帶文書，載明種種事實，以憑查驗。宦官之照，詳載旅客及同行人等所帶銀錢貨物之數，所以似此辦理者，即為知照邊境官吏起見。俾兩種護照，在其地查驗，凡遇旅客行抵一境，必將某人係某人之子、某種職業、某年月日過境、攜帶某種對象，逐一登記，政府即憑此法，使旅客所攜銀錢貨物免於危險。脫有喪失死亡，則旅客之一事一物，無不立知，俾其本人或其承繼人仍可收回其所有之物也。〔註2〕

　　如前所述，世界歷史進入近代之後，隨著生產力水平的提高，生產方式的變化，人類的思維方式當然也應聲改變。工商文明及其海洋文化帶給人們新的思維方式和認識方式。雖然各個主權國家各自擁有獨立空間與地域，但

〔註2〕顧維鈞著、葉雋編：《外人在華之地位》，吉林出版集團有限責任公司出版，2010年8月，第7、8頁。

是仍然避免不了不同國籍人員在不同國家地理空間範圍的流動，於是，自然會產生司法上的息訟解紛問題，完成工業進入到工商社會的國家之間，通過不斷摸索形成了外籍僑民司法管轄的慣例，但是在漸進式工商文明化的中國大地上如何處理外籍僑民的息訟解紛問題也應該受到相關當事方的足夠重視，並在不斷發展演進過程中尋求完美解決。

從 18 世紀上半葉開始，歐美主要資本主義國家陸續完成工業革命，並逐漸走上了對外擴張的道路。在社會化大生產的推動下，各國的生產力極大提高，以至於國內的市場和原料已經遠遠不能滿足於資本擴張的要求，因此，積極尋求海外商品市場和原料產地，拓展海外貿易，成為各國的當務之急。與此同時，古老的東方，尤其是像中國這樣擁有幾千年發展歷史的文明古國，正在逐步走向閉關自守，固步自封的角落，與歷史發展的進度漸漸拉開了距離。基於西方遊歷者回國後講述的東方見聞，再加上資本主義上升時期的開拓熱情，西方殖民者開始來到中國這個人間天堂找尋財富。在兩次鴉片戰爭、中法戰爭、甲午中日戰爭、八國聯軍侵華戰爭等等一系列的中外衝突中，列強不僅實現了各自的初衷，而且所得遠遠超出了他們的預期，而中國則由一個完全自主的主權國家，最終淪入半殖民地半封建社會的深淵，不得不惟列強的馬首是瞻。這其中最為突出的一個表現即是**領事裁判權制度在中國的確立，列強據此嚴重破壞了中國的司法主權，**並給近代中國社會帶來了深遠的影響。但是在論及領事裁判權這一制度時，人們往往還會提到治外法權，這樣就容易使人在理解上出現模糊和混淆，下面主要就領事裁判權的含義進行簡要的分析。

領事制度的產生是國家間商業往來發展的產物，其起源可以追溯到古希臘的「外國代表人」制度和羅馬共和國時期的「外國人執政官」制度。歐洲中世紀後期，由於航海和商業的發展，在意大利、西班牙和法國等地的城鎮中，外國商人經常從他們的同行中自行推選解決彼此之間商業糾紛的仲裁人，稱為「商人領事」或「仲裁領事」，後來這種領事由商人推選的仲裁者演變為國家派遣的外交代表，擁有對本國僑民的司法管轄權，因此便逐漸形成了近代的領事制度。十字軍東征，打開了通往東方的道路，意大利、西班牙和法國等國的商人在土耳其等國家定居下來，東西方貿易日益頻繁，許多歐洲商人來到阿拉伯國家進行貿易。對阿拉伯民族來說，神聖的《古蘭經》不能適用於異教徒，而這些西方商人恰恰擁有各自推選的本國領事，因此土耳其政府

便以「特惠條例」形式授予這些外國領事一定的特權，可以依據本國法律處理本國商人之間的糾紛。後來這些外商的本國政府就同土耳其政府簽訂了領事裁判權條約，使這些領事獲得了對本國僑民特權、財產和生命的保護權及對僑民行使刑事訴訟和民事訴訟的管轄權。這樣，領事制度就在土耳其等近東國家得到確立，領事的職權也在逐步擴大。

16 世紀後，領事不再從所在地的本國商人中選舉，而是由國家正式委任，稱為「派任領事」，這就是後來職業領事的起源。從 17 世紀初葉開始，近代國家主權觀念日益高漲，西方各國都將外國商人置於本國司法管轄之下，領事的職權逐漸縮小到照管本國的商業和航運，保護本國僑民的利益。18 世紀中葉以後，隨著資本主義的發展，領事制度的價值和重要性逐漸為各國所重視，國家間的領事制度開始系統地發展起來，領事的地位、職務和特權成為各國通商航海條約或領事條約的主題，法國、荷蘭、美國、英國等主要商業和航海國家還為此制定了本國的領事條例和領事法。與此同時，西方列強向東方積極進行殖民擴張，並通過各種不平等條約推行片面的領事裁判權制度，嚴重侵害了駐在國的主權。到鴉片戰爭之前，波斯、暹羅等中國周邊的弱小國家均已確立了這種領事裁判權制度。

鴉片戰爭結束後，英國、美國、法國等列強通過不平等條約，先後在中國建立了領事裁判權制度。並且變本加厲，逐漸擴大領事裁判權，從此一直到二戰結束，中國人民經過一百年的努力才最終從中國大地上廢除這種強加的、不平等的制度。

領事裁判權，「即一國通過駐外領事等對處於另一國領土內的本國國民根據其本國法律行使司法管轄權的制度」〔註3〕從領事裁判權本身的性質和含義來看，這是外國在華僑民脫離中國司法管轄的一種特權。然而這並非是指他們可以不遵守中國的法律，清政府曾提出領事裁判權只是一種根據外國在華僑民本國的法律，由他們各自本國的駐華官員按照他們本國所准許的司法程序來確定他們的權利和義務的特權。總理衙門也曾明確表示外國人應和中國人一樣遵守中國的法律，如果違反應按照他們本國對類似案件所規定的法律予以懲罰。

然而實際上近代帝國主義列強在中國建立的領事裁判權制度恰恰相反，它「乃是外國侵略者強迫中國締結的不平等條約中所規定的一種非法特權，

〔註3〕武樹臣主編《中國傳統法律文化辭典》，北京大學出版社，1999 年 10 月第 1 版，第 228 頁。

它的主要內容是：凡在中國享有領事裁判權的國家，其在中國的僑民不受中國法律的管轄，不論其發生任何違背中國法律的違法犯罪行為，或成為民事訴訟或刑事訴訟的當事人時，中國司法機關無權裁判，只能由該國的領事等人員或設在中國的司法機構據其本國法律裁判」。〔註4〕據此，列強在領事區內或租界內成立行政管理機構，建立領事法院或領事法庭，派駐警察和軍隊，以充分行使對本國居民的管轄權。領事不僅審理本國國民之間的訴訟，而且依據被告主義原則審判當事人一方為駐在國國民的案件，同時對涉訴的領事館雇傭的住在國國民也要求進行保護，嚴重干涉中國的司法主權。這種非法特權，是對一個主權國家屬地優越權的侵犯，更是對一國獨立司法主權的剝奪，是公然違背國家主權和國家之間權利對等的國際法基本準則的。

　　列強攫取領事裁判權的立論基礎是治外法權，這是近代以來國際法上的一個重要概念。他們借著治外法權這個冠冕堂皇的幌子混淆視聽，並利用當時中國人對國際法的陌生和排斥，最終獲取了在中國大地上的片面司法特權。

　　治外法權，一般是指特定範圍內的外國人，根據國際法的基本原則，或者基於當事國之間條約或協定的約定，得以免除駐在國的司法管轄，使其個人及其家人不受當地的民事及刑事訴訟追究，不得遭受逮捕，使其住所及財產不受侵犯，同時免徵各種稅款。這裡所指的外國人，包括來訪的外國國家元首，正式外交官員，以及聯合國官員。雖然這些人可以免受當地法律的管轄，但並不意味著他們可以不遵守所在國的法律，如果他們有違法行為，將會導致駐在國政府向其政府抗議，或者宣布其為「不受歡迎的人」，將其驅逐出境。治外法權除對人員產生效力外，也延伸到國家所擁有的船隻和軍艦，它們也可以在別國的領水或港口之中免於受當地的司法管轄，但是歸私人所有的船隻則沒有此項權利。航空事業發展以後，一國領空也涉及治外法權的問題，但因為情況比較複雜，通常用雙邊協定的方式解決。然而在中國近代歷史上使用的治外法權概念，已經脫離了它最初的本義，成為領事裁判權的代名詞甚至包括更多的帝國主義國家在華的特權和利益。

　　「治外法權者，外國人之駐在或遊歷內國者，超出內國法治之外也。領事裁判者，外國人居留在內國者，不從內國之法律，而從其本國領事之裁判也。申言之，外國元首、公使等或因本國之招請或經本國之允許或常川於內國或暫

〔註4〕趙曉耕編著《中國法制史》，中國人民大學出版社，2004 年 5 月第 1 版，第 366 頁。

留於內國，本國為圖邦交之輯和、國際之便利、國家之尊嚴，超出內國法治之外，不受其支配的權利，謂之治外法權或曰超治法權。外國人或因傳教或因通商或因遊歷，而在內國之境內本國為保護外國人之生命財產計，外國領事審理外國人與外國人或外國人為被告那國人為原告之訴訟事件，並依外國人本國之法律判決之權利，謂之領事裁判權」。〔註5〕「治外法權依國際公法為終始者也」，〔註6〕「至領事裁判，非特別條約，無由發生」。〔註7〕「又治外法權為平等之權利，以國無論強弱，化無論文野，皆得享之。領事裁判權為不平等之權利，以強國對於弱國，先進國對於落後國始有之」。〔註8〕

根據以上分析我們可以看出，領事裁判權是單方面脅迫的結果，它是國家之間關係不平等的表現，它的出現是一種非正常的現象。而治外法權主要是指國際法上的外交豁免權，它的產生是基於國家之間的地位平等和正常交往，是一種互惠互利的做法。可以說，領事裁判權是包含在廣義治外法權的範圍之內的，但它是治外法權的一個擴大的、極端的、負面的內容，如果不加區分地使用這兩個概念是不妥的，應該對其進行界定，個人認為在中國近代史上使用領事裁判權這一概念可能更準確些。

直到清朝中葉，凡在中國領土上發生的涉外案件，仍然由清政府審理。清朝對外國僑民犯罪，規定只適用屬地主義原則，防止其逃避罪責，並針對犯罪行為科以重刑。沿用明朝「凡化外人犯罪者，並依律擬斷」。〔註9〕而領事裁判權在中國的確立，使這一制度開始發生根本改變。外國侵略者可以在中國的土地上任意橫行，清朝的法律對其沒有了約束力。可以說，領事裁判權在華的確立是清末司法制度半殖民地化開始的重要標誌。領事裁判權制度是對法律上國家屬地優越權的例外和侵犯。20世紀初，西方列強曾稱，一旦中國修改了法律即放棄在中國的治外法權，但他們的這項司法特權，直到新中國成立後才算是正式廢除了。領判權之根源，較諸通常所指者，尤為複雜。

〔註5〕賀其圖《鴉片戰爭前的中西司法衝突與領事裁判權的確立》內蒙古民族師院學報（哲社版）第53～54頁，1994年第2期。

〔註6〕賀其圖《鴉片戰爭前的中西司法衝突與領事裁判權的確立》內蒙古民族師院學報（哲社版）第53～54頁，1994年第2期。

〔註7〕賀其圖《鴉片戰爭前的中西司法衝突與領事裁判權的確立》內蒙古民族師院學報（哲社版）第53～54頁，1994年第2期。

〔註8〕賀其圖《鴉片戰爭前的中西司法衝突與領事裁判權的確立》內蒙古民族師院學報（哲社版）第53～54頁，1994年第2期。

〔註9〕《大清律集解附例》。

此非常之制，異乎所謂外交官之治外法權，實由兩種相合情形在法律上組成者：一即外人一部或全部不受領土法律之制裁；二即其本國代表在中國境內亦得施行其本國法律一部或全部於外人。

　　既然國際法中對外籍僑民的司法問題是有如此界定，而近代在華的外國領事卻行使了領事裁判權對外籍僑民實施司法管轄，那麼，他們的權利是否擁用國際法原則中的信實即公平性呢？歷史學家們普遍認為，與近代領事制度最為相似的制度是出現在公元前 6、7 世紀的「外國代表人」制度。這一時期的外國代表人制度，「被視為領事制度最早的淵源，具體是指「由居住在希臘城邦國家中的外國僑民共同推舉的、為其所代表的外國僑民服務的當地居民或者外國僑民，主要職能是提供一些商業上或法律上的幫助等等。」

　　大多數歷史學家普遍認為，現代領事制度是起源於中世紀後期的。中世紀後期，在西班牙、意大利等國出現了「仲裁領事」（或稱「商人領事，』）。這種商人領事是指「由商人在他們的同行中選舉被大家所認可的人，作為相互之間爭議的仲裁者。在十字軍之役後，意大利、西班牙和法國的商人將這種專為處理爭議的仲裁者制度帶到了近東國家。隨著商業交往的頻繁，這種仲裁者的職權也得到了擴大和延伸」〔註 10〕。西方中世紀的領事職能主要包括：「直接與接受國聯繫、代表派遣國處理遺產事務、保護派遣國和派遣國國民的利益、協助進行條約的談判等」〔註 11〕，「對船舶碰撞事故、海難救助、自然災害的救助等事項行使部分司法權力」〔註 12〕。可見，中世紀的領事職能比早期的領事職能範圍要廣泛的多，最明顯的區別是增加了部分行政程序性和司法程序性的內容。

　　18 世紀後期，隨著近代國家之間交往的進一步深化，領事職能也出現了一些新的變化。1769 年 3 月 13 日，「西班牙與法蘭西在西班牙的帕多宮簽署的《帕多條約》（Franco - Spanish Convention of Pardo）是世界上第一個雙邊領事條約」。〔註 13〕這一條約的簽訂，引發了很多西方資本主義國家的倣仿，

〔註 10〕參見（英）詹寧斯、瓦茨修訂，王鐵崖等譯：《奧本海國際法》，中國大百科
　　　　全書出版社，1995 版，第 559 頁。
〔註 11〕轉引自：何佳：《領事保護基本法律問題探析》，2009 年中國政法大學碩士論
　　　　文，第 5 頁。
〔註 12〕轉引自：何佳：《領事保護基本法律問題探析》，2009 年中國政法大學碩士論
　　　　文，第 5 頁。
〔註 13〕參見許育紅著：《領事保護法律制度與中國的實踐》，外交學院 2003 年碩士學

紛紛開始著手簽訂雙邊領事協定。

1911 年（（加拉加斯公約））（The Caracas Convention）的第四條以列舉的方式明確了領事的具體職能，包括：「與接受國當局交涉，代表國民，處理海事事務仲裁本國商人間的民商事爭議處理死者遺產當接受國當局侵害了派遣國國民個人的利益時，領事有權採取必要的行動，以使受損害的個人毫無延遲的得到賠償，並根據所在國法律使加害機關繩之以法。」〔註 14〕這是世界上第一個區域性領事關係公約。〔註 15〕1928 年，由出席第六屆美洲國家會議的 21 國代表在古巴哈瓦那簽訂了《關於領事代表的公約））（The Conveniionon Consular Agents，也譯為（（關於領事官的公約》）。

蘇聯著名的國際法學者童金在他的《國際法》一書中，對領事職務的論述如下：「領事在執行職務時既要遵守本國法，也要遵守國際法，同時應考慮所在地國法律。領事官員只能直接同其領館轄區的地方當局打交道。領事代表機關既受本國外交部領導，也受外交代表機關的領導。領事在執行所接受的委託任務時，可以按照領事專約所規定的方式，根據所在地國的法律，代表本國公民和法人在接受國出庭。領事官員由於需要完成特定的官方行為，可以對本國和外國公民收取一定的領事費用。」〔註 16〕

《奧本海國際法》是近代西方所推崇的國際法經典著作，書中概括了四項領事職務的具體內容：促進工商業、監督航務和飛機、保護、公證職務。其中，對於領事保護的論述如下：「領事保護派遣國的利益，也保護派遣國的國民；領事應辦理本國國民的登記；簽發護照，並對貧民、病人和在法院涉訟的人給予某種救濟和幫助；如果一個外國國民受到當地當局的侵害，領事可以對他提供意見和幫助，代表他進行干預；領事有權與被監禁的本國國民通信；領事可以被請求照管在外國死亡的本國人的財產，並對死者家屬給予各種救濟和幫助。〔註 17〕

〔註 14〕轉引自：何佳：《領事保護基本法律問題探析》，2009 年中國政法大學碩士論文，第 6 頁。
位論文，第 2 頁。
〔註 15〕參見梁寶山著：《實用領事知識》，世界知識出版社，2001 年版，第 163～164 頁。
〔註 16〕（蘇）童金主編、邵天任等譯：《國際法》，法律出版社，1988 年 10 月第 1 版，第 286～287 頁。
〔註 17〕（英）詹寧斯、瓦茨修訂、王鐵崖等譯：《奧本海國際法》，中國大百科全書出版社，1995 版，第 563～564 頁。

　　「領事保護」的概念界定主要有廣義和狹義兩個角度。狹義的領事保護，一般是指「當派遣國公民、法人的正當權益在接受國領區內受到違反國際法的不法行為侵害時，領館或領事官員向接受國領區當局交涉，以制止不法行為，並給予賠償。廣義的領事保護，還包括領館或領事官員在國際法許可的範圍之內，向本國國民提供一些必要的幫助和協助（例如護照及其他旅行證件、公證、民事事務、司法協助事務等等）。〔註18〕

　　外交保護與領事保護在很多方面有著相似之處，但二者畢竟是法律性質不同的兩種行為，兩者之間的具體區別可以從以下幾個方面加以分析：第一，行使主體不同。外交保護主要由外交機構、外交官員或外交代表行使；領事保護一般由派遣國在接受國境內的領事負責行使。第二，法律依據不同。外交保護是屬人管轄權的延伸，是國家主權的體現；而領事保護的法律依據主要是有關領事關係的國際公約或雙邊、多邊領事協定。第三，行使條件不同。外交保護以國家的不法行為侵害為要件，需要有客觀的損害事實的存在；而領事保護並不以此為前提，相比之下，領事保護的條件更為寬鬆。第四，能否被放棄不同。根據國際法原則，「外交保護權不是公民個人與法人的權利，而是一國對另一國的權利〔註19〕，因而是不可以被放棄的；但是，領事保護需要派遣國國民的自願接受，因而是可以放棄的。「個人或法人可以放棄領事保護，但不能放棄外交保護。〔註20〕第五，是否需要滿足用盡當地救濟原則不同。外交保護需要滿足用盡當地救濟的原則才可以提起；領事保護並沒有這方面的限制。

　　據駐廈門日本領事上野專一表示，1897年5月8日以後，立即有一些臺灣人渡航廈門，與中國人相勾結從事中國內地貿易，以獲取商業利益。且有假冒國籍之事發生，故此上野建議總督府發給旅券時，應要求附上照片，〔註21〕但總督府以照片尚未普及為由，而在旅券上附上「人相書」（描述持券人五官特徵的紙片），但由於他仍不能將持券人完全描述清楚，常常有轉

〔註18〕夏莉萍著：《美英領事保護預警機制的特點及對我國的啟示》，載於《外交評論》，2006年2月刊，總第87期，第70頁。

〔註19〕（印度）B.森著，周曉林等譯：《外交人員國際法與實踐指南》（1978年原版），中國對外翻譯出版公司，1987年版，第300頁。

〔註20〕（德）沃爾夫剛·格拉人·魏智通主編，吳越等譯：《國際法》，法律出版社，2002年版，第251頁

〔註21〕《公文類纂》v00132＼A025。

讓、假冒、買賣旅券情況發生，且程度相當嚴重。〔註22〕

　　由於外國船經洋人海關輸出貨物時，不用繳納釐金，且有種種方便，故臺灣籍民中有人利用外商名義，與中國商人合作，自由進入大陸內地購買貨物，免除地方釐金局之課稅，從上海香港等地運來舶來品、雜貨，自由的通過廈門釐金局，輸入市內。並以日商名義租給中國人，收取相當數額的招牌費。〔註23〕

　　據總督府派遣至廈門的澤村繁太郎所言：1897年5月8日後的來廈籍民「多半包藏野心，當涉及金錢借貸、房屋買賣、盜難訴訟等案件時，有時會向領事館申訴一些虛構詐偽之事件，企圖藉著日商之威勢，向中國人謀取暴利。造成領事館的極大麻煩。」〔註24〕1899年2月17日，青木周藏的一封信中曾表示：「近來臺灣人民中前來清廈門申請居住登記者很多，……其中有些人需要調查身份。」〔註25〕史料可見，籍民已然知曉並憑藉旅券，如何利用其特殊地位來牟取商業利益。1907年3月，臺灣完成戶口調查，10月份，臺灣府令第86號頒布臺灣「外國旅券規則」，規定不攜帶依此規則旅券不能出境。但實際上臺灣的外國旅券規則僅適用於臺灣，日本本土無此規定，故臺灣人如果繞到日本前往大陸時，則不需要旅券，因之沿用此法在廈門者不在少數，更擋不住黑幫籍民的腳步。〔註26〕

　　由於有在臺犯罪者為逃避制裁而逃往廈門的情況，1900年2月，總督府申請外務大臣訓令福州、廈門等日本領事對其逮捕或禁止其居留。但外務大臣顯得很為難地說：「僅是臺灣逃亡者或犯法者之緣故，而與該地安寧風俗無關時，實難以如擬處置。」〔註27〕在臺灣犯下罪行逃亡廈門者，為了躲避懲罰，不可能到廈門領事館登記，領事館當然也不可能掌握他們的詳細情況，這類人數量不菲，大概在1910年估計約有二百人。〔註28〕

　　1913年6月思明縣知事紐承藩為緝拿私設煙館而拘禁臺灣籍民，並勒令臺灣人煙館於一周內全部關閉。日本領事菊池義郎立即於6月26日抗議要求

〔註22〕《公文類纂》v00132 \ A029，032。
〔註23〕《公文類纂》v04556 \ A006。
〔註24〕《公文類纂》v04556 \ A006。
〔註25〕《公文類纂》V00353 \ A004。
〔註26〕黃呈聰，〈支那渡航旅券制度の廃止を望む〉《臺湾》第三年第九号，1922年12月，19～29。（東方文化書局復刊）。
〔註27〕（日）《公文類纂》V11117 \ A031。
〔註28〕（日）《公文類纂》V06203 \ A005。

賠償，並表示勒令煙館停業為違反條約。紐知縣遂向廈門商務總會幹部及其他鄉鎮傳播消息，並煽勤反日派人士集合當地 24 個團體，準備進行抵制日貨運動。遂有南聲日報刊載日領保護無賴之徒，阻凝我禁煙事務造行之記事，致使輿論沸騰。〔註 29〕

　　而日本政府外務省所轄的領事人員及臺灣總督府外事部對此卻採取以政策及行政為先的原則，處理這種法律問題。1919 年 5 月，於北京召開第一次在華領事會議，廈門領事館提出兩個議案，其中有鴉片取締的提案：「有關鴉片之取締，自去年以來再三接到本省嚴屬取締之訓示，但鑒於本地內外情勢，鴉片走私輸入密賣之禁止，到底無法實現。……廈門領事館雖欲進行嚴密檢舉，但必須要有數倍目前從事此事務之館員。縱令可舉其實效，但徒然止於網羅在留臺灣人或日本人之主要有力份子而已。此對於國人之發展有不良影響，故現在僅止於檢舉取締浮現於表面之小事件而已。」〔註 30〕

第二節　領判制度運行牴牾不斷

一、黑幫籍民刑事案件的棘手

　　在廈門，即使是一般的臺灣商人，由於擁有雙重身份，受日本領事館的保護，享有治外法權。另外，日領對歸化與假冒籍民也進行袒護。

　　日籍臺民（亦稱臺灣籍民）在臺灣處於二等公民的地位，但在中國大陸，他們同樣享受不平等條約所賦予的權利，得到日本領事館的保護，擁有一般中國人所沒有的特權。這使部分福建人頗為羨慕，於是在福建便出現了一批「假冒日籍臺民」，他們大致可分為兩種類型：一是由真正的臺灣人將自己的名義借給福建當地人使用，屬於閩臺人雙方合作的產物；一是以各種非法手段獲取臺灣籍，其主要途徑為購買臺灣總督府下發的臺灣人旅券。〔註 31〕還有一種情況，即原為大陸公民但得到日本領事承認從而合法獲取臺灣籍的人，稱為「歸化」臺灣籍民，他們與「假冒日籍臺民」有所不同，憑藉日籍特殊身份，為所欲為，不受中國法律約束。中國方面欲加管理，但日方不容中方插

〔註 29〕（日）《清国官宪ガ臺湾籍民拘禁ノ件》，《外務省記錄》4-1-5-0-9。
〔註 30〕（日）《外務省記錄》6-1-9-0-33-4，日本外交史料館藏。
〔註 31〕陳小沖：《檔案史料所見之清末日籍臺民問題》，《臺灣研究集刊》，1991 年第3 期。

手,因為利用「歸化」臺灣籍民進行擴張活動,「正是日本政府和臺灣總督府致力追求的重要目標」。〔註32〕日本政府庇護日籍臺民的原因大致有二:(1)在對外交涉中,臺灣人是日本籍民,「日本政府擔心在日籍臺民身上失去的東西,會同樣波及並損害到日本人本身的利益」;(2)日本政府「也有意以日籍臺民的特殊身份,組織臺民集團,抗拒中國人民的排日運動,離間閩臺人民的關係」。〔註33〕林真撰文對抗日戰爭時期福建的臺灣籍民問題進行了考察。抗戰爆發初期,福建省政府採取了3條措施:(1)命令臺民限期向警察局登記;(2)對善良安分的臺民以五家聯保切結,發給臺民居留臨時許可證;(3)准許有「愛國思想」的臺民恢復中國國籍。1938年5月廈門淪陷後,福建省政府對臺民採取更為積極的措施:(1)努力安置臺民生活;(2)盡力保釋被拘臺民;(3)積極支持臺民參加祖國抗戰。臺民中確有甘為日寇鷹犬,欺凌同胞,為非作歹之徒,但「大多數臺民是善良和無辜的」,還有不少參加了抗日活動,「也是非常值得稱頌的」。〔註34〕

原臺灣居民占在福建「臺灣籍民」的絕大多數。有許多人不承認自己是日籍,而且參與抗日宣傳活動。如在晉江,「散處永寧、曾坑、探滬、街口、金井、涵江等處者為數不下千人,惟彼等回國良久,自不承認為臺籍云」。〔註35〕「歸化」籍民,指一些廈門人向日本駐廈門領事館申請並取得臺籍,所以也另稱為廈門籍民之特殊籍民。這些人「大部分是屬於當地政界或經濟界之有力人士,其資產以萬計者不乏其數。」〔註36〕

這些人為什麼要「歸化」為籍民,駐廈門的日本領事井上庚二郎曾這麼說,「蓋在中國之外國人所享受之領事裁判權之實惠,使中國人頗感取得外國國籍之難得可貴。廈門人經常眼看著他們的親戚或鄰居,只因割臺當時因偶然因素在臺居住而獲得「臺灣籍民」之身份後,其身體與財產便可享受日本

〔註32〕陳小沖:《檔案史料所見之清末「歸化」臺灣籍民》,《臺灣研究集刊》,1992年第1期。

〔註33〕陳小沖:《日籍臺民與治外法權——以光緒三十一年王協林案為例》,《臺灣研究集刊》,1992年第2期。

〔註34〕林真:《抗戰時期福建的臺灣籍民問題》,《臺灣研究集刊》,1994年第2期。另外參閱陳小沖《抗戰時期的臺灣籍民問題》,《臺灣研究集刊》,2001年第1期。

〔註35〕《泉州日報》民國26年9月23日。

〔註36〕井上庚二郎:《廈門的「臺灣籍民」問題》,1926年9月,見《閩臺關係檔案資料》,鷺江出版社,1993年版。

帝國政府之保護中國政府比之實有霄壤之差，於是一邊責罵地方政府之苛斂誅求、貪多無厭，另一邊則千方百計思慮計劃如何取得臺灣籍」。〔註37〕

由此看來，「歸化」籍民是一些為私利而謀求獲得領事裁判權保護，使之不受中國法律約束的當地社會有權勢的人物、不法之徒甚至橫行鄉里的地痞流氓。這種人在廈門不少，在福州也有。對於這樣的人，日本駐廈門、福州領事館與臺灣總督府，為了不可告人的目的，卻樂於接納。屬於這一「歸化」類型的還有一些假日籍臺民。有些臺灣人「將自己一度使用之旅券不繳還，而讓與他人者，或由本地廈門以書信委託在臺友人，以臺民之名義申請旅券而後轉寄廈門者，或又將旅券轉賣他者等等乏事，……因此冒充國籍日本籍者頗多」。〔註38〕

這種情況廈門、福州都有，以致臺灣人的旅券在黑市的價格不斷上漲。新編入臺籍者，本來是臺灣原居民，「只因在臺戶口調查時正在中國或南洋方面居住，致使改編國籍時無法證實其確屬臺籍，其後經嚴密調查之結果，確有割臺當時在臺居住之事實，於是編入臺籍」。〔註39〕

井上庚二郎認為這些人與新「歸化」情況不同，這正如人出生後報戶籍，更確切地說，與私生子認知相同。實際情況卻並非如此，而往往是一些人為加入臺籍編造的一種理由。曾經有廈門籍的兩兄弟觸犯刑律被列為被告，但他們已向臺灣總督府申請臺籍，當中國政府要求核實時，結果臺灣總督府決定將他們兄弟編入臺籍，這即為明顯的一例。

以上兩種類型的籍民特點，是國籍變化的主動趨向性，與第一種類型的籍民完全不同，這在一定程度上反映了他們的陰暗心理與卑鄙目的。

日籍臺民在廈門免徵課釐金，中國政府難以從他們那裡徵收到捐稅。「今撇開浪人『吃喝嫖賭』喜歡鬧事不說外，單就所謂真正商民而言，彼輩所納之捐稅，較諸中國商人所納繳者，只有十分之二。而十分之二之捐稅，尚須先提到『臺灣公會』，由該會扣留一部分作為該會經費後，然後將其餘交給中國官廳。據財政局第三股稅務股報告，廈門全市房鋪捐稅額年計 120,025 元，而籍民每期抵納稅款，竟達 15,723 元之巨。」時人評說：「請看福州報本地

〔註37〕井上庚二郎：《廈門的「臺灣籍民」問題》，1926 年 9 月，見《閩臺關係檔案資料》，鷺江出版社，1993 年版。

〔註38〕梁華璜：《日據時代臺民赴華之旅券制度》，《臺灣風物》第 39 卷，第 3 期。

〔註39〕井上庚二郎：《廈門的「臺灣籍民」問題》，1926 年 9 月，見《閩臺關係檔案資料》，鷺江出版社，1993 年版。

新聞欄，內中關於籍民在省會作惡之新聞幾無日無之。此外，閩廈一帶，走私之風甚熾，關稅收入，因此而減少。」〔註40〕

1938 年 5 月，廈門淪陷，日軍在佔領區實行嚴格的經濟統制。廈門被封鎖，財乏民困，糧食實行配給分配，日人和日籍臺民的配給多於華人。當廈門糧食極度缺乏之時，日人每人每月 24 斤，臺灣人、朝鮮人 17 斤，而中國人僅 2 斤碎米。〔註41〕由於臺灣籍民身份可以避開中國政府的管轄，獲取不菲的違反中國法制而獲利的回報，當時福州和廈門的一些人以託庇日本籍為榮，「一般心理，都不以託庇外籍為羞。上至社會聞人，下至煙蠹龜鴇，莫不以得作某國籍民為榮。且有假冒國籍，以濟其惡的。」還在門上「大書某某國籍民，好像是鄉村中懸掛匾額」。當時就有人評論道：所謂籍民，籍外人勢力欺侮國人，與人發生爭執，動不動就引領事裁判權，而就質於領事。而外國領事亦利用籍民以作惡。故廈門、福州兩地，懸掛外牌的煙廁不下千家。而殺人越貨，作奸犯科之事，都是籍民所為，這不但是中華民族的恥辱，也是地方治安的一個很大障礙。〔註42〕

連心豪探討過臺灣籍民在日本對華毒品政策中扮演的角色，指出他們中的一些不法之徒仰仗日本的庇護和治外法權，走私販毒，開鴉片煙館，為害一方，而其背後黑手則是日本人。他們的惡行「完全是臺灣總督府和日本領事刻意包庇縱容的有計劃、有目的的行動，不啻為日本軍方以臺灣為基地，進而向華南和南洋侵略擴張的南進政策的前奏。」〔註43〕此外，在日臺當局的庇護與縱容下，「臺灣籍民在 30 年代臺灣海峽海上走私高潮中充當了先鋒和主力的角色。」〔註44〕王學新提出黑幫籍民的三階段變化過程，即 1910 年代的「臺匪」、1920 年代的「武力派」以及 1930 年代的日籍浪人

〔註40〕林傳滄：《福州廈門實習調查日記（1936 年）》，成文出版社有限公司，1977年，（美國）中文資料中心印行，第 88462～88463 頁。

〔註41〕轉引自林星：《近代日本人和臺灣籍民在廈門的活動》，載於《臺灣建省與抗日戰爭研究：紀念抗日戰爭勝利 60 週年暨臺灣建省 120 週年學術研討會論文集》，2005 年 9 月，第 428 頁。

〔註42〕茅樂楠：《新興的廈門》廈門棋軒巷萃經堂印務公司印刷，1934 年，第 83～84 頁。

〔註43〕連心豪：《日本據臺時期對中國的毒品禍害》，《臺灣研究集刊》，1994 年第 4期。

〔註44〕連心豪：《三十年代臺灣海峽海上走私與海關緝私》，《中國社會經濟史研究》，1997 年第 3 期。

三時期，其依次代表「形成」、「茁壯」、「蹄屬」的意義。同時，日方對黑幫籍民政策亦發生變化，1913 年廈門日本領事菊池義太郎的袒護下發生的臺紀案，隨後日本領事與中國地方當局合作，對黑幫勢力進行取締。但 1919年廈門的反日運動興起之後，如何利用黑幫勢力對抗運動成為廈門領事的主要考量。1923 年反日運動以及 1932 年福州水戶事件為關鍵時點。〔註45〕通過黑幫籍民的發展階段的考證，王學新對黑幫籍民如何被日方利用給以了格外關注。〔註46〕

　　一些日籍臺民憑仗日本勢力，在日本領事庇護下，以治外法權作為護身符，藐視中國政府，走私販毒，開設賭場、煙館、妓院，在市面上橫行霸道、為非作歹，甚至公然行劫，殺人越貨。如日本領事館豢養的「十八大哥」無惡不作，多數從事開賭場、走私、販賣毒品的不法勾當。〔註47〕這些人被稱作「臺灣浪人」、「臺氓」或「臺灣呆狗」。據 1936 年調查，「細查彼輩所經營事業，開設小押者 40 多家，開設煙館者 350 多家，開妓館者 80 多家，開舞場者 2 家。此外有商人 2600 餘人。其他職業 1100 餘人，無職業及浪人當然不在少數」。〔註48〕從事這些營業的日籍臺民往往依仗特權，不受地方政府的管制。這種投資取向和經營活動，也是廈門毒品泛濫、治安問題嚴重的重要原因之一。

　　1916 年 9 月，鑒於日本在臺灣推行的鴉片專賣制度有利可圖的效果，日本帝國主義者開始構思對中國大陸進行以鴉片為主的毒化戰略。此時，臺灣總督府專賣局局長加來佐賀太郎拋出《支那鴉片制度意況》的文章，他論述到：中國的 4.2 億人口裏，如果有 5% 的人口（即 2000 萬）吸食鴉片，若使用臺灣的方法，每年就能賺取 5.4 億日元的利潤。從此，日本帝國主義者在廈門拉開了以鴉片為主的販毒活動。

　　海上走私最先觸動了廈門海關敏感的神經，在海關官員與北京的來往信箋中頻頻提及此事。1917 年 10 月 7 日，廈門去函寫道：「香港銀行的代理人告訴我，當前大量的鴉片正在運進廈門，以交換向檳榔嶼和日本支取的巨額

〔註45〕王學新：《日本對華南進政策與臺灣籍民之研究》，2007 年廈門大學博士論文，第 59 頁。

〔註46〕王學新：《日本對華南進政策與臺灣籍民之研究》，2007 年廈門大學博士論文。

〔註47〕廈門市政協：《廈門的日籍浪人》，廈門文史資料（第二輯），1962 年版。

〔註48〕林傳滄：《福州廈門實習調查日記（1936 年）》，成文出版社有限公司，1977年，（美國）中文資料中心印行，第 88462 頁。

支票。」〔註49〕1919年3月26日廈門去函出現了這樣的記載:「我們曾查獲幾起從海峽大宗走私進口的罌粟籽,供種植罌粟之用……本地有一家方言報紙曾登載一段文章,大意說,在上星期內就有不少於50000兩精製土產鴉片運進廈門。」〔註50〕日本援引了海關的第十八條規則故意將貨物化整為零以逃避海關的例行檢查,而當地的處理郵寄包裹的日本郵局也刻意隱瞞曾接受到裝有毒品的郵寄包裹,這一點在海關公函中得到證實:「我之所以要促使這一問題有一個明確的結果是因為我曾從看來可靠的當局那裡獲悉,此地日本郵局正在參與觸犯郵政協定第17條規定的欺騙行為,該項條款規定:郵局應向海關送交詳細報告,包括與所收到的包裹有關的所有項目。」〔註51〕1918年12月7日,廈門海關人員在寄往北京的公函中無可奈何的表示:「日本郵局曾公然違抗中國政府,充當輸入鴉片和其他藥材的後門。」〔註52〕歷史的車輪進入了20世紀20年代中後期,臺灣的日籍籍民成為日本帝國主義者的販毒先鋒。根據1926年(大正十五年)四月,日本領事館之調查數據顯示,在廈門的臺灣日本籍民以販毒為生活之基礎者如下:經營鴉片煙館者共計328戶,1229人;經營鴉片進出口者共計77戶,480人;鴉片膏小販共計65戶,222人。上述相關人員達407戶,1931人。此外,尚有120名與後違禁煙查緝處有關,故實際依賴販毒謀生之臺灣籍民總數應為2051人。〔註53〕面對這種情況,即使是日本領事也不得不承認:「在日內瓦『國際鴉片會議』,我日本帝國代表以臺灣的鴉片專賣制度為典範游說各國代表,並獲各國之承認,而此時此刻在一衣帶水之廈門竟然有如此多數臺灣籍民直接間接依賴販毒謀生,前後彼此之矛盾莫此為甚!上表統計數字及各方面之實際情形,如果遍傳世上,必遭各國之指責,而這些眼前之實際情形難以隱蔽,無疑遲早將引起世界各國之注目。」〔註54〕

　　為何日籍臺民在廈門能夠如此順利經營這些與販毒相關的行業?因為日本通過與中國諸多的不平等條約使他們的籍民享有治外法權,日本政府為他們提供了護身符。1928年11月24日,廈門公安局會同思明縣政府警備隊,到局口街要取締日籍浪人蘇扁的煙館,登門時門前聚集了日籍浪人百餘人,

---

〔註49〕戴一峰:《廈門海關歷史檔案選編(1911～1949)》,廈門大學出版社,1997年。
〔註50〕戴一峰:《廈門海關歷史檔案選編(1911～1949)》,廈門大學出版社,1997年。
〔註51〕戴一峰:《廈門海關歷史檔案選編(1911～1949)》,廈門大學出版社,1997年。
〔註52〕戴一峰:《廈門海關歷史檔案選編(1911～1949)》,廈門大學出版社,1997年。
〔註53〕汪方文:《近代廈門涉外檔案史料》,廈門大學出版社,1997年。
〔註54〕汪方文:《近代廈門涉外檔案史料》,廈門大學出版社,1997年。

一聲喊打，拳棍交加，氣焰極其囂張，巡官鄭威被毆重傷，巡警劉秉清當場暈倒，肇事日籍浪人李炳輝，曾經當場捕獲。但是由於享有治外法權，罪犯最後由「日本領事引渡到領事館加以釋放。」〔註55〕1938年5月，廈門淪陷。6月，日本在臺總督府立即成立鴉片等事物的專賣機構——公賣局（後改為禁煙局）。該局局長由臺灣人林濟川出任，林濟川與日本國有著密切的聯繫，協助日寇實施對廈門的經濟侵略。此外由臺灣專賣局聘來日人鴉片專門人員，竹內文雄、林四枝年、木佐貫弘、片寄四人，計劃公賣局戒煙部門之組織。仿傚日本在臺灣推行的「鴉片專賣制度」，即由侵略者當局對鴉片等毒品進行統一的買賣而且視為合法。

實際上，公賣局的性質是：「表面上是偽治安維持會和後來的偽市政府的一個局，實際上先是直接隸屬敵海軍司令部，後來歸興亞院廈門聯絡部的經濟部領導。」〔註56〕其主要任務包括：供應製造鴉片煙膏的原料，領導、監督二個鴉片公司的生產和推銷業務，頒發小批發的二盤商和零售的三盤商煙館的營業牌照。公賣局任務之一就是頒發鴉片的營業牌照，包括小批發的二盤商和零售的三盤商，他們的牌照每兩年換發一次。在公賣局成立不久時統計廈門地區（包括禾山）發給二盤商牌照的有二十家，大部分是有功於「皇軍」的浪人、漢奸開設的。1939年間，計有公賣局許可之二盤商21家，每家押櫃20元；三盤商120餘家，每家押櫃200元。但是到1945年6月，廈門島內有經營批發鴉片的二盤商66家，經營零售並供吸食鴉片的三盤商340多家。公賣局還遵從「興亞院的旨意」，辦理發給本市和沿海漢奸巨頭的鴉片特別許可證，名為供應交際應酬，實則乃發給特權煙。每月供應偽市長李思賢，建設局長盧用川各150兩，偽財政局長金馥生400兩，偽和平救國軍總司令張逸舟等3000兩，偽金門公署長王廷植等1500兩，偽語嶼公署長莫清華等500兩，南沃島的偽閩奧邊區綏靖總司令黃大偉等500兩。這筆應酬的「費用」不知使多少人染上毒癮，然後心甘情願地替日寇充當侵略同胞的先鋒隊。

日本人在臺開設的經營毒品的洋行，大多承擔著運輸毒品的中間環節的任務。例如著名的大阪商船會社（公司），他們的販毒船隻實質上為日寇特許的交通船，幾乎每天都在不同的地方頻繁出港和進港。日本柏源洋行把嗎啡

〔註55〕汪方文：《近代廈門涉外檔案史料》，廈門大學出版社，1997年。
〔註56〕廈門市地方志辦公室：《廈門抗日戰爭時期資料選編（上）》，廈門：廈門市地方志辦公室，廈門市檔案館，1986年。

裝入藥瓶，充當白藥入口，數量很多。在這些洋行中都有不成文的規定：（買辦）售出鴉片每箱抽 10 元。在暴利的引誘下，日寇交通船，遊走於「淪陷區」、「國統區」、臺灣和日本等地區，用鴉片騙換糧食。開辦於 1938 年至 1944 年的金合成船務公司，由敵酋撥給「交通船」兩艘，川走漳廈間，載運鴉片毒品，套取內地糧食資敵。

日本侵佔廈門之後，各相關報紙頻頻報導日寇販毒的罪行。1938 年 8 月 2 日，據《泉州日報》報導：「廈門淪陷後，廈海關迫於環境之惡劣，乃暫遷鼓嶼辦公，依舊執行海關職務，外輪進口亦均按舊例報請派員上輪檢查，照章納稅，……乃敵輪運廈運載大批貨物毒品進口，皆口稱軍用品，未照例檢查，擅自起卸，廈鼓國際人士對敵之破壞我國關政甚為不滿。屢經交涉無效。」〔註 57〕這些報紙還揭露了廈門淪陷時期大肆開張的煙館、俱樂部等經營鴉片行業的場所。《前線時報》1941 年 5 月 11 日至 5 月 12 日，大量報導了大千俱樂部的狀況：「（大千俱樂部）設在雍菜河與東亞旅行社南星樂園上，其內部設有煙床 133 張。」〔註 58〕上等的煙館設備是十分華麗的，主要供應華僑富戶消遣，實際上是煙娼、賭博之消金窟；90% 以上的煙館，卻是專為內地人力車夫、挑夫這一類人物進行消費的。

日籍臺民中的一部分人，從 1912 年至 1945 年的販毒活動對廈門造成巨大的損害。在日寇海軍與日本領事館的共同管理下，由日本、蒙古輸入罌粟種植，根據時任偽公賣局局長林濟川之供詞承認：「委派領事館砥上技師、佐藤技師、上原技手、古賀技手等農業專家到金門，直接強迫農民種植煙苗，每年發交禁煙局。」1946 年 12 月，廈門市政府進行調查敵在金門毒化，當調查者問及金門共有多少面積的土地被日寇強迫種植鴉片時，當地農民回答：「金島普遍種植，面積約 6000 畝。」〔註 59〕具體至金門縣古湖鄉的情況，凡戶有壯丁者，每季須種植煙苗 800 株以上，除水源缺乏之田地得申請略為減少，期間每年自 11 月起至越年 2 月收成交繳。歷年種煙占農地面積約 1250 餘畝。

1944 年 8 月 14 日，《福建新聞》風聞日軍在海上通過鴉片與平民進行走私活動，在靠近鼓浪嶼海面置大帆船一艘，固定停泊充作交換站。據該報導稱：「白米每擔換回鴉片若干兩，手續便利，航運水程縮短，每日駛靠交換船

〔註 57〕汪方文：《廈門抗日戰爭檔案資料》，廈門：廈門大學出版社，1997 年。
〔註 58〕汪方文：《廈門抗日戰爭檔案資料》，廈門：廈門大學出版社，1997 年。
〔註 59〕福建省檔案館：《日本帝國主義在閩罪行錄》，福州福建人民出版社，1995 年。

隻，已由幾十艘至三十餘艘，數量達兩百餘擔之白米至五、六百擔。」這種「白米換黑米」的黑市現象逐漸將黑手伸向臨近廈門的石碼、海澄等地的「內地米」產區。

日本在臺的鴉片販毒，獲得了豐厚的金融利潤。1938 年以後，公賣局規定：煙價每兩門市 12 元，由福裕公司批發與二盤商為 11 元 4 角，再轉與三盤商為 11 元 7 角。實際上，三盤商從每兩鴉片中獲利 3 角，二盤商從每兩鴉片中獲利 3 角，而公賣局下屬的福裕公司從每兩鴉片中則是獲利達 6 角，試想每日在廈門銷售的鴉片遠遠多達上千兩甚至是更多，日本帝國主義者的販毒收入足以令人咋舌。

1945 年 10 月起至 1946 年 2 月上旬止的《廈門市政府工作報告》中統計得出偽禁煙局（原公賣局）及偽福裕公司內部財產狀況，如下：1. 天福特字純膏計 4328 兩；2. 波斯、金門、滿州半成膏計 6957 兩；3. 天福特字配給膏計 3646 兩 56 錢；4. 料膏各計 9481 兩；5. 滿州原料土計 17779 兩；6. 金門原料漿計 13775 兩；合計 55963 兩 5 錢。1945 年 11 月，救濟總署淪陷區對損失進一步詳細調查（廈門部分）指出：「敵人在境內毒化政策，以鴉片儘量輸入，並在金門鼓勵栽植，煙館及立內約 500 所，運入毒品 20,000,000 兩，毒化人民越 10,000 人（指廈門區，其輸入內地在外）。」[註60]

1934～1937 年間主要日領館審理的刑事案件

單位：件

年　份	1934		1935		1936		1937	
領事館	刑法犯	特別法犯	刑法犯	特別法犯	刑法犯	特別法犯	刑法犯	特別法犯
天津	23	93	26	145	22	121	65	102
青島	22	63	27	56	31	53	17	15
上海	38	17	36	15	53	74	17	101
漢口	1	1	2	0	0	4	0	3
福州	1	0	4	0	0	0		
廈門	18	0	21	7	23	12	12	8
汕頭	1	0	0	0	1	3		
合計	104	174	116	223	130	267	111	229

參照（日）英修道著：《列國在中華民國的條約權益》，1939 年東京丸善株式會社版 90～91 頁表製成，空格為統計缺失。

〔註60〕汪方文：《廈門抗日戰爭檔案資料》，廈門：廈門大學出版社，1997 年。

二、乏力的調解

由於政治腐敗，地方派系林立，在官僚政客扶植之下，在近代廈門港以搬運、裝卸為生的碼頭工人群體，逐漸形成了草仔垵、城內、大王、二王、廈港、海腳李及紀、陳、吳三大姓等勢力範圍，號稱「角頭好漢」。日籍浪人來到廈門，首先和這些「角頭好漢」利益發生衝突，也和地方軍警頻生矛盾。互相毆打槍擊事件，常有所聞。其中最嚴重的是 1913 年的「臺紀事件」、1923 年的「臺吳事件」和 1924 年的「臺臧事件」、「臺林事件」。在日籍浪人與廈門地方勢力的四次火拼中，雖然也曾出現過臺灣公會調停部的身影，但是從調節的效果來看，實在是差強人意。

1913 年的「臺紀事件」發生後，日本領事急電日海軍陸戰隊登陸，脅迫北軍李心田懲辦「兇手」。李心田率兵前往緝拿紀竹等人，當他們來到大王山頂（今廈禾路、小學路口附近）時，為紀姓族眾包圍，他們用磚頭、石頭把官兵打得狼狽潰逃。翌日，被拘到竹仔河（現鎮海路）的紀竹企圖逃跑，被官兵砍去一隻手，押解到鎮南關殺掉。後來駐軍又抓捕了著名殷商紀賜福並關押了兩個多月，後由家人疏通關節找人頂替。「臺紀事件」除按照日本領事的要求「懲凶」以外，還由中國官廳「道歉」，才算完事。

1923 年的「臺吳事件」發生後，日本派遣 4 艘軍艦到第七碼頭停泊，並命令陸戰隊登陸示威，兵分三隊（每隊 10 餘名）分別駐紮於老葉街吳蘊甫的鼎美行、賴厝埕的陳長福店內、思明北路阮順永樓上，在屋頂架設機關槍。為防止日本乘機獨佔廈門，英國也迅速從香港調來戰艦兩艘，停泊在電燈廠附近海面。10 月 21 日，衝突雙方在廈門市商會二樓會商。當時，廈門方面有廈門市政府聯繫廈門商會出面，臺灣方面由日本駐廈領事館聯繫臺灣公會出面。廈門出席的有：駐軍司令臧致平、警察廳長陳為、廈門大學校長林文慶、思明縣知事邢藍田等人。日方出席的有：領事佐佐木，臺灣公會會長曾厚坤、副會長廖啟埔，以及陳鏡山、阮順水、李啟芳、王昌盛、鍾耀煌等。此次會議，決定成立「調查委員會」，由廈門方陳延庭、蔡維馨、潘雨峰、傅式說，日方陳長福、陳春木、陳鏡山、莊火爐等組成。在調解過程中，鼓浪嶼 5 個牌海邊，曾發現浮屍一具，日本領事館硬說是被暗殺的籍民，但又提不出確切的證據來證明他是被「保衛團」擊殺的，以後還硬要商會賠償人命，最後由商會蔡雨村負責捐募 1100 元給日本領事了事。雙方雖然還成立了「臺吳事件解決委員會」，但是，仍然還是拖到 1924 年初，由雙

方在商會設宴聚餐，姑且了事。1938 年 5 月，日軍侵佔廈門島，將吳姓宗祠吳英祠放火燒毀，顯然，這是對「臺吳事件」的報復，事件並非在當時通過調節得以解決。

1922 年，軍閥臧致平在廈門擁軍獨立，自稱閩軍總司令，其軍餉主要是依靠於鴉片稅、賭稅和向妓館徵收的「樂戶捐」。當時，廈門經營這些黑色產業最多者是日籍浪人，這就潛藏著軍閥和浪人之間的矛盾。臧致平為了對付日籍浪人，特別設立一個「護大營」，委派草仔垵「角頭好漢」李清波為營長；並在司令部內設立稽查隊，在警察廳設有偵探隊。這些人馬都是城內派和草仔垵派的馬仔，也都是李清波手下。臧致平給他們以秘密符號，三五人為一組，四五十人為一隊，專門對付日籍浪人。偵探陳協曾在北門外殺死 3 個日籍浪人；另一些偵探也在靖山頭、車轆等地方殺死了兩三個日籍浪人。同時，日籍浪人也不甘示弱，在局口街頭的警察，曾被他們暗中擊斃。在此期間，偵探和日籍浪人互相仇殺，彼此結怨日深。

1924 年 2 月 5 日，臧致平獲得消息，說日籍浪人聯絡駐在嵩嶼的另一軍閥王獻臣，要襲擊臧的司令部。他立即下令警察沒收日籍浪人槍械，導致雙方發生大火拼。日籍浪人被擊斃 7 人，偵探、警察方面也略有傷亡。日本領事向臧致平提出嚴重交涉，並派海軍戰艦到廈門示威。隨後不久，臧致平戰敗。此案直到 4 月 16 日海軍佔領廈門，仍然未得結果。

後來，海軍入廈後，楊樹莊任廈門警備司令，林國賡任參謀長，實際權力掌握在林國賡手中。當時，地方秩序極其混亂，日籍浪人以陳糞掃為首大肆搶劫擄掠。林國賡為鞏固地盤，乃以臧致平留下的原班人馬組成以李清波為首的偵探隊，用以對付日籍浪人。1924 年五六月間，日籍浪人陳蹺全帶人到九條巷偵探李有銘開的妓館尋釁，用扁鑽刺死李有銘等二人。林國賡部下馬坤貞團長立即下令偵探隊全體出動，包圍麥仔埕陳糞掃的公館。陳糞掃居高臨下，開槍抵抗。偵探遂用煤油淋屋，放火焚燒。日籍浪人從屋頂潛逃，偵探從樓下射擊，當場擊斃三四人，還打死充當日籍浪人「狙擊手」的泉州土匪盧剪花。

該事件發生以後，日本海軍陸戰隊立即登陸示威，日本領事向林國賡提出嚴重「抗議」。林國賡見事態擴大，匆忙派遣海軍禾山辦事處參謀林振成去見日本海軍司令和領事。雙方妥協結果：日方將陳糞掃等 20 餘匪徒遣回臺

灣；廈方將警察廳長陳為銚撤職，並將李清波槍斃。〔註61〕

在日籍浪人橫行街巷、氣焰囂張的情形下，角頭幫派只有奮起抗爭、保護自己，才能求得自身生存。如 1910 年的「臺紀事件」、1923 年「臺吳事件」，都是靠以牙還牙、以血還血拼命進行的。一旦事情鬧大，政府別無他法，只好在外交上向日本人道歉，衝突根本無法得到公正地解決，一味讓與日本領事支配下的調停，也只能是對中方不利的結局。

三、調停制度的侷限和過渡性

黃宗智認為，「公共領域」和「市民社會」概念在被應用於中國時已經預先假定有國家與社會的對立，但應該超越「國家／社會」的二元模式採用「國家／第三領域／社會」的三元模式。他認為第三領域既非在社會之內，也非在國家之內，而是在此之間，由二者共同參與所形成。他指出，在清代提交官斷的糾紛有相當數量是在訴狀已呈之後和庭審判決之前了結，方式是通過和正式司法制度的互動。此種特殊的訴訟解決方式，可以被看作是衙門同社群或氏族之間的制度性對話：一方面，社群或氏族會在訴狀呈遞衙門後更加主動的爭取糾紛的庭外解決；另一方面，通過對縣官對兩造訴狀所做的公開批擬，衙門的初步意見也會直接影響到社群中正在進行的調解。由此產生的「和息」，既不同於衙門的正式裁判，也不同於社群或氏族的非正式調解，而是正式與非正式兩種司法制度的某種折衷。縣官的意見依循朝廷律例，民間調解則以息事和妥協為主要目標。二者的互動及其半制度化的保障，構成清代司法制度的「第三領域」的主要內容。

清代法律訴訟的一個重要特徵是訴訟結構的二元性。即國家法訴訟與家族法訴訟並存。這種訴訟景觀，在民事訴訟中有著尤其鮮明的體現。民事糾紛的國家法訴訟組織──「州縣」是清代地方司法機關的第一審級，對民事案件有判決權。民事訴訟在州縣審理完結後，雖可即時發生法律效力，但必須報上司查覆，接受上司的司法監督。清代州縣之內存在著一個官府於鄉里相通，血緣與地緣、族權與鄉權相結合的嚴密的訴訟組織。清代民事糾紛的解決就是在這樣一套組織結構內進行的。清代社會，在州縣以下存在一個非

〔註61〕廈門市政協日籍浪人史料徵集小組：《日籍浪人與廈門地方勢力的四次火拼》，廈門晚報 2004-05-12 14：40：47。

官方性質的、在事實上發揮重大作用並被國家法承認的基層民事訴訟機構-宗族組織。清代宗族組織擔負著宗族內部絕大多數民事案件的法律調整任務。清代家法族規的制定以「皇帝聖諭」為指導思想，宗族法是一種「合法」的司法依據。清代統治者充分利用宗族組織調整民事糾紛的功能。宗族組織通過宗族法對族人訴權加以干涉。宗族內部處理民事糾紛的組織結構和程序。清代宗族組織一般分三級設置：族、房、和家（宗族組織審理訴訟案件不設專職機構，宗族組織本身就是訴訟機關）。清代州縣以下，依行政系統還設有牌、甲、保。鄉保由鄉里各族「公舉」，握有一定的司法權力。「調處息訟」貫穿於清代民事糾紛處理的全過程，統治者對其非常重視。依據調處主持者的身份區別，可把清代的調處息訟分為民間自行調處、宗族調處、鄉保調處和州縣官府調處幾種形式。

調解作為一種解決糾紛的方式，在我國具有悠久的歷史，曾對我國古代社會的穩定與發展起了重要的積極作用。由於調解不需要昂貴的訴訟費用，加上方法靈活，程序簡便，因而深受民間歡迎，成為我國古代社會應用最為廣泛的一種解決糾紛的方式。根據調解主體的不同，古代調解可分為民間調解、官府調解與官批民調等形式。民間調解，是指雙方當事為解決糾紛而邀請中間人出面調停，使爭端得以解決的一種活動。民間調解是一種訴訟外調解，主要包括宗族調解、鄰里調解。宗族調解是古代解決民間糾紛中最普遍的一種方式。在這種調解方式中，宗族首領是調解的主要主體，家法族規是族內成員必須遵守的行為規則，它是宗族首領用來調處、裁判族內民事糾紛的法律依據。當家族成員之間發生糾紛時，一般先由族長進行說服教育，然後再以事情本身的是非曲直進行調處。對違反家法族規的族人，族長有權處罰。處罰的方式很廣泛，小到叱責、警告，大到出族、拘禁，甚至還可以處死。對於宗族調解的調解結果及處罰決定，官府一般予以認可。如《唐律疏議》中規定：「刑罰不可馳於國，笞捶不得廢於家。」《大清會典事例》則明確指出：「……族長及宗族內頭面人物對於勸道風化戶婚田土競爭之事有調處的權力。」鄰里調解，是指糾紛發生以後，由親友、鄰居、有威望的長輩或賢良人士等出面說合、勸導的調解方式。鄰里調解方式靈活，沒有時間、地點、調解形式的限制，調解中大體遵循自願的原則，調解人由當事人自願選定。鄰里調解雖然沒有強制約束力，但是由於調解人在當事人雙方享有極高威信，

所以調解方案往往都能得到落實。如漢時洛陽有兩族人互相仇殺且歷時有年，其間官府幾經干預都未能徹底解決問題，後由俠客之大首領郭解出面勸說調停，雙方皆服，問題得以徹底解決。

日本國內在近代法制轉型過程中曾出現過調停制度。日本調停制度的歷史可以追溯到德川時期，但通常認為與近代調停制度直接相關的主要是江戶時期的《相對濟令》、內濟制度和明治時期的勸解制度。《相對濟令》是江戶幕府發布的臨時法令，該法令規定「某些種類的金錢債權糾紛在特定時間前後不得作為債權訴訟予以受理」，這一制度在糾紛解決的功能上與以後的調停制度有相似之處，但後者並不是以剝奪當事人的訴權為前提條件。

日本民事調停制度的建立，直接的原因是因為當時仿照歐洲大陸建立的民法制度不適合社會的需要，根據民法規範通過訴訟程序解決特定的糾紛，結果往往不盡如人意。因此，急需尋求一種過渡性的途徑，緩解西化的法律體系和訴訟制度與日本本土社會現實的矛盾。日本政府在 1921 年制定了《借地借家法》，對於不斷增加的糾紛，要求在訴訟之外建立一種制度，解決糾紛的呼聲日盛。1922 年，日本政府公布了《借地借家調停法》，該法在 1923 年東京大地震後的借地借家糾紛中發揮了顯著作用，民間對調停制度的評價日益增高，紛紛要求在其他民事糾紛中採用調停制度。故此，1924 年，日本政府又制定了《小作調停法》，1926 年，制定《商事調停法》和《勞動爭議調停法》。《勞動爭議調停法》規定：根據勞資雙方的請求，遇有勞動爭議時，可以設立調停委員會，由委員會進行調節，調停委員會由老、資、公益第三者的三方組成。1932 年日本政府又公布了《金錢債務臨時調停法》，1939 年圍繞戰死者的遺族間撫恤金的糾紛，又制定了《人事調停法》，1942 年的《戰時民事特別法》，使調停的適用範圍擴大到一般的民事糾紛，1951 年更制定了《民事調停法》。雖然，中、日兩國都有文化傳統慣性形成的厭訴心理與追求和諧關係的價值觀，以及訴訟程序的諸多不便帶來的當事人對訴訟的迴避，但日本卻以現代的當事人主義的法理加以論證，體現在法律條文上則是《日本民事調停法》第一條（本法宗旨）：「當事人在相互讓步的基礎上，合情合理地解決有關民事糾紛為本法的宗旨」。在基本原則上，日本調停法強調的是當事人的自治和處分權，旨在淡化權利義務的嚴格區分。日本在近代解決民事糾紛的訴訟中，充分利用調解這種工具來緩衝法律文化的衝突，不斷完善傳統的調解制度，使混沌的調解制度，逐漸具體化、細緻化，有效地解決了法制

轉型過程中的文化衝突。

　　日本在華領事法庭審判的依據是日本國內的法律，與臺灣法制的日本化如影隨形，廈門領事法庭擁有民事訴訟與刑事訴訟的預審權。日本據臺第二年的 1896 年，正式將職司審判的近代型法院引進臺灣，〔註 62〕至 1899 年則正式實施立基於控訴制的日本民事訴訟及刑事訴訟程序，這完全是如上所述的「異制」。但是，自 1904 年之後，又減緩與原本清治時期法制相「異」的程度，而酌採「舊慣」。按此後地方行政機關，得借著「民事爭訟調停」制度，實質上進行某程度的民事司法裁斷甚至執行，屬行政部門的警察官署，更可藉「犯罪即決」制度，就涉嫌輕罪者徑為斷罪，以致混淆行政與司法的分際，倒較接近清治時期的實務運作。〔註 63〕先採由法院主導的「習慣法」方式，再進入到由立法機關主導的「制定法」階段，是另一種調和新舊法制的策略。日本當局如上所述，先由法院透過判決確立臺灣人的「習慣」，亦即固有民事法律關係的內涵為何，但於 1910 年代曾擬參考這些法院判決制定出成文法典，惟可能因該等草案之頒行將不利於臺灣與日本帝國的政治統合，故終未被實行。〔註 64〕

　　臺灣公會被日本駐廈門領事館所操控，而廈門領事館又要服務與服從於

〔註 62〕1895 年 6 月 17 日日本政府在臺北城宣布「始政」，隨即有臺灣人向日本官衙提出「民事訴狀」，以致臺北縣知事認為有制定「民事訴訟處理規則」的必要。參見臺灣總督府檔案，明治 28 年，永久保存，第十六門司法，民事，四十三、「臺北縣民事訴訟取扱規則」。然而從同年 8 月 6 日起，日本政府在臺實施「軍政」，所以同年 11 月間所設置的「臺灣總督府法院」，雖有審檢之別，使用近代型法院的令狀（如召喚狀、勾引狀、勾禁狀、呼出狀、送達狀、呼出狀等），但因審判權屬於擁有軍令權的總督，故繫「軍事法庭」，而非一般的法院，直到 1896 年 3 月 31 日軍政才結束。進入民政時期後，依 1896 年 5 月 1 日律令第一號所組成的臺灣總督府法院，則已是擁有司法審判權的近代型法院了。關於令狀，參見臺灣總督府檔案，明治 28 年，永久保存，第四門文書，公文規程，一一、「法院令狀其他書式」。

〔註 63〕參見王泰升：《臺灣法律史概論》，第 223～227、263～266、323～324、330～333 頁。按地方政府調停課官員於糾問出案件事實後所做的「裁斷」，法律上仍須被糾問的紛爭當事人同意，始成立和解，而做成可強制執行的調停筆錄。由高階員警擔任的即決官，於糾問出案件事實後即為斷罪，在法律程序上還是需要受即決人同意，蓋其若不服，得向法院請求為正式審判。故不論經由民事爭訟調停或犯罪即決，皆非透過嚴格意義的「審判」程序。

〔註 64〕參見王泰升，《臺灣日治時期的法律改革》，臺灣聯經出版社，1999 年，頁 315～317。

臺灣總督府，故此，且不說日本駐廈門領事館和臺灣公會及其調停部要執行日本的總體侵華政策及其大正年間的南進策略，即使是法律程序上也難以做到行政與司法的獨立，司法的公正不得不讓位於行政的政策要求。〔註65〕籍由以上材料，臺灣總督府的外事部門雖幾經演變，但是廈門領事法庭的行政歸屬於臺灣總督府外事部門的情況，基本未曾變化，廈門等福建的領事法庭行政上歸屬於臺灣總督府，是其下屬，因此在執行總督府政策及其人員管理組織上必須服從於總督府的支配。臺灣公會及其調停部實際在廈門領事館實際控制下，日本廈門領事不僅修訂公會規則，而且掌控人事權力，成為臺灣公會調停部的支配者。根據廈門臺灣居留民會規則第二十三條，議員會要請領事官顧問蒞臨，領事官可以向議員會提出議案。〔註66〕第三十條規定本會設置如下所列各部委員會：庶務部、財政部、學務部、產業部、調停部委員會，除調停部之外，各部要聽從會長的意見，委員由會長選任。〔註67〕那麼調停部的委員由何人決定呢？中村孝志先生曾經對日本控制臺灣在廈的「武力派」情況，有過精準研究，即能夠自由操縱兩派者，為籍民的公會的議員曾厚坤及何興華二位。〔註68〕何興化、曾厚坤都曾擔任過臺灣公會會長及調停部負責人，何興化是「十八大哥」的關鍵人物。曾厚坤任會長達12年之久，可見，日本領事對臺灣公會調停部的控制。

　　調節的重要前提及特徵是第三人或社會組織是中立的，非此無法做到法律及其審判的本意—公正。而臺灣公會的組成人員皆是臺灣黑幫人員，特別是調停部的負責人更是著名的十八大哥骨幹，「十八大哥」是日籍浪人的幫會組織頭子，「十八大哥」首惡林滾，因作奸犯科不見容於臺灣總督府，於1915年來廈，極盡走狗之能事，「戴罪立功」後，在日本領事館宣誓效忠天皇而獲得撤銷案底。臺灣公會調停部的重要人物的林滾、何興化更是「十八大哥」的關鍵人物。他們本身就從事許多有違社會規範的行徑，其中就有些人通過

〔註65〕（日）臺灣總督府：《臺灣總督府事務成績提要》（1942年版），臺灣成文出版社影印版，1985年，第621～622頁。

〔註66〕（日）廈門市臺灣居留民會：《廈門臺灣居留民會創立三十五週年紀念志》，臺灣中央研究院臺灣史研究所古籍資料庫，1942年，第27頁。

〔註67〕（日）廈門市臺灣居留民會：《廈門臺灣居留民會創立三十五週年紀念志》，臺灣中央研究院臺灣史研究所古籍資料庫，1942年，第27頁。

〔註68〕（臺）卞鳳奎譯：《中村孝志教授論文集——日本南進政策與臺灣》，稻鄉出版社，2002年版，第188頁。

不法途徑加入日本國籍、進行鴉片走私與販賣、開設賭館擾亂社會秩序。公會會長、議員也多數涉及販毒，如施範其、曾厚坤、何興化、陳寶全、林滾等人均與鴉片貿易有關。任會長達 12 年之久的曾厚坤，其實是個假冒的臺灣籍民，他與日本「三井洋行」合作開設「厚祥」、「坤吉」兩洋行，大量販賣鴉片與日貨。其中以鴉片生意為大宗。每次貨船抵廈，日本領事都派日本警察下船，為其起卸鴉片打掩護。〔註 69〕廈門「鴉片大王」葉清和與臺灣公會歷屆會長施範其、曾厚坤、陳長福等人先後合辦專營鴉片、嗎啡等毒品的「五豐」、「鷺通」、「裕閩」公司，走私鴉片，製造、販賣海洛因、嗎啡等毒品，與臺北「星製藥」公司也有合作關係，〔註 70〕由這些人擔當的糾紛調解，如何能達到公正的結果，況且他們本身就是利益的追求者，根本構不成第三者的基本條件，只能使調解成為他們自身利益的保護傘和添加劑。

1921 年法律第二十五號公布後，在民事訴訟案件中，籍民若不服華南日本領事的裁判，可向臺灣高等法院提起控訴和抗告。1898 年，兒玉總督政府改革殖民地法院制度，臺灣被定位為西方式的殖民地，但並未設置被殖民民族專用的特別法院，臺灣人和在臺的日本人皆適用殖民地化的日本西方式法院制度。〔註 71〕是年 7 月 19 日，臺灣總督府通過律令修改了法院條例，其中重大之變化是廢除了高等法院，僅保留地方法院及其派出所、複審法院兩級法院，由三級三審制變為二級二審制。〔註 72〕改正後的條例中對於控訴者，作出了收取費用的規定。根據罪行輕重，要求事先繳納重罪 30 元、輕罪 15 元的控訴費，以此作為控訴予納金制度。經過法院改革，臺灣總督府法院對臺灣地域內的民刑案件，具有了終審裁判權，與日本內地裁判所成為相互獨立的司法體系。〔註 73〕但由於臺灣總督府的上訴方式，導致此類案件並不多見。

〔註 69〕日籍浪人史料徵集小組：《廈門日籍浪人記述》，《廈門文史資料》第 2 輯，1963 年，第 8 頁。

〔註 70〕連心豪：《日本據臺時期對中國的毒品禍害》，《臺灣研究集刊》，1994 年第 4 期。

〔註 71〕泉哲：《殖民地統治論》，1924 年東京，第 230～231 頁。

〔註 72〕1898 年 7 月 19 日律令第 16 號「臺灣總督府法院條例改正之件」，第 2 條，《律令縱覽》，第 131 頁。

〔註 73〕參見王泰升，《臺灣日治時期的法律改革》，臺灣聯經出版社，1999 年，第 137 頁。

向臺灣高等法院提起之控訴事件表（1921～1924 年）

年度別	民　事				
	控訴件數	棄　卻	廢　棄	和　解	未　完
1921 年	1				1
1922 年	2				3
1923 年			1		2
1924 年	3	1	1	2	1

資料來源：（日）《在支帝國領事裁判關係雜件‧北支領事裁判上訴審移管關係》，外務省外交史料館藏：D.1.2. 0-2-4。

　　臺灣高等法院複審法院的判例，彙集成浩繁的十二冊系列叢書，但是關於廈門領事館審判的民事控訴事件只有三處記載，且有兩處是同一案件，由此不難看出，臺灣總督府法院對民事控訴的層級控制，使得民事訴訟案件被限制在低一級的程序中，很少能夠上訴到複審法院的層級。

　　國際法上的國家主權概念包含三個主要方面：獨立、屬地和屬人權威。三者是一個問題的不同方面，不可分割。依據國際法，當屬地管轄與屬人管轄發生衝突時，優先考慮屬地管轄。列強依據「屬人主義」管轄本國的在外僑民，不應違反僑民所在國的「屬地權威」。在近代中國，列強的在華領事裁判權不但是單向的，而且根本無視中國的「屬地權威」，嚴重侵犯中國主權。

　　即使是日本強迫中國簽訂了一些相關條約，條約成為日籍臺民獲得領事裁判權的依據，但是日本政府及臺灣總督府卻超越以往兩國間的條約，肆意擴大司法管轄權利。司法警察所從事的檢察官職能是最明顯的惡例。

　　臺灣總督之權限及管轄地限於臺灣，對岸的日臺人的管轄皆屬對岸領事之權力，官制上的權限並未賦予總督府對岸之權利，故總督府在對岸之事務必須獲得領事之同意，方能順利運作。至於臺灣總督府輔助的對岸事業，亦由領事負執行並監督責任，且領事直接聽命於外務大臣，而非總督府。即使對岸領事兼任總督府的囑託或事務官，對總督府有通報之責任，當領事對執行有問題時，仍以外務省的意見為出發點，由外務大臣通過臺灣外事部、臺灣法院與總督府協商。法律上，臺灣總督對臺灣人具有管轄權力，臺灣籍民出境前往大陸由臺灣總督府批准放行，同時，由於司法管轄的對象是境外的臺灣人，日本政府又將司法管轄的審級與臺灣法院形成上下級關係，故此總督府法院對境外的臺灣籍民司法案件承擔了管轄的權利，而當地領事則擔當

民商案件的一審以及刑事案件的預審權責。

通過對廈門臺灣公會調停制度的初步梳理，不難窺見，日本殖民者對臺灣籍民司法管轄的一個側面實景，瞭解臺灣近代審判制度轉型的特點，清晰日本在華領事裁判制度實際狀況，更加深入瞭解中國法制半殖民地的真實場景。

乙未割臺後，臺灣島民法律上成為所謂的「籍民」，面對新形勢下的臺灣籍民在大陸的法律問題，日本政府及臺灣總督府籍由領事裁判權，創建臺灣公會調停部處理籍民相關的糾紛問題，在中國大陸逐漸形成了半殖民地性質的調停制度。此種調停制度雖有一定的時代進步性，促使古代的調解制度向近代轉型，適應了近代法制對民事糾紛的要求，但是侷限性也是顯而易見的，權益因素不僅使片面的領事裁判權在中國大行其道，嚴重侵害了中國司法主權，阻礙了中國司法近代化的進程；而且政治因素難以使臺灣法院的司法難以真正獨立，只能更多地服務服從於日本南進政策的牢籠。

第三節　撤廢領判權的法制變革

一、司法制度的起步

1903 年 10 月 8 日，中日兩國專員完成通商條約的續訂工作。〔註 74〕其中的第十一款明文：「一俟查悉中國法律情形及其審斷辦法與其他相關之事皆臻妥善，日本國即允棄其治外法權。」有此刺激，復有此契機，晚清司法改革即應聲而起。美國哈佛大學法學院羅伯托‧昂格爾教授著眼於法律與社會形態的關係，提出了三種法律概念，即習慣法、官僚法和法律秩序。他認為習慣法只是反覆出現的、個人和群體間互相作用的模式，因此也是一種自發形成的、相互作用的法律。由於習慣法階段，國家尚未從社會中分離出來，這種法律只能是全社會的。習慣法不具有「公共性」，習慣法由一些含蓄的行為標準非公式化的行為規則構成，缺乏「實在性」。法律進至官僚法階段時，兩種要素方才具備。在此階段，國家與社會已經分離，法律開始由政府所制定和強制實施的明確規則所構成。〔註 75〕故此沈家本、伍廷芳等快馬加鞭地修

〔註 74〕中華人民共和國海關總署研究室編譯：《辛丑和約訂立以後的商約談判》，中華書局，1994 年，第 209～253 頁。

〔註 75〕昂格爾著、吳玉章、周漢華譯：《現代社會中的法律》，中國政法大學出版社，1994 年，第 42～46 頁。

訂晚清律例，促使晚清法律迅速地向近代化轉變，同時，各地近代法院也紛紛建立，為審判制度的近代化提供了基本的機構，為撤廢日本在華領事法庭提供了一定的前提。

《大清刑事民事訴訟法》草案，首先打破傳統的諸法合體的立法例單獨成案。清末通過制定或頒行《大理院審判編制法》、《各級審判廳試辦章程》和《法院編制法》等法律，對各級司法審判機關進行了改革。中央由大理寺改為大理院，京師和地方各省設高等審判廳，京師、直隸府和直隸州各設一所地方審判廳，各縣設初級審判廳，全國實行四級三審制。1906 年，清政府將刑部改為法部，為司法行政機關；將大理寺改為大理院，並在地方設立了審判衙門，專司審判事務。1907 年和 1910 年，清政府分別頒布了《各級審判廳試辦章程》和《法院編制法》兩個法律。

二、清末司法機關的改革

外國在華領事裁判權制度，是指外國在中國的僑民成為民事或刑事訴訟的被告時，不受中國法律的調整，也不受中國法庭的管轄，只能由其本國領事按其本國法律裁判。因此，這項制度嚴重破壞了中國的司法主權，是清末司法制度半殖民地化的重要標誌。

中國行政機構自明朝起，地方政權機關分為省、道、府、縣四級。明朝臨時派遣的督撫已成為固定的省級長官，握有地方軍政大權，但必須秉承朝廷指示行事。布政使和按察使失去了明朝時行政上的獨立性，成為隸屬於督撫的分理地方民財和刑獄的兩個機關。與省平級的行政單位有順天府、奉天府和東北、外蒙、新疆的各駐防將軍轄區以及西藏辦事大臣轄區等。省下設道，作為省的派出機構，負責聯絡省與基層的關係，由道員主管政務。道下設府，由知府主管行政、經濟與司法等事務。與府平級的機構有廳和直隸州。府下設州和縣，州置知州，縣置知縣，由中央直接派遣。縣下設有徵收賦稅錢糧的里甲和防範盜賊的保甲。

中國古代司法與行政長期不分，程序法和實體法混為一體。在清末修律的過程中，陸續制定或頒行了一些法院組織法和訴訟法，打破了中國傳統的立法體系和司法體制，推動了司法制度的改革。

西方列強將中國改革「審斷辦法」列為放棄領事裁判權的條件之一，因此，《大清刑事民事訴訟法》草案，首先打破傳統的諸法合體的立法例單獨成

案。該草案合刑事民事訴訟法為一編，共分五章 260 條，另附頒行例三條，於光緒三十二年完稿上奏。為挽回法權，該草案採用律師制、陪審制、公開審判制等西方審判制度，為此被部院督撫大臣指為違背中國法律本源而夭折。預備立憲宣布後，出於憲政需要，訴訟法仿大陸法系體例，分民事訴訟和刑事訴訟重新單獨制定。宣統二年十二月，《大清刑事訴訟律草案》和《大清民事訴訟律草案》分別制定。民事訴訟律四編二十一章 800 條，按清廷籌備立憲清單，兩法應該在宣統三年頒布，因辛亥清亡，未予頒布實行。

在清末修律過程中，司法獨立被提上議程。光緒三十二年九月，清廷對中央官制進行改革。刑部改為法部，專掌司法；大理寺改為大理院，掌握審判。稍後，法部奏定《各級審判庭試辦章程》，各省審判庭局陸續成立。大理寺改為大理院之後，沈家本被任命為首任大理院正卿，在其主持下，《大理院審判編制法》頒布，該法仿傚日本裁判制度，分全國審判機構為四級，確定全國審判的四級三審制。規定大理院和京師各級審判廳局的設置和權限。翌年，修訂法律館又制定全國性的《法院編制法》，宣統元年由清廷頒布施行。這是我國第一部全國性法院組織法，共十六章 163 條，具體規定全國法院的組織、設置、權限以及內部審判活動的職責。

三、訴訟法的編制

《大理院審判編制法》，由法部擬定，光緒三十二年十月二十七日（1906年 12 月 12 日）頒行。該律分總則、大理院、京師高等審判廳、城內外地方審判廳、城讞局，共 5 節 45 條。它引進近代資產階級司法獨立原則，確定四級三審制，規定了審檢合署、審判合議等制度。

《法院編制法》，由修訂法律館擬定，宣統元年十二月二十八日（1910 年 2 月 7 日）頒行。該律仿照日本《裁判所構成法》擬成，共 16 章 164 條，包括審判衙門通則、初級審判廳、地方審判廳、審判衙門之用語、判斷之評議及決議、廳丁、檢察廳、推事及檢察官之任用、書記官及翻譯官、承發吏、法律上之輔助、司法行政之職務與監督權等內容。它仍然採取司法獨立原則，規定各級審判機關獨立執法，行政官和檢察官不得違法干涉，各級檢察廳設於同級審判廳內，實行四級三審制。

《各級審判廳試辦章程》，由法部擬定，宣統元年（1909 年）頒行，分總則、審判通則、訴訟、各級檢察廳和附則 5 章，共 120 條。總則首先對民事

案件和刑事案件作了區分；審判通則規定了審級、管轄、迴避、廳票、預審、公判、執行、協助等內容；訴訟包括訴訟程序、證人、訴費等規定；各級檢察廳規定了審檢合署、檢察機構和人員的設置、職掌等內容。該律是法院組織和民事、刑事訴訟的綜合法典，在民事訴訟法和刑事訴訟法未頒布以前，它也作為臨時訴訟法適用。

《大清刑事民事訴訟法草案》，修訂法律館擬定，光緒三十二年（1906年）完成。該草案分總綱、刑事規則、民事規則、刑事民事通用規則、中外交涉案件處理規則，共5章260條，另附頒行例3條。它採用西方近代資產階級的公開審判制度、陪審制度、律師制度，廢除了比附斷案和刑訊逼供等制度，但同時規定了領事裁判權的內容。這是我國第一部獨立的訴訟法典草案，但遭到各省督撫的反對而沒能頒行。

《大清刑事訴訟律草案》，修訂法律館聘請日本法學家岡田朝太郎起草，宣統二年十二月二十四日（1911年1月24日）完成。該草案共6編15章515條。第一編總則，包括審判衙門、當事人、訴訟行為3章；第二編第一審，包括公訴、公判2章；第三編上訴，包括通則、控告、上告、抗告4章；第四編再理，分再訴、再審、非常上告3章；第五編特別訴訟程序，分大理院特別權限之訴訟程序和感化教育及監禁處分程序2章；第六編裁判之執行。這是我國第一部專門的刑事訴訟法草案，但未及審議頒行。

《大清民事訴訟律草案》，修訂法律館聘請日本法學家松岡義正起草，與《大清刑事訴訟律草案》同時完成，共4編22章800條。第一編審判衙門，包括事物管轄、土地管轄、指定管轄、合意管轄、審判衙門職員之迴避拒卻及引避5章；第二編當事人，包括能力、多數當事人、訴訟代理人、訴訟輔佐人、訴訟費用、訴訟擔保、訴訟救助7章；第三編通常訴訟程序，包括總則、地方審判廳之第一審訴訟程序、初級審判廳之訴訟程序、上訴程序、再審程序5章；第四編特別訴訟程序，包括督促程序、證書訴訟、保全訴訟、公示催告程序、人事訴訟5章。它是我國第一部專門的民事訴訟法草案，但也未及審議頒行。

《各級審判廳試辦章程》，由法部擬定，宣統元年（1909年）頒行，分總則、審判通則、訴訟、各級檢察廳和附則5章，共120條。總則首先對民事案件和刑事案件作了區分；審判通則規定了審級、管轄、迴避、廳票、預審、公判、執行、協助等內容；訴訟包括訴訟程序、證人、訴費等規定；各級檢察

廳規定了審檢合署、檢察機構和人員的設置、職掌等內容。該律是法院組織和民事、刑事訴訟的綜合法典，在民事訴訟法和刑事訴訟法未頒布以前，它也作為臨時訴訟法適用。

四、司法審判的改革

由於領判權主要通過司法機關實施的，更由於「推行司法改革的方式之一就是採取法院改革試點的方式，故此司法機關的改革是從本質上收回並有效實行司法管轄的關鍵改革。法院通常在改革程序和步驟等方面經驗有限。法院改革試點可以完善管理項目、執行改革所需要的各種手段和方式，並且為更大範圍的推廣奠定基礎。」〔註 76〕所以清末司法改革實踐落足於近代法院建立。光緒三十二年（1906 年），清廷進行官制改革，將刑部改為法部，專門負責司法行政工作，同時兼有部分司法審判職能，如覆核大理院和高等審判廳判決的死刑案件；核定秋審、朝審案件等。次年，又改地方各省的提刑按察使為提法司，管理各省司法行政事務，並監督審判、調度檢察等事務。

清末通過制定或頒行《大理院審判編制法》、《各級審判廳試辦章程》和《法院編制法》等法律，對各級司法審判機關進行了改革。中央由大理寺改為大理院，京師和地方各省設高等審判廳，京師、直隸府和直隸州各設一所地方審判廳，各縣設初級審判廳，全國實行四級三審制。

1906 年，清政府將刑部改為法部，為司法行政機關；將大理寺改為大理院，並在地方設立了審判衙門，專司審判事務。1907 年和 1910 年，清政府分別頒布了《各級審判廳試辦章程》和《法院編制法》兩個法律。

根據這兩個法律的規定，凡審判案件，分刑事和民事兩項。前者指因訴訟而審定有否犯罪的案件；後者則是通過訴訟來審定其理之曲直的案件。同時，這兩個法律又規定，在審級制度上實行四級三審制，即凡民事、刑事案件，向初級審判廳起訴者，經該廳判決後，如有不服，准赴地方審判廳控訴。判決後，如再不服，准赴高等審判廳上告。高等審判廳判決，即為終審。凡民事、刑事案件，向地方審判廳起訴者，經該廳判決後，如有不服，准赴高等審判廳控訴。判決後，如再不服，准赴大理院上告。大理院判決，即為終審。但高等審判廳有權審判「不屬大理院之宗室覺羅第一審案件，」大理院有依法

〔註 76〕孫謙、鄭成良編：《司法改革報告——有關國家司法改革的理念與研究》，法律出版社，2002 年，第 3 頁。

審理特別權限之案件。此外，該兩個法律還規定，在審判制度上採用資產階級的辯護制度、陪審制度、迴避制度、公開審判原則以及第二、第三審判決的合議制度，並建立了由大理院執行的「復判」制度等。〔註77〕中華民國建立以後，南京臨時政府和北洋政府都曾發布命令，明確宣布保留和沿用清末的現行法律。

從《華洋訴訟判決錄》中可以看到，清末民初法院的運作實狀與上述《各級審判廳試辦章程》和《法院編制法》的規定基本上是一致的。同時，北洋政府在清末《法院編制法》的基礎上，於 1913 年 9 月公布《修正各級審判廳試行章程》，1914 年 4 月公布《地方審判廳刑事簡易庭暫行規則》，1914 年 4 月 5 日公布《縣知事兼理司法事務暫行條例》等，〔註78〕而這些法律規定的訴訟制度和程序也完全得以貫徹。如由於華洋訴訟的特殊性，故這些案件的第一審法院，都是地方（如天津縣、萬全縣等）審判廳。當事人如不服其判決，就上訴至第二審法院即直隸高等審判廳。當事人如再不服，就可以上告大理院。大理院或親自作出判決，或駁回上告讓直隸高等審判廳重新審理。大理院的判決是終審。除審判機關外，還於各該級審判廳官署內設置總檢察廳、高等檢察廳、地方檢察廳、初級檢察廳，由檢察長、檢察官組成，獨立執行檢察職權。

在每個刑事案件的審理中，都由檢察官蒞庭執行檢察官職務。當然，從《華洋訴訟判決錄》中，我們還得知，直隸高等法院在受理案件時，在程度上，除適用上述清政府和北洋政府的各種訴訟法律、法規之外，還適用民國 3 年至 8 年這一段時間內大理院、司法部發布的一些司法解釋、命令和判例。〔註79〕《華洋訴訟判決錄》對瞭解清末民初法院適用的法律淵源提供了重要線索。從該判決錄來看，當時在處理中國人與外國人之間的民刑事糾紛時，適用的原則是很豐富的。當時適用的法律淵源大體有如下幾種：法律在清末的立法改革中，沈家本等曾制定了《公司律》（1903 年 12 月）、《破產律》（1906 年 4 月）、《清現行刑律》（1910 年 5 月）、《清新刑律》（1910 年 12 月），以及前述《各級審判廳試辦章程》和《法院編制法》等。1912 年 1 月 1 日成立的

〔註77〕張國福著：《中華民國法制簡史》，北京大學出版社，1986 年版，第 51～53 頁。

〔註78〕張晉藩主編《中國法律史》，法律出版社，1995 年版，第 550 頁。

〔註79〕如在《李陶孫與美商經理崔炳臣等因貨款糾葛一案判決書》中，直隸高等審判廳民三庭就宣稱：「本案係查照司法部音電，本年五月三十一日以前未結之案，以單獨制行之，合併聲明。」

中華民國南京臨時政府，仍繼續援用清末的法律。4 月 3 日，參議院經二讀會決定（省去三讀會）同意援用清末的法院編制法、刑事民事訴訟律、商律、違警律和新刑律。「惟民律草案，前清時並未宣布，無從援用，嗣後凡關民事案件，應仍照前清現行律中規定各條辦理。」〔註 80〕

　　1912 年 4 月之後，北洋政府在繼續援用清末法律的同時，一方面，對一部分法律（如《清新刑律》等）進行修改；另一方面，又頒布了一批特別法，如《戒嚴法》（1912 年）、《治安警察條例》（1914 年）、《官吏違令懲罰令》（1914 年）、《妨害內債信用懲罰令》（1914 年）、《私鹽治罪法》（1914 年）等。但在民商法領域，由於立法的速度十分緩慢，〔註 81〕故北洋政府不得不明確規定：「民國民法典尚未頒布，前清之現行律除制裁部分及與團體牴觸者外，當然繼續有效。至前清現行律雖名為現行刑律，而除刑事部分外，關於民事之規定，仍屬不少，自不能以名稱為刑律之故，即誤會其已廢。」〔註 82〕就清現行刑律中的民商事部分而言，當時這部分的法律主要涉及服製圖、服制、名例、戶役、田宅、婚姻、犯奸、鬥毆、錢債，以及戶部則例中的戶口、田賦等。從《華洋訴訟判決錄》來看，由於其收錄的案件是自 1914 年至 1919 年，故裏面有不少案件，確是按照清末現行刑律中的民商事部分審理判決的。〔註 83〕

　　判例也是當時法院審理案件的重要依據。就北洋政府而言，它在援用清末的法律、頒布大量法規的同時，還公布了數量眾多的判例和解釋例。據統計，從 1912 年到 1927 年，大理院彙編的判例就有三千九百多件，公布的解釋例有二千多件。〔註 84〕從《華洋訴訟判決錄》來看，當時適用判例的情況並不少見。比如，在「周筱舫與德商北清商務公司因批貨糾葛一案」（本書第 138 頁，以下引本書只注頁碼），「崔雅泉與日商安達純一因商標糾葛一案」（第 178 頁），「德商威爾第與比商義品公司因債務糾葛一案」（第 237 頁）

〔註 80〕見張國福著：《中華民國法制簡史》，北京大學出版社，1986 年版，第 87 頁。
〔註 81〕1915 年由法律編查會在《現行刑律》民事及歷年大理院判例的基礎上編成第四編親屬、第五編繼承。1921 年，北洋政府的修訂法律館全面編纂民法典，至 1926 年各編陸續完成。但該法典始終未能正式頒行。見張晉藩主編《中國法律史》，法律出版社，1995 年版，第 545 頁。
〔註 82〕張晉藩主編《中國法律史》，法律出版社，1995 年版，第 544 頁。
〔註 83〕參見直隸高等審判廳《華洋訴訟判決錄》，中國政法大學出版社，1997 年版，第 17 頁，第 159 頁，第 222 頁，第 238 頁等各案。
〔註 84〕張國福著：《中華民國法制簡史》，北京大學出版社，1986 年版，第 150 頁。

等，都或者是全部適用大理院的判例以及其他地方的成案，或部分地適用大理院以及高等審判廳的判例。由於清末民初中國社會處在急劇變革時期，新的法律關係的大量出現，立法未能跟上形勢發展的需要，因此，雖然北洋政府規定仍適用清末現行法律，但在許多領域，法院在實際操作時，仍然沒有法律可依，從而不得不求助於習慣。從《華洋訴訟判決錄》一書來看，當時適用的習慣主要有商事活動中通行的慣例（第 132 頁）、民間的借貸習慣、契約出現糾紛時的責任分擔習慣（第 9 頁、第 222 頁），民事訴訟適用當事人主義，凡當事人已有協議須遵守協議的習慣（第 55 頁、第 159 頁），審案中法官勸爭息訟的習慣（第 159 頁）等。

在中國古代人情事理曾是司法實際部門審理案件的重要依據。至近現代，這一傳統仍然得以保留。從《華洋訴訟判決錄》來看，有適用「法理」的（第 33 頁、第 158 頁等），有適用「條理」的（第 48 頁、第 178 頁、第 180 頁、第 230 頁等），也有適用「法的精神」的（第 212 頁等）。此外，還有一些案件在處理中，也適用了外國民商事法律如法國、德國民法典中一些通行的原則。〔註85〕《華洋訴訟判決錄》共收五十份民事判決書、十九份民事決定書，以及九份刑事判決書。在五十份民事判書中，除七份係因當事人上告大理院，由大理院發回重審的之外，其他四十三份，都是各縣（主要是天津）地方審判廳為一審、直隸高等審判廳為二審的案件。在九份刑事判決書中，除一份係當事人上告大理院，由大理院發回重審的之外，其餘八份也是直隸高等審判廳審結的案件。而十九份民事決定書，則都是由直隸高等裁判廳作出的。認真閱讀、仔細分析一下這些判決書或決定書，我們可以看到，當時的華洋訴訟，似乎主要涉及借貸、買賣、地產、商標、損害賠償、侵佔公司貨款、偽造貨幣、偽造印章和文件、詐欺等財產方面，關於婚姻、家庭和繼承等有關身份方面的訴訟判例在該判決錄中一點也沒有得到反映。如果不是《華洋訴訟判決錄》不收這些領域的判例的話，那就表明當時華洋訴訟中關於婚姻、家庭、繼承方面的案件很少，或幾乎沒有發生。〔註86〕

〔註85〕見「德商捷成洋行與何雲軒等因批貨糾葛一案判決書。」
〔註86〕從比它更早出版的《通商章程成案彙編》（光緒 12 年，即 1886 年印行）和《華洋訴訟例案彙編》（姚之鶴編，商務印書館 1915 年版）來看，筆者的上述看法是正確的。因為前者在卷二十四至二十七中，共收成案 32 個，涉及的都是違反中外條約規定的旅遊、走私軍火以及其他違禁物品、租稅、採礦糾紛、殺人、搶劫、竊盜、偽造貨幣等；而後者在第二、第三、第四編中收集

五、審判法庭的艱難歷程

中華民國建立以後，南京臨時政府和北洋政府都曾發布命令，明確宣布保留和沿用清末的現行法律。從《華洋訴訟判決錄》中可以看到，清末民初法院的運作實狀與上述《各級審判廳試辦章程》和《法院編制法》的規定基本上是一致的。同時，北洋政府在清末《法院編制法》的基礎上，於 1913 年 9 月公布《修正各級審判廳試行章程》，1914 年 4 月公布《地方審判廳刑事簡易庭暫行規則》，1914 年 4 月 5 日公布《縣知事兼理司法事務暫行條例》等，〔註87〕而這些法律規定的訴訟制度和程序也完全得以貫徹。民國 6 年（1917年）7 月 7 日，廈門地方審判廳成立，民國 8 年（1919年），改稱思明地方審判廳。民國 22 年（1933 年），改稱地方法院。〔註88〕廈門地方檢察廳與審判廳同時成立，民國 8 年，改稱思明地方檢察廳，16 年，改稱思明縣檢察處，22 年，改稱廈門地方法院檢察處。〔註89〕廈門的高等分院始於民國 11 年，最初名為「福建高等審判檢察分廳」，民國 16 年，改稱福建控訴分廳，17 年改稱福建高等法院第一分院，37 年，改稱福建高等法院廈門分院。〔註90〕

　　司法管轄權的回歸除了中國本身法院的建立之外，日本領事法庭的撤廢也是主要內容。領事法庭是領事裁判權的附屬物，故領事法庭的撤廢必然與領事裁判權的撤廢相進退。1919 年巴黎和會上，中國代表明確提出撤廢領事裁判權的提案。〔註91〕雖然中國提案要求低微，承諾明確，但仍然未能列入

　　　　成案近 100 多個，主要也是關於錢債刑殺方面的，涉及婚姻、家庭和繼承方面的一個也沒有。

〔註87〕張晉藩主編：《中國法律史》，法律出版社，1995 年版，第 550 頁。

〔註88〕廈門市地方志編纂委員會辦公室整理：《民國廈門市志》卷十九《司法志》，方志出版社版，1999 年，第 450 頁。

〔註89〕廈門市地方志編纂委員會辦公室整理：《民國廈門市志》卷十九《司法志》，方志出版社版，1999 年，第 451 頁。

〔註90〕廈門市地方志編纂委員會辦公室整理：《民國廈門市志》卷十九《司法志》，方志出版社版，1999 年，第 448 頁。

〔註91〕提案的具體內容是：甲、中國請求有約諸國先於一定期間內，俟中國實行下列兩條件後，將現行於中國境內領事裁判權之陋制，實行撤廢。一、刑法、民法及民刑訴訟法，完全頒布；二、各舊府治所在之地（即實際上外國人普通居住之地）地方審檢廳，完全成立。中國允於五年內實行上列兩條件，同時要求有約諸國允俟該條件實行後，即將領事裁判權撤廢，其中中國境內設有特別法庭者，同時一併裁撤。乙、在領事裁判未實行撤廢之前，中國要求有約諸國立為下列兩項之許可：一、華洋民刑訴訟被告為中國人，則由中國法院自行訊斷，無庸外國領事觀審參預；二、中國法院發布之傳票拘票判決

會議討論。1921 年華盛頓會議上，中國代表王寵惠再次提出在華領事裁判權撤廢辦法。會議決定由與會各國組織調查機關，調查中國司法實施情形，然後再決定撤廢其在華領事裁判權，對此中國政府非常重視。為此，司法部出臺了一系列的改革措施：在各地分設審檢分廳；為改變原有縣知事兼理司法、違背司法獨立的弊端，特仿照美國司法舊例，採用巡迴裁判制度，在未設審檢廳的各縣，增設多名審檢官，每日巡迴各地，這樣既節省了經費，又維護了司法獨立的宗旨；為保障人權，改變中國司法「以往只知依法判斷，而與人民習慣不時發生阻礙，殊失保障人權之本旨」，而令各省審檢廳組織人員進行人民習慣調查會，成立人民習慣調查委員會；對看守所、監獄都做了相應的改革。

華盛頓會議上，中國政府爭取到各國政府派遣司法視察團的允諾，之後，中國政府對國際司法視察團來華考察事宜非常重視，認為這是一次展示中國司法水平，收回司法主權的大好機會，要求司法部對中國司法限期進行改良，以求與國際法律接軌。

為此，司法部出臺了一系列的改革措施：在各地分設審檢分廳；為改變原有縣知事兼理司法、違背司法獨立的弊端，特仿照美國司法舊例，採用巡迴裁判制度，在未設審檢廳的各縣，增設多名審檢官，每日巡迴各地，這樣既節省了經費，又維護了司法獨立的宗旨；為保障人權，改變中國司法「以往只知依法判斷，而與人民習慣不時發生阻礙，殊失保障人權之本旨」，而令各省審檢廳組織人員進行人民習慣調查會，成立人民習慣調查委員會；對看守所、監獄都做了相應的改革。

在一些近代法學精英的努力推動下，司法改革和司法權回收的努力在緩慢卻有序地進行著。但是，天津地方審判廳受理的一起涉及俄國人的欺詐取財案，由於案情的複雜性而引起了國際輿論和傳媒的關注，在該案的審理過程中，駐北京、上海等地的外國法律界人士就此案審理過程中暴露出來的中國法律建設的缺陷展開了大討論，他們普遍認為，中國司法官廳對於訴訟人及刑犯，仍沿襲前清封建專制習氣，不尊重人犯之公民權，依靠中國人自己仍無法建立文明公正的司法制度，就目前狀況，中國仍不具備收回領事裁判權的條件。

書，得在租界或外國人居宅內執行，無庸外國領事或司法官預行審查。參見梁敬錞著：《在華領事裁判權論》商務印書館，1930 年，第 165 頁。

一些在華的外國法律人士紛紛發表言論，他們還指出，要想收回各國領事裁判權，中國司法必須做如下改革：一、法庭內設當事人之坐席；二、法庭內宜多設旁聽席；三、審問時不可有拍案怒罵情事；四、庭丁對當事人傳喚時須和氣；五、看守所內宜清潔；六、監獄至少每人須給單衣一套、被一條；七、待遇監犯不可稍有凌暴情事；八、審理案件須按照預定公布日期執行。

中肯地說，這些意見的提出正中中國法庭的積弊，但是以中國接受近代司法體制的時間表，與西方數百年的法律發達史相較，已經是一日千里，不足之處，自當緩以時日容其改良和完善，而不是以此為藉口拖延歸還領事裁判權。

北洋政府的司法部瞭解到這一情況後，馬上通令各省法院籌備興建改良試點，各縣建立司法公署，從關稅的 5%中提出 10%充作司法改良的專項經費。但各省財政廳則以「現值軍事緊急，需款浩繁，各機關原有經費尚不能如期籌發，至各新增款項更屬無處羅掘」為由拖延搪塞。

第四節　撤廢領判權的外交努力

一、政治外交籌劃

國際法上的國家主權概念包含三個主要方面：獨立、屬地和屬人權威。三者是一個問題的不同方面，不可分割。依據國際法，當屬地管轄與屬人管轄發生衝突時，優先考慮屬地管轄。列強依據「屬人主義」管轄本國的在外僑民，不應違反僑民所在國的「屬地權威」。在近代中國，列強的在華領事裁判權不但是單向的，而且根本無視中國的「屬地權威」，嚴重侵犯中國主權。

1. 撤廢領判權相關條約

近代西方在外國的領事裁判權均來自條約，故此欲廢除此項權利必須先從廢除相關條約開始。1899 年，日本政府經過將近 30 年的努力，終於以和平的方式成功地收回了領事裁判權。〔註 92〕值此前後，英國政府首先表達了鼓

〔註 92〕列強在日本的領事裁判權始於 1618 年（長慶十三年）與英國訂立的條約，規定：「英國水手、船員等有違例者，均歸其船長裁判。」到 1853 年與美國訂約時，更明白確立了領事裁判權。隨後，西方列強大多在日本都確立了此一司法特權。明治維新以後，日本政府先後於 1871 年、1885 年、1889 年三次

勵中國改良法律和司法的意見。1902 年 9 月 5 日訂立《中英續訂通商航海條約》，第 12 款為「中國深願整頓本國律例以期與各國律例改同一律。英國允願盡力幫助中國以成此舉。一俟查悉中國法律情形及其審斷辦法與其他相關之事皆臻妥善，英國可無放棄其治外法權之時，英國即允棄其治外法權。」〔註 93〕此一條款乃張之洞力爭而得，英使馬凱能答應這個條件，也在張之洞的預料之外，因此對之寄望甚高。他在《致外務部》的電報中，就向朝廷表達了這層意思：「查日本三十年前始創修改法律管轄西人之謀，商之於英，賴英首允，彼國君臣從此極力設法修改，有志竟成，至今西人皆遵其法。今日本遂與歐美大國抗衡，以中國今日國勢，馬使竟允此條，立自強之根，壯中華之氣，實為意料所不及。」〔註 94〕在隨後日本在與清政府的續訂商約中都表達了類似的意思。

2. 為撤廢而建立審判庭

1903 年 6 月，中日兩國專員在上海、北京數次會商通商續約問題，最終於 10 月 8 日完成通商條約的續訂工作。〔註 95〕其中的第十一款也明文：「一俟查悉中國法律情形及其審斷辦法與其他相關之事皆臻妥善，日本國即允棄其治外法權。」有此刺激，復有此契機，晚清司法改革即應聲而起。沈家本、伍廷芳等快馬加鞭地修訂晚清律例，促使晚清法律迅速地向近代化轉變，同時，各地近代法院也紛紛建立，為審判制度的近代化提供了基本的機構，為撤廢日本在華領事法庭提供了一定的前提。

福建地方近代法院建立相對要稍晚一些，民國 6 年（1917 年）7 月 7 日，廈門地方審判廳成立，民國 8 年（1919 年），改稱思明地方審判廳。民國 22 年（1933 年），改稱地方法院。廈門地方檢察廳與審判廳同時成立，民國 8 年，

提議廢除，均遭到列強拒絕。1894 年（明治二十七年），日本首先與英國訂約裁撤領事裁判權，其中規定了三個前提條件：(1) 條約於 5 年後實行。因為條約要實行，須假以時日，才能觀察該國法律及所有手續的完備程度。(2) 日本必須改正法典，且實行一年以上的時間。欲冀完善之法律、正當之裁判，非施行一年以後，不能使列強信任。(3) 日本須加入萬國著作權同盟和萬國工業財產保護同盟。以上三條，日本朝野同心，上下一致，悉行遵守，列強乃於 1899 年（明治三十二年）7 月同意放棄在日本的領事裁判權。

〔註 93〕王鐵崖編：《中外舊約章彙編》，第二冊，第 109 頁。
〔註 94〕《張之洞全集》（第十一冊），河北人民出版社，1998 年，第 8853 頁。
〔註 95〕中華人民共和國海關總署研究室編譯：《辛丑和約訂立以後的商約談判》，中華書局，1994 年，第 209～253 頁。

改稱思明地方檢察廳，16年，改稱思明縣檢察處，22年，改稱廈門地方法院檢察處。廈門的高等分院始於民國 11 年，最初名為「福建高等審判檢察分廳」，民國16年，改稱福建控訴法院分廳，17年改稱福建高等法院第一分院，37年，改稱福建高等法院廈門分院。

　　大清朝廷也曾在外交上設計過對待日籍臺民的管理政策，但是基於當時客觀情況未能取得初衷。1903年（光緒29年），福建全省洋務總局在總結歷年日籍臺民在閩活動及與日本領事交涉經驗的基礎上，提出了對日籍臺民的政策主張，上報外務部，其主要內容如下：臺民與中國百姓，籍貫服飾，一切皆同，往來內地，無從辨別，易啟影射攬運貨物之弊，應請商明嗣後臺灣人民已隸日籍，貿易來華，服飾或改西服、或改東洋服式，不能仍照華民服色，如仍穿華服，即視作華民論，不能給照保護，以示區別，而免弊混。〔註96〕福建洋務總局還照會日本駐福州領事，要求其先行停發日籍臺民護照，等待彼此間商定章程之後，再行辦理。〔註97〕日本反對這種做法，認為是「約外苛求」〔註98〕，並未對此予以配合。而沒有日方的配合，這一方案只能徒歸空談。

　　洋務總局的這份文件是交由閩浙總督轉呈外務部的。閩浙總督在呈文中就此提出了自己不同的看法，認為：臺民即隸日本，照約應得保護，未便以是否改易服色，強為區分，如果該民籍照攬運貨物，不完釐稅，自可隨時執約禁阻。〔註99〕

　　外務部方面對福建洋務總局的報告和閩浙總督的意見，分別作出了回應。在給閩浙總督的諮覆文中，同意其不必「改易服色、強為區分」的主張，認為日籍臺民如有違犯清廷法令和中外章約精神，盡可隨時執約照請日本領事禁止。對於假冒日籍臺民問題，外務部的意見是：……該領事（按指日本駐福州領事）照覆所稱臺民遊歷通商出口，由臺灣督撫給照為憑，到地時領事署

〔註96〕外務部檔，開埠通商，福建全省洋務總局記名特用道、盡先特用道謹將原擬日本人在閩貿易遊歷傳教應商各節抄錄清摺呈送察鑒，光緒貳拾玖年伍月。
〔註97〕外務部檔、開埠通商，福建全省洋務總局記名特用道，盡先特用道謹將商請日本領事印給遊歷護照如非真正臺籍暫行停發照會並奉行原文照錄清摺呈送察鑒，光緒貳拾玖年伍月。
〔註98〕外務部檔、開埠通商，諮覆閩督洋務局所擬節略應分別辦理由，光緒二十九年六月。
〔註99〕外務部檔、開埠通商，署閩督文一件，光緒二十九年十一月二十九日。

驗明存案，再給與入內地護照，如有中國人攜帶護照，查係確實冒混，自應由中國按律究辦等語。彼己切實聲明，即應憑此設法稽察，此等交涉細事洋務，各省分所常有，領事有商辦交涉之責，應由局員或地方官徑向領事持平商結，未便概由本部照會使臣，轉多爭執，如果使臣來部曉曉，再當辯駁。〔註100〕對於日籍臺民問題，作為窮於應付的具體交涉單位—福建洋務總局傾向於制定限制，依法辦事。外務部和閩浙總督部堂的意見則是不預設辦法，而是針對所發生的糾紛，分別由涉及的主管單位依個案方式處理。籍民問題出現後，福建方面基本上就是按照這次外務部批覆的辦法執行的。轉型中的司法制度，難免存在不盡人意之處。

二、政治外交方面法權回歸運動

1919 年巴黎和會上，中國代表明確提出撤廢領事裁判權的提案。〔註101〕雖然中國提案要求低微，承諾明確，但仍然未能列入會議討論。1921 年華盛頓會議上，中國代表王寵惠再次提出在華領事裁判權撤廢辦法。會議決定由與會各國組織調查機關，調查中國司法實施情形，然後再決定撤廢其在華領事裁判權，根據決議法權委員會應於 1922 年 5 月 6 日來華調查，後因北京政府申請延至 1923 年 11 月 1 日到華開會，法國直至 1924 年才承認該約。

1921 年 11 月開幕的九國華盛頓會議，中國政府提出收回各國領事裁判權的申請，各國藉口中國司法不健全而予以拒絕，後經中國專使一再據理力爭，各國才答應閉會 3 個月後，由各國政府派代表組織司法視察團於 4 月中旬到華視察各省司法狀況，視察地區以各通商地方為主。

〔註100〕外務部檔、開埠通商，詔覆閩督洋務局所擬節略應分別辦理由，光緒二十九年六月。

〔註101〕提案的具體內容是：甲、中國請求有約諸國先於一定期間內，俟中國實行下列兩條件後，將現行於中國境內領事裁判權之陋制，實行撤廢。一、刑法、民法及民刑訴訟法，完全頒布；二、各舊府治所在之地（即實際上外國人普通居住之地）地方審檢廳，完全成立。中國允於五年內實行上列兩條件，同時要求有約諸國允俟該條件實行後，即將領事裁判權撤廢，其中中國境內設有特別法庭者，同時一併裁撤。乙、在領事裁判未實行撤廢之前，中國要求有約諸國立為下列兩項之許可：一、華洋民刑訴訟被告為中國人，則由中國法院自行訊斷，無庸外國領事觀審參預；二、中國法院發布之傳票拘票判決書，得在租界或外國人居宅內執行，無庸外國領事或司法官預行審查。參見梁敬錞著：《在華領事裁判權論》商務印書館，1930 年，第 165 頁。

由於經費上的無米之炊，司法改革無法順利進行，北洋政府外交部只得以「因奉直戰爭，中國司法之改良皆未能進行」為理由，通告各國，請求緩期一年再行調查。因此，國際司法視察團遂決定延至 1923 年 5 月來華視察。後又一推再推，直到 1926 年。

1925 年 9 月 10 日，日本駐美大使松平按照外務大臣幣原的指令，面見美國務卿，請美國政府照會各國政府，從速召集法權委員會議，美國政府欣然同意。〔註 102〕同年 9 月 17 日，日本駐華公使芳澤向外務大臣幣原彙報：已向中國外交總長建議，在 12 月 18 日召開委員會會議，並提議該委員會不僅限於調查，而且有議決的權限，對此，段祺瑞執政表示同意，並感謝日本的好意。10 月 11 日松平大使致函外務省：「美政府對日本所提 12 月 18 日開始治外法權調查一案，亦表贊成。」〔註 103〕

日本政府對此次法權會議作了充分的準備，在參加人員上進行了精心挑選，每個參與人員都可謂是專家型的外交精英。1925 年 11 月 12 口，日本外務省任命參加法權大會全權委員如下：特命全權大使日置益，外務省通商局長佐分利貞男為隨員，還有公使館一等書記官重光葵、公使館二等書記官澤田廉二、外務省事務官守屋和郎、外務省事務官鹽崎觀三、司法省參事官兼檢事三宅米太郎等。〔註 104〕對於會議的具體目標也做出了明確界定。日本政府電令法權會議的代表們，從法理和實際兩方面調查司法制度，先行考察現行法律制度，在實地考察時，由交通便利的城市漸至內地，最後將司法制度的真相編成報告書。〔註 105〕關於調查報告書的具體內容也提出了具體目標要求：「調查項目須參照（日本）外務省編纂的支那司法制度、支那警察制度等調查書適當做成，調查報告內，應提出撤廢時期、方法以及撤廢後內地開放及外國人居住營業等建議。」〔註 106〕明顯將在華領判權的

〔註 102〕（日）日本外務省編：《日本外交文書》（1926 年第 2 冊下卷），日本外務省發行，1987 年，第 870 頁。

〔註 103〕（日）日本外務省編：《日本外交文書》（1926 年第 2 冊下卷），日本外務省發行，1987 年，第 871 頁。

〔註 104〕季嘯風、沈友益主編：《中華民國史史料外編—前日本末次研究所情報資料》，廣西師範大學出版社，2000 年，第 441 頁。

〔註 105〕季嘯風、沈友益主編：《中華民國史史料外編—前日本末次研究所情報資料》，廣西師範大學出版社，2000 年，第 461 頁。

〔註 106〕（日）日本外務省編：《日本外交文書》（1926 年第 2 冊下卷），日本外務省發行，1987 年，第 872 頁。

撤廢與全面開放中國內地外人居住和經商相捆綁。1926 年 1 月 12 日，調查法權委員會在北京中南海居仁堂開幕，日本全權代表日置益言稱：「各國委員以為領事裁判權之初入中國，本為便利中外關係之暫時辦法，故領事裁判權發生之原因銷亡時，領事裁判權當然即行廢止。」〔註 107〕稍有外交實踐經驗的人不難看出，日本代表發言的畫外音便是，在華領判權的廢止需要符合領事裁判權發生的原因，即中國司法制度中的法理和審判與西方的齟齬。

1926 年 1 月 12 日至 9 月 16 日，法權大會在北京召開，時間歷時八個月零四日。大會不僅通過 21 次大會瞭解了中國法制改革基本情況，而且也對各地司法機關進行了實地調查。1926 年 6 月 23 日，法權報告起草委員會開始以日美提出的報告案為基礎起草報告書，〔註 108〕報告書分四編，以日本方案為基礎的第四編「勸告案」中，對撤廢外國在華領事法庭的條件，給中國政府提出了所謂的「勸告」。其中第二款提出了終極目標：「中國政府應推廣新式法院、監獄及看守所，以期裁撤縣知事審判制度與舊式監獄及看守所」。第四款還對領判權撤廢之前領事法庭的階段性變革做出了規定：「關係各國於其在華外國法院或領事法庭，應盡實際上之可能，適用所認為應採用的中國法令」，「關係各國之人民為原告，受中國法律支配之人民為被告之訴訟，原則上應為中國新式法院辦理，無須外國官吏觀審或其他之參與」，「享有治外法權國人民為律師，而在華外國法院或領事法庭，有出庭執行職務之資格者，對於所有華洋訴訟案件，准其代表中外當事人，但除准免考試外，仍須遵守中國關於律師之法令」，「享有治外法權國人民者，由該國在華法院或領事法庭執行，受中國法律支配之人民者，由中國法院執行」。〔註 109〕

1930 年 3 月 29 日，中日兩國間就法權問題展開交涉，王正廷在提案中要求「1930 年起內地日僑受中國法庭裁判，在華租界期滿後，所有日僑一律受中國法律保護」。〔註 110〕1931 年 3 月 12 日日本代表重光葵來華，提

〔註 107〕北京政府外交部編：《外交公報》第 55 期，專件，第 2～3 頁。
〔註 108〕（日）日本外務省編：《日本外交文書》（1926 年第 2 冊下卷），日本外務省發行，1987 年，第 951 頁。
〔註 109〕北京政府外交部編：《外交公報》第 65 期，專件，第 1～5 頁。
〔註 110〕孫惠榮、侯明主編：《中華民國實錄內戰烽煙》第 2 卷（上），吉林人民出版社，1997 年，第 1407 頁。

出：「中日混合案中國應於各口岸設立特別法院審理之，院中設日籍法官數人，與中國法官會審。日本人在中國內地為民事被告之案件，須移送特別法院審訊」。〔註111〕雙方未能通過外交手段解決領事裁判權的撤廢問題，5月4日，國民政府公布《管轄在華外人實施條例》，規定1932年1月1日起實行。條例中規定：所有享有領事裁判權的外國人，均應受中國法院管轄；在有關地區設立特別法院，受理涉及外人的民刑案件，外人的逮捕及其房屋或辦公式的搜查均應依中國刑法典規定執行。〔註112〕由於日本發動「九一八」，1931年12月29日，國民政府只得宣布：「茲因本年各地天災變故，所有應行籌備事項，尚未就緒，該項管理外人實施條例，應即暫緩進行」。〔註113〕

　　抗日戰爭期間，由於日本武力的肆虐，不僅中國的法權盡失，西方各國在華的領判權也名存實亡，與此同時，日本則在佔領區為扶植傀儡，在法權方面粉飾「提攜」。1937年11月25日，偽滿司法部公布《涉外事件管轄之件》。規定治外法權撤廢後，對日本人的裁判，由司法部大臣指定設立的法院涉外庭及涉外審判官（日本人擔任）管轄；為處理刑事事件並特別設置日本人警務指導官及日本人書記官擔當檢查事務。「關於日本人的事件無論刑事裁判，還是民事裁判，均在涉外庭由日本人裁判官審理判決」。〔註114〕經過如此設計，「日本的治外法權不但未有撤廢，反而得到了擴大強化」。〔註115〕當年日本人在審判機關的人數頗巨，其中法院、檢查廳、監獄共有日本人官員907人。〔註116〕1937年12月1日，領事館警察也同大使館警察一併轉入偽滿警察系統。

〔註111〕孫曉樓、趙頤年：《領事裁判權問題》，商務印書館，1936年，第269～270頁。
〔註112〕《國民政府公報》，第764號，第1～2頁。
〔註113〕《中國國民黨對於廢除不平等條約之主張》，載於林泉編：《抗戰期間廢除不平等條約史料》，臺灣正中書局，1983年，第381頁。
〔註114〕山本有造編：《滿洲國之研究》，京都大學人文科學研究所版，1993年，第152頁。
〔註115〕山本有造編：《滿洲國之研究》，京都大學人文科學研究所版，1993年，第152頁。
〔註116〕中央檔案館、中國第二歷史檔案館、吉林省社會科學院合編：《偽滿傀儡政權》，中華書局版，1994年，第138頁。

1937 年偽滿領事館警察表

名　稱	管轄區域	所轄派出所
奉天總領事館警察署	除各分館管轄之地域外的全境	24
奉天通化分館警察署	除桓仁、興京管轄地域外的全境	1
奉天桓仁分署	桓仁全境	1
奉天興京分署	興京縣全境	1
奉天山城鎮分館警察署	分館管內全境	8
新京總領事館警察署	除農安分館管轄地域外的全境	8
安東領事館警察署	除各縣管外的全境	9
安東領事館臨江分署	臨江縣全境	1
安東領事館莊河分署	除第六區外莊河縣全境	1
安東領事館大孤山分署		1
錦州領事館警察署	除綏中外管轄的全境	6
錦州領事館阜新分署	阜新縣	1
錦州領事館朝陽分署	朝陽縣第一、二、三區	1
錦州領事館北票分署	朝陽縣第四、五、六區	1
赤峰領事館警察署	除各分署管轄外的全境	1
赤峰領事館承德分署	承德、灤平、豐寧、隆化、圍場各縣	1
赤峰領事館平泉分署	平泉、青龍、寧城設置局管轄區域	1
赤峰領事館凌源分署	凌源、建平第三區、凌源設置局管轄區域	1
鄭家屯領事館警察署	遼源縣、雙山縣	1
鄭家屯通遼分署	通遼縣境	1
鄭家屯領事館白城分館	鄭家屯領事館管內的其他地域	

資料來源：1937 年《滿洲國年報》，轉引自中央檔案館、中國第二歷史檔案館等編《偽滿憲警統治》，1993 年中華書局，第 470～471 頁。

　　抗戰時期，在汪偽統治區內，日本政府最初實行加強領事管轄的政策。1942 年上海總領事土屈內向外務大臣建議，「支那派遣軍」在上海設立涉外審判所，以裁判派遣軍佔領地域內敵性國人違反軍律以外的案件，審判所以總

司令為長官，領事官為審判官。7月31日，日駐汪偽大使重光葵向外務大臣建議涉外審判所建立設想：「請閣下訓令在支各總領事、領事，以陸海軍囑託名義擔任審判所的審判官、檢察官及書記員」。依此，日本控制下的汪偽政權涉外審判所設在上海，發生於北京、天津、廣東等地的事件，先由當地領事進行和解斡旋，和解不成，則由上海的審判官出發到該地處理，若最後仍不成，即任命該地領事館的領事為審判官進行裁判。在特殊場合，還設立審判所支所，處理臨時突發事件。〔註117〕面對美英在華撤廢治外法權的趨勢，日本搶先在1943年1月9日與汪偽簽訂協議，撤廢在華治外法權。協定第六條和第七條中宣稱：「日本國政府對於日本國在中華民國國內現今所有之治外法權業經決定速行撤廢，兩國政府應各任命同數之委員設置專門委員會，使審議擬定關於上述之具體方案；中華民國政府應隨日本國之撤廢法權而開放其領域，使日本國臣民得居住營業，且對於日本國臣民不予以較中華民國國民為不利益之待遇。」〔註118〕簽字儀式當日，日本政府宣布在華「撤廢治外法權」。〔註119〕2月9日，汪偽政府派褚民誼、李聖五、吳松皋、周隆庠、羅君強、湯應煌等六人為「撤廢治外法權委員會委員」。2月23日，褚民誼發表關於撤廢治外法權的談話，聲言：「友邦日本即與我國簽訂協力完遂戰爭之共同宣言同時又簽訂交還租界與撤廢治外法權之協定」。〔註120〕

三、「改訂新約運動」中的撤廢領判權

1928年，國民政府發起了一場要求列強支持的「改訂新約運動」。1928年北伐打敗了奉系軍閥，基本上結束了軍閥割據的局面南京國民政府作為中央政府的地位大大加強，從而為發起改訂新約運動準備了前提。其次一些主要帝國主義國家對華政策發生了變化，為改訂新約運動的進行提供了可能性。1926年底，英國政府表態，中國應有關稅自主權。接著，美國國務卿表示願意放棄在中國的關稅控制和治外法權等。第三，當北伐戰爭勝利進軍的時候，

〔註117〕（日）《關於以敵國人為被告案件之裁判》，日本外務省史料館藏《領事會議關係雜件》，檔號：D1-2-0-2。
〔註118〕中國第二歷史檔案館編：《中華民國史檔案資料彙編》第5輯第2編附錄（上），江蘇古籍出版社版，1997年，第201頁。
〔註119〕服部卓四郎著、張玉祥等譯校：《大東亞戰爭全史》第1冊，商務印書館，1984年，第666頁。
〔註120〕中國第二歷史檔案館編：《中華民國史檔案資料彙編》第5輯第2編附錄（上），江蘇古籍出版社版，1997年，第201頁。

帝國主義製造了萬縣慘案、九江慘案、「一・三」慘案、南京慘案、濟南慘案，激起了中國人民的極大憤怒。南京國民政府為鞏固統治，取得民心，決定進行改訂新約運動，達到樹立威望，擴大政治影響的目的。第四，這也是一個獨立政府為爭取國家主權的表現。蔣介石在一次演講中說：「我們革命有兩個對象，一個是封建的制度，就是國內軍閥，一個就是外交。國內軍閥，從北京打下了之後，北伐總算告一段落」。「我們最後的革命能否成功，就是全看我們第二個對象如何對付，就是全看外交上的難關能否打破。這個目的能否達到就在不平等條約能否取消」。這段話表現了蔣介石作為中國政府首腦的自主意識，它直接影響了南京國民政府外交政策的制定和實施，至少能在國民中為蔣介石製造一個良好的領袖形象。

「改訂新約運動」主要內容之一就是領事裁判權問題。1928 年 6 月 15 日，國民政府發表對外宣言，指出北京政府時期與各國所訂的各種不平等條約，「亦為獨立國家所不許」，「今當中國統一告成之時，應進一步而遵正當之手續實行重訂新約，以付完成平等及相互尊重主權之宗旨」。7 月 7 日，國民政府外交部長王正廷對外發表宣言，宣布廢除一切不平等條約，重訂新約，並提出了廢舊約、訂新約的三條具體辦法：（1）中華民國與各國條約已屆期滿者，廢除舊約，另訂新約；（2）尚未期滿者，應即以正當手續解除而重訂之；（3）舊約已屆期滿而新約尚未訂定者，由國民政府另訂適當臨時辦法處理一切。此宣言發表後，「改訂新約運動」隨即興起。

當時在中國享有領事裁判權的國家有英、法、美、日、荷、意、比、葡、西、丹、挪、巴西等 15 國。其中日、意、比、葡、丹、西共六國在 1928 年已期滿。六國中除日本明確表示根本反對廢除舊約以外，其他五國先後與中國簽訂新約，同意取消在中國的領事裁判權，但又用附件的形式對這一內容卻有諸多保留。例如《中比通商條約》雖然承認廢除領事裁判權，但在附件中卻規定：第一，該條約 1930 年 1 月 1 日起生效，在生效前兩國政府應訂定中國政府對比國人民行使法權的詳細辦法；第二，如該辦法屆時尚未訂定，比國人民應於享有領事裁判權的國家半數以上承認放棄是項特權時，比國人民才受中國法律及法院管轄。由此可見，附件的規定使這一條約名不符實，更難以付諸實施。

1930 年，與日本訂立新的關稅條約，改訂新約運動中的廢除關稅協定任務告成。改訂新約運動中的主要問題是關稅和領事裁判權。訂立新約的國家

都承認了中國的關稅自主權。在與比、意、丹、葡、西等國訂立的《友好通商條約》中均有這樣的條款：「此締約國人民，在彼締約國領土內，應受彼締約國法律及法院之管轄。」說明這些國家已同意取消領事裁判權。1929 年 4 月 27 日，南京國民政府外交部就撤廢領事裁判權問題照會英、法、美、荷、挪等國駐華公使，要求各國廢除領事裁判權。各國協商後只是口頭答應，卻無絲毫實際行動。是年 12 月 28 日，國民政府頒布的命令指出：領事裁判權「其弊害之深，無庸贅述。領事裁判權一日不能廢除，即中國統治權一日不能完整。」命令聲稱自 1930 年 1 月 1 日起，「凡所居中國之外國人民，現時享有領事裁判權者，應一律遵守中國中央政府及地方政府依法頒布之法令規章」。但 1929 年 12 月 30 日發表的《撤廢領事裁判權宣言》又宣稱 12 月 28 日的命令只是「一種步驟」。同日，國民政府外交部長王正廷亦宣稱：「宣言雖發，至於以後如何實施，還有待於外交上的折衷」。儘管如此，法美等國在 1930 年 1 月 2 日仍然聲明：「不能接受中國片面取消（各國）在華所享之領事裁判權」。2 月 2 日，英國向國民政府提出分五年逐漸撤廢領事裁判權的意見書，得到各國響應。這就是說，英法美等國把國民政府提出的 1930 年 1 月 1 日——這個撤廢領事裁判權的日期只是作為取消領事裁判權的開始日期而無故拖延。1931 月 5 月 4 日，國民政府又頒布《管轄在華外國人實施條例》22 條，規定自 1932 年元旦起施行。不久，九一八事變發生，南京國民政府又匆忙通令暫緩執行。至此，廢除領事裁判權的外交鬥爭暫告一段落。

不過在這一時期，國民政府經過一系列外交交涉和談判，先後收回了一些租界、租借地和租界法院的主權。1929 年 8 月 31 日國民政府收回天津的比利時租界，11 月 15 日收回鎮江英租界；1930 年 4 月 18 日與英國簽約收回威海衛租界地（但又規定劉公島續租 10 年），9 月 17 日與英國簽約收回廈門英租界；從 1929 年 5 月 8 日至 1930 年 1 月 7 日，歷經長達 8 個月的外交交涉，終於收回了與英、法、美、荷蘭、挪威、巴西共六國有關係的上海臨時法院。

縱觀國民政府 1928 年至 1931 年的「改訂新約運動」中收回治外法權的鬥爭，我們可以得出兩點結論：一方面，中國確實收回了一些過去長期喪失的租界、租借地、租界法院的主權，否認了領事裁判權的合法性，這就限制和減少了一些帝國主義國家長期享有的特權給中國人民帶來的災難和痛苦，具有一定的進步意義。另一方面，由於英法美等大國的無故拖延，最終使廢

除領事裁判權的規定成了一紙空文。儘管帝國主義國家在口頭上取消了在中國享有的領事裁判權，在形式上對國民政府也作了一些讓步，但是這與中國人民要求徹底廢除不平等條約，要求徹底實現獨立自主的願望還相去甚遠。

國民政府在抗日戰爭時期之所以能夠收回治外法權，主要原因有以下幾個方面：一是中國人民長期堅持抗戰，改變了過去軟弱可欺的形象，提高了中國的國際地位。中國人民為世界反法西斯戰爭作出了重大貢獻，贏得了國際社會的廣泛同情、支持和尊敬。1942 年初發表的《聯合國家宣言》首先由羅斯福、丘吉爾、李維諾夫和宋子文在美國白宮簽署，表明中國作為戰時「四大國」之一首次出現在國際舞臺上。二是自 1938 年 10 月抗日戰爭進入戰略相持階段以來，由於日本對國民政府採取政治誘降為主、軍事打擊為輔的策略，導致國民政府奉行消極抗日、積極反共的反動路線。國民政府領導集團雖然在 1941 年底太平洋戰爭爆發後正式對日宣戰，但依舊表現出很大的動搖性。而此時的英美認識到了中國戰場在遠東和太平洋戰場中的重要戰略地位，中國戰場抗擊著約 180 萬日軍，美國要利用中國的力量在遠東戰場上拖住日本，以減輕其在太平洋戰場上的軍事壓力。三是當時日本為了加強汪偽政權的政治欺騙作用，於 1943 年 1 月 9 日與汪偽政府簽訂了《關於交還租界及撤銷和廢除治外法權之協定》，這給英美等國以強大壓力，從另一側面加速了英美與國民政府的談判進程。

1941 年 5 月下旬，美國國務卿赫爾在致中國外交部長的信中表示：「希望在和平狀態恢復的時候，能和中國政府以有步驟談判和訂立協定的程序，迅速地做到取消一切有特殊性質的權利。」美國將與英國磋商，取消在華領事裁判權，「以增強中國對日作戰的效能」。在得到英國同意後，1942 年 10 月 9 日，美國副國務卿威爾斯將取消在華領事裁判權及有關特權的文告面交中國駐美大使魏道明。次日，英美兩國同時宣布，廢除在華之不平等條約，此後，中、美、英三國就訂立新約問題，在重慶舉行談判。10 月底，巴西、加拿大、挪威、荷蘭、阿根廷等國先後與中國商訂新約，放棄在華特權。

1943 年 1 月 11 日，中國駐美大使魏道明與美國國務卿赫爾在華盛頓簽署了《中美關於取消美國在華治外法權及處理有關問題之條約與換文》，簡稱《中美新約》。同日，國民政府代表宋子文與英國代表薛穆、黎吉生在重慶簽署了《中英關於取消英國在華治外法權及其有關特權條約》，簡稱《中英新約》。這兩個條約的主要內容如下：1.美英兩國同時撤廢在華治外法權；2.美英兩國

取消 1901 年簽訂的《辛丑條約》，終止該條約及其附件所給予兩國之一切權利；3.美英兩國終止在北平使館界、上海及廈門公共租界所享受的權利，協助中國政府收回這些地區的行政權；英國還要交還天津、廣州租界；4.美英兩國放棄關於在中國通商口岸制度的權利，關於上海、廈門公共租界特別法院制度的權利，關於中國領土內各口岸雇用外籍引水人的權利，關於兩國船舶在中國領水內沿海貿易及內河航行的特權，關於兩國軍艦駛入中國領水內的特權等；5.租界取消後，中國不得取消或以任何理由追究美國人民（包括公司和社團）或政府在中國領土內現有關於不動產的權利等。

中美，中英新約的簽訂，標誌著西方列強在中華大地上肆虐橫行整整一百年的治外法權最終被捲進歷史的墳墓，洗雪了中國人民被治外法權奴役的百年國恥。這是中國人民長期鬥爭的結果，也是中國政府和人民堅持抗戰，使中國國際地位提高並得到英美等大國承認的深刻體現。不過有必要指出的是：中美、中英新約也並非至臻完美、百分之百平等的條約。例如當時英國簽約時，始終拒絕交還香港和九龍。1943 年 5 月，中美簽訂《關於處理在華美軍人員刑事案件換文》中規定：「凡美國陸海軍人員，如或在中國觸犯刑事罪款，應由該軍軍事法庭及軍事當局單獨審判。」這實際上還是承認在某些領域內美國享有治外法權。眾所周知，1946 年 11 月，蔣介石為了使美國支持其打內戰，與美國簽訂了《中美友好通商航海條約》，以所謂「平等、互惠」的形式，使美國又取得了多項在華政治、經濟、文化等方面的特權，剛剛掙脫治外法權枷鎖不久的中國人民又陷入美帝國主義的魔掌。

1941 年 12 月 8 日，太平洋戰爭爆發後，中國的抗戰成為反法西斯行動的重要一部分，中國政府和人民迎來十分有利的國際環境。12 月 9 日，重慶政府對德意日宣戰的同時，也宣布「所有一切條約協定合同，有涉及中日間之關係者一律廢止」。〔註 121〕

1937 年日本全面侵華後，國民政府為爭取籍民參與抗戰，也採取了一些措施，如劃出住居地，讓籍民墾荒自立，有條件地恢復臺灣籍民的中華民國國籍等。1937 年 9 月，福建省轉發國民政府《臺民恢復國籍辦法》，同時令廈門市政府：「臺民人數眾多，難免良莠不齊，其中如尚有愛國思想不忘祖國情殷復籍之臺民，可擇其品德端正有相當之財產及商業或藝能足以自主

〔註 121〕《中央日報》，1941 年 12 月 10 日。

者，由該市政府暫准其回復我國國籍。」〔註122〕但此舉實際效果不大，1942年10月，福建省「抗敵後援會」會同省政府組織指導委員會辦理復籍，兩個月後，臺民歸化者僅70人，〔註123〕表明重慶未能在與總督府爭奪臺灣籍民人心方面取得優勢。抗戰結束後，臺灣回歸，當時廈門的日籍臺民紛紛申請轉回中國國籍，他們大多數回到臺灣。至1946年底，廈門遣送4批共3330名籍民，〔註124〕廈門的司法管轄權正式回歸中國。

小結

日據臺灣島時期，臺灣島民來到大陸進行生產生活活動，必然需要一套司法制度進行管理和服務，由於領判制度的政治性，勿需說藉此實現司法功能，就連制度運行本身都矛盾跌出。當然，時代背景下，中國政府所進行的法制、外交方面的補救在司法功能方面的影響也是有限的，若想達到臺灣島民在大陸的息訟解紛目標尚需今日之努力。

〔註122〕「福建省政府訓令」，福建省檔案館、廈門市檔案館等編：《閩臺關係檔案資料》，鷺江出版社，1992年版，第87頁。
〔註123〕《福建省抗敵後援會工作彙刊》，1940年12月，福建省檔案館、廈門市檔案館等編：《閩臺關係檔案資料》，鷺江出版社，1992年版，第110頁。
〔註124〕胡可時：《福建善救工作的回顧與展望》，福建善救月刊（第一期），1947-02。

結 語

　　半殖民地與半封建的社會現實決定了福建近代司法的性質，本來屬於國際法上明文規定的司法管轄問題，應該由當地全權負責屬地管轄，但是由於日本通過政治軍事手段從中國獲取了領事裁判權，並在甲午戰後將其改寫成單方權利，加之中國在法制建設方面的缺失，日據時期福建對籍民的司法權完全操控於日本股掌之中。中國當地的司法管轄被分割成異質的法權，甚至日本的領事法庭剝奪了當地的司法管轄權力。這種局面的扭轉，當然需要中國及其福建當地司法建設的推進，但是歷史的侷限，始於清末的法院普設直至 1949 年尚遠未完成，〔註1〕令我們無法完全依靠司法本身的成就獲得司法管轄權的回歸，不得不借助反法西斯戰爭及其政治外交運動的努力助其實現。

　　任何法律制度的建立和功用績效的發揮肯定有著深遠的社會意識、社會價值概念的根源，由於「人總是生活在他們信其所是的世界之中」，國際法的效力根據有三個層次：1.國家間的協議；2.各個國家意志的協調；3.各國的自身利益和全人類的共同利益。故此超越社會意識與社會價值觀念的轉變，終究無法真正實現社會轉型根本內容——社會制度（修改社會運行的基本規則）的進化與提升。在利益主體多元化的時代，甚或社會轉型關口，只有執政者以地理條件、歷史經驗教訓為基礎，採取各種措施尋求共識並且凝聚共識，才能最終符合歷史發展規律，促進社會進步；在和國際和地區社會發生此類關係之時，亦才能在不損害他國和地區利益的同時，實現本國及本地區的司

〔註1〕歐陽湘：《近代中國普設法院研究：以廣東為個案的歷史考察》，知識產權出版社，2007 年，第 94 頁。

法近現代化，真正達成國際及其地域關係的和諧與進步。

　　臺灣國民黨榮譽主席連戰先生與胡錦濤主席會晤以來，兩岸人員交往日趨頻繁，可以預見，將來會更加增多。時至今日，前來福建的臺灣人民的息訟解紛工作剛剛開始進入人們的視野，兩岸之間正在不斷探索中嘗試建立相應的機制。迄今兩岸之間已然對此形成並制定了相關的對策，但多半是臨時性的安排，雙方達成制度性的努力尚在繼續。近現代社會的人際關係是平等的，在此背景下，法律努力的方向是公平正義地消解社會生活中的糾紛，故此生活如斯工作如斯的人們應該為此不懈努力，直至此種制度的完善。

參考文獻

一、日本參考書目

1. （日）《処蕃類纂》（全 101 冊），JACAR（アジア歴史資料センター）：
   A01000077400。

2. （日）《臺灣總督府警察沿革誌》（全五卷），臺灣總督府警察局，1938 年。

3. （日）《外務省百年》，原書房，1969 年。

4. （日）井出季和太：《臺灣治績志》，臺灣日日新報社，1937 年。

5. （日）《外務省員警史・警察關係條約及諸法歸類（滿洲及支那）等》，不
   二出版社，2001 年。

6. （日）外務省百年史編纂委員會編：《外務省百年》，東京原書房，1969
   年。

7. （日）東亞同文會調查編纂部：《增補支那關係特種條約匯纂》，東京東
   亞同文會調查編纂部，1922 年。

8. （日）伊能嘉矩：《臺灣踏查日記》，臺灣遠流出版事業股份有限公司，
   1996 年。

9. （日）《日本外交文書》第 28 卷，日本外務省，1968 年。

10. （日）鶴見佑輔：《正傳・後藤新平》，藤原書店，2005 年。

11. （日）明治文化研究會主編：《明治文化全集》第 24 卷，日本評論社，
    1993 年。

12. （日）明治文化資料叢書刊行會主編：《明治文化資料叢書》第 4 卷，風

間書房，1962 年。

13. （日）板野正高：《近代中國政治外交史》，東京大學出版會，1973 年。

14. （日）板野潤治：《近代日本の外交と政治》，研文出版社，1985 年。

15. （日）我部政男、栗原純：《ル・ジャンドル台湾紀行》，綠陰書房，1998年。

16. （日）佐藤慎一：《近代中国の知識人と文明》，東京大学出版会，1996年。

17. （日）山室信一：《思想課題としてのアジア》，岩波書店，2001 年。

18. （日）清澤きよし：《外政家としての大久保利通》，中央公論社，1942年。

19. （日）安岡昭男：《明治前期日清交渉史研究》，嚴南堂書店，1995 年。

20. （日）茂木敏夫：《変容する近代東アジアの国際秩序》，山川出版社，1997 年。

21. （日）イアン ニッシュ編麻田貞雄訳：《欧米から見た岩倉使節団》，ミネルバ書房，2002 年。

22. （日）田中彰：《岩倉使節団の歴史的研究》，岩波書店，2002 年。

23. （日）浜下武治：《朝貢システムと近代アジア》，岩波書店，1997 年。

24. （日）岡崎久英：《百年の遺産》，扶桑社，2002 年。

25. （日）加藤陽子：《戦争の日本近現代史》，講談社，2002 年。

26. （日）竹内好：《近代の日本と中国》，朝日新聞社，1971 年。

27. （日）入江昭：《日本の外交》，中公新書，1966 年。

28. （日）戸川猪佐武：《山県有朋と富国強兵のリーダー》，講談社，1983年。

29. （日）多田好問：《岩倉公実記》，原書房，1968 年。

30. （日）日本史籍協會：《大久保文書》，東京大學出版會，1929 年。

31. （日）田中彰：《岩倉使節団と欧米回覧実記》，岩波書店，1994 年。

32. （日）久米邦武：《米歐回覧実記》，博聞社，1878 年。

33. （日）東亜同文會編：《対支回顧録東京》，原書房，1968 年。

34. （日）亀井勝一朗、宮川寅雄編：《明治文學全集 38・岡倉天心集》，築摩書房，1968 年。

35. （日）《福澤諭吉全集》第 10 卷，岩波書店，1960 年。

36. （日）山内進：《明治国家における文明と国際法》，一橋論叢，1996 年。

37. （日）《日本史講座》，東京大學出版會，1964。

38. （日）《日本外交文書》第 3 卷，日本外務省，1938 年。

39. （日）伊藤不二男：《國際法》，野田良之他編，《近代日本思想史》，有斐閣，1979 年。

40. （日）茂木敏夫：《変容する近代東アジアの国際秩序》，山川出版社，1997 年。

41. （日）田中彰：《岩倉使節団の歴史の研究》，岩波書店，2002 年。

42. （日）麻田貞雄：《欧米から見た岩倉使節団》，ミネルボ書房，2002 年。

43. （日）田中彰：《岩倉使節団と欧米回覧実記》，岩波書店，1994 年。

44. （日）日本書籍協會：《大久保利通文書》，東京大學出版會，1983 年。

45. （日）《中山寬六郎文書》，東京大学法制資料センター，原史料部所存。

46. （日）臺灣總督府：《臺灣總督府事務成績提要》，臺灣成文出版社，1985 年。

47. （日）薄井由著：《東亞同文書院大旅行研究》，上海書店出版社，2001 年。

48. （日）植田捷雄：《在支列國權益概說》，岩松堂書店，1939 年。

49. （日）外務省百年史編纂委員會編：《外務省百年》，東京原書房，1969 年。

50. （日）山本有造編：《滿洲國之研究》，京都大學人文科學研究所，1993 年。

51. （日）東亞同文會調查編纂部：《增補支那關係特種條約匯纂》，東京東亞同文會調查編纂部，1922 年。

52. （日）第六調查委員會學術部委員會編：《關於治外法權慣行調查報告書》，東京東亞研究所，1941 年。

53. （日）英修道著：《列國在中華民國的條約權益》，東京丸善株式會社版，1939 年。

54. （日）植田捷雄：《在支列國權益概說》，東京岩松堂書店，1939 年。

二、中文的參考書目

1. 《清史資料叢編》（全五卷），學海出版社，2015 年。

2. 《籌辦夷務始末（同治朝）》（全十卷），中華書局，1962 年。

3. 《中復堂全集》（全十二卷），文海堂，出版時間不詳。

4. 《靖海紀事》，商務印書館，2019 年。

5. 《清高宗實錄選集》，大通書局，1984 年。

6. 《台海使槎錄》，文聽閣圖書有限公司，2007 年。

7. 《禆海紀游》，文聽閣圖書有限公司，2007 年。

8. 《欽定平定臺灣紀略》，臺灣銀行，1961 年。

9. 《霧峰林家的中挫》，臺灣臺北自立晚報社，1992 年。

10. 《清實錄臺灣史資料專輯》，福建人民出版社，1993 年。

11. 《臺灣文化志》，臺灣省文獻委員會編譯，1991 年。

12. 《處番提要》，國史館臺灣文獻館，2005 年。

13. 《鳳港營所雜記》，國史館臺灣文獻館，2003 年。

14. 《明清史料》，中華書局，1987 年。

15. 《沈文肅公政書》，朝華出版社，2017 年。

16. 《臺灣中部碑文集成》（合訂本），大通書局，1980 年。

17. 《甲戌公牘鈔存》（臺灣文獻研究叢刊第七輯），人民日報社影印本，2009 年。

18. 戴國煇編著、魏廷朝譯：《臺灣霧社蜂起事件研究與資料》（上下），臺灣國史館，2002 年。

19. 藤井志津枝：《臺灣原住民史：政策篇》，臺灣南投臺灣省文獻委員會，2001 年。

20. 陳秋坤：《清代臺灣土著地權》，臺灣中央研究院近代史所專刊 74，1994 年。

21. 詹寧斯瓦茨修訂、王鐵崖等譯：《奧本海國際法》第一卷，中國大百科全書出版社，1998 年

22. 柯志明：《番頭家：清代臺灣族群政治與熟番地權》，臺北中央研究院社會學研究所，2001 年。

23. 信夫清三郎編、天津社科院日本問題研究所譯：《日本外交史》，商務印

書館，1980 年。

24. 許毓良：《清代臺灣的海防》，社會科學文獻出版社版，2003 年。

25. 黃富三：《霧峰林家的興起》，臺灣臺北自立晚報社，1987 年。

26. 中國第一歷史檔案館編：《清代中琉關係檔案選編》，中華書局，1993 年。

27. 李祖基：《臺灣歷史研究》，台海出版社，2006 年。

28. 宮本延人：《臺灣的原住民族》，晨星出版社版，1992 年。

29. 汪日升：《臺灣外紀》（卷十二），上海進步書局石印筆記小說大觀本。

30. 瞿同祖：《清代地方政府》，法律出版社版，2003 年。

31. 臺灣銀行經濟研究室編：《台案匯錄壬集》，臺灣銀行文獻叢刊第二二七
種，1966 年。

32. 臺灣銀行經濟研究室編：《臺灣私法物權編》，臺灣銀行文獻叢刊第一五
○種，1963 年。

33. 潘繼道：《清代臺灣後山平埔族移民之研究》，臺北稻鄉出版社版，2001
年。

34. 伊能嘉矩著、楊南郡譯注：《臺灣踏查日記》，臺北遠流出版事業股份有
限公司，1997 年。

35. 潘繼道：《清代臺灣後山平埔族移民之研究》，臺北稻鄉出版社版，2001
年。

36. 陳紹馨：《臺灣省通志》（卷二），臺灣文獻委員會，1964 年。

37. 趙良驤：《臺灣省通志稿》（卷三），臺灣文獻委員會，1959 年。

38. 陳孔立：《臺灣歷史綱要》，九州出版社，1996 年。

39. 陳璸：《陳清端公文選》（全四卷），龍文出版社股份有限公司，2012 年。

40. 戴炎輝：《清代臺灣的府志》，臺北聯經出版事業公司，1992 年。

41. 余文儀：《續修臺灣府志》，臺灣銀行文獻叢刊第一二一種，1962 年。

42. 周璽：《彰化縣誌》，臺灣銀行文獻叢刊第一五六種，1962 年 11 月。

43. 洪安全：《清宮諭旨檔臺灣史料（二）》，臺北故宮博物院版，1996 年。

44. 中國第一歷史檔案館：《乾隆朝上諭檔（第十冊）》，北京檔案出版社，1991
年。

45. 洪安全：《清宮廷寄檔臺灣史料（一）》，臺北故宮博物院版，1998 年。

46. 李元春：《臺灣志略》，九州出版社，2003 年。

47. 周憲文：《清代臺灣經濟史》，臺灣銀行，1957 年

48. 張柄楠等：《臺灣省通志》（第一冊），臺北臺灣省文獻委員會版，1971 年。

49. 王文祥：《臺灣手冊》，中國展望出版社版，1990 年。

50. 中國人民大學清史研究所等編，《天地會》（全五卷），中國人民大學出版社版，1980 年。

51. 武樹臣主編：《中國傳統法律文化辭典》，北京大學出版社，1999 年。

52. 趙曉耕編著：《中國法制史》，中國人民大學出版社，2004 年。

53. 孔立：《臺灣番族與林爽文起義》，福建論壇人文社會科學版，1985 年。

54. 海峽評論雜誌社編輯部編：《臺灣命運機密檔案》，海峽評論雜誌社，1991 年。

55. 陳孔立：《清代臺灣移民社會研究》，九州出版社，2003 年。

56. 連橫：《臺灣通史》，九州出版社，2008 年。

57. 周憲文等：《台案匯錄甲集》（卷一），臺灣文獻叢刊第 31 種，臺灣銀行，1959 年。

58. 戚嘉林著：《臺灣史》，華藝出版社，2014 年。

59. 張本政：《清實錄·臺灣史資料專輯》，福建人民出版社版，1993 年。

60. 張乃根：《國際法原理》，復旦大學出版社，2012 年。

61. 卞鳳奎譯：《中村孝志教授論文集——日本南進政策與臺灣》，稻香出版社，2002 年。

62. （美）威羅俾著、王紹坊譯：《外人在華特權和利益》，三聯書店，1957 年。

63. （美）馬士著、張匯文等譯：《中華帝國對外關係史》，北京三聯書店，1957 年。

64. （美）石約翰著、王國良譯：《中國革命的歷史透視》，上海東方出版中心，1998 年。

65. 孫曉樓、趙頤年：《領事裁判權問題》，商務印書館，1936 年

66. 臺灣文獻委員會編：《臺灣總督府檔案中譯本（第三輯）》，臺灣文獻委員會編印，1994 年。

67. 吳密察：《臺灣近代史研究》，臺北稻鄉出版社，1990 年。

68. 法權討論委員會秘書處編纂：《列國在華領事裁判權志要》，法權討論委

員會事務處發行，1923 年。

69. 傑佛瑞・派克：《地緣政治學》，新華出版社 2003 年 1 月版。

70. 近代日本思想史研究會著：《近代日本思想史》第一卷，商務印書館，1991年。

71. 高蘭：《雙面影人・日本對中國外交的思想與實踐》，學林出版社，2003年。

72. 王韜：《弢園文錄外編・使才》，《中國歷代文獻精粹大典》，學苑出版社，1990 年。

73. （英）赫德利・布林著，張小明譯：《無政府社會》，世界知識出版社版，2003 年。

74. 廈門市檔案局、廈門市檔案館編：《近代廈門涉外檔案史料》，廈門大學出版社，1997 年。

75. 熊沛彪：《近現代日本霸權戰略》，社會科學文獻出版社 2005 年。

76. 中國第一歷史檔案館編：《清代中琉關係檔案選編》，中華局局，1993 年。

77. 程道德主編：《近代中國外交與國際法》現代出版社，1993 年。

78. 林泉編：《抗戰期間廢除不平等條約史料》，臺灣中正書局，1983 年。

79. 王泰升：《臺灣日治時期的法律改革》，聯經出版事業股份有限公司，2010年。

80. 《國際法律問題研究》，中國政法大學出版社，1999 年。

81. 王泰升：《臺灣法律史概論》，元照出版有限公司，2017 年。

82. 廈門市臺灣居留民會：《廈門臺灣居留民會創立三十五週年紀念志》，臺灣中央研究院臺灣史研究所古籍資料庫，1942 年。

83. 武樹臣主編：《中國傳統法律文化辭典》，北京大學出版社，1999 年。

84. 趙曉耕編著：《中國法制史》，中國人民大學出版社，2004 年。

85. 戴一峰：《廈門海關歷史檔案選編（1911～1949）》，廈門大學出版社，1997年。

86. 汪方文：《近代廈門涉外檔案史料》，廈門大學出版社，1997 年。

87. 福建省檔案館：《日本帝國主義在閩罪行錄》，福州福建人民出版社，1995年。

88. 中華人民共和國海關總署研究室編譯：《辛醜和約訂立以後的商約談

判》，中華書局，1994 年。

89. 服部卓四郎著、張玉祥等譯校：《大東亞戰爭全史》（第 1 冊），商務印書館，1984 年

90. 昂格爾著、吳玉章、周漢華譯：《現代社會中的法律》，中國政法大學出版社，1994 年。

91. 張國福著：《中華民國法制簡史》，北京大學出版社，1986 年。

92. 張晉藩主編：《中國法律史》，法律出版社，1995 年。

93. 孫惠榮、侯明主編：《中華民國實錄內戰烽煙》（第 2 卷），吉林人民出版社，1997 年。

94. 安間繁樹：《琉球列島》，東海大學出版會，1982 年。

95. 楊仲揆：《琉球古今談》，臺灣商務印書館，1990 年。

96. 陳碧笙：《臺灣地方史》，中國社會科學出版社，1982 年。

97. 陳劍峰著：《文化與東亞、西歐國際秩序》，上海大學出版社，2004 年。

98. 陳守亭：《牡丹社事件與沈葆楨治台政績考》，正中書局，1986 年。

99. 陳向陽：《中國睦鄰外交》，時事出版社，2004 年。

100. 程道德：《近代中國外交與國際法》，現代出版社，1993 年。

101. 戴寶村：《帝國的入侵　牡丹社事件》，自立晚報社文化出版部，1993 年。

102. 李雲泉：《朝貢制度史論》，新華出版社，2004 年。

103. 李祖基：《臺灣歷史研究》，台海出版社，2006 年。

104. 米慶餘：《日本近代外交史》，南開大學出版社，1988 年。

105. 戚其章：《國際法視角下的甲午戰爭》，人民出版社，2001 年。

106. 沈予：《日本大陸政策史》，社會科學文獻出版社，2005 年。

107. 藤井志津枝：《近代中日關係史源起 1871 年～1874 年臺灣事件》，金禾出版社，1992 年。

108. 伊能嘉矩著、楊南郡譯：《臺灣踏查日記》，遠流出版公司，1996 年。

109. 中國社會科學院近代史所：《日本侵華七十年史》，中國社會科學出版社，1992 年。

110. 蕭一山：《清史》，臺灣商務印書館，1980 年。

111. 梁治平：《清代習慣法：社會與國家》，中國政法大學出版社版，1996 年。

112. 棚瀨孝雄：《糾紛的解決與審判制度》，中國政法大學出版社，1994 年。

113. 羅傑‧科特威爾：《法律社會學導論》，華夏出版社，1989 年。

114. 顧維鈞著、葉雋編：《外人在華之地位》，吉林出版集團有限責任公司出版，2010 年。

115. 昂格爾著、吳玉章、周漢華譯：《現代社會中的法律》，中國政法大學出版社，1994 年。

116. 王屏：《近代日本亞細亞主義研究》，商務印書館，2004 年。

117. 褚德新、梁德主編：《中外約章匯要》黑龍江人民出版社，1991 年。

118. 陳孔立著：《簡明臺灣史》，九洲圖書出版社版，1998 年。

119. 許世楷著、李明峻、賴郁君譯：《日本統治下的臺灣》，臺灣玉山社，2005 年。

120. 又吉盛清著、魏廷朝譯：《日本殖民下的臺灣與沖繩》，臺灣前衛出版社，1997 年。

121. 曹大臣：《近代日本在華領事制度》，社科出版社，2009 年。

122. 吳天穎：《甲午戰前釣魚列嶼歸屬考——兼質日本奧原敏雄諸教授》，社會科學文獻出版社，1994 年。

123. 黃嘉謨著：《美國與臺灣》，臺灣中央研究院近代史研究所專刊 14，2004 年。

124. 福建省檔案館等編：《閩台關係檔案資料》，鷺江出版社，1993 年。

125. 卞鳳奎：《日治時期臺灣籍民在海外活動之研究，1895～1945》，臺灣樂學書局，2006 年。

126. 王曉波編：《臺灣的殖民地傷痕新編》，海峽學術出版社，2002 年。